MINERVA
はじめて学ぶ教科教育
別巻

吉田武男
監修

現代の学力観と評価

樋口直宏／根津朋実／吉田武男
編著

ミネルヴァ書房

監修者のことば

　本書を手に取られた多くのみなさんは，おそらく学校の教師，とくに小学校の教師になることを考えて，教職課程を履修している方ではないでしょうか。それ以外にも，中等教育の教師の免許状とともに，小学校教師の免許状も取っておこうとする方，あるいは教育学の一つの教養として本書を読もうとしている方も，わずかながらおられるかもしれません。

　どのようなきっかけであれ，本シリーズ「MINERVA はじめて学ぶ教科教育」は，小学校段階を中心にした各教科教育について，はじめて学問として学ぶ方に向けて，教科教育の初歩的で基礎的・基本的な内容を学んでもらおうとして編まれた，教職課程の教科教育向けのテキスト選集です。

　教職課程において，「教職に関する科目と教科に関する専門科目があればよいのであって，教科教育は必要ない」という声も，教育学者や教育関係者から時々聞かれることがあります。しかし，その見解は間違いです。教科の基礎としての学問だけを研究した者が，あるいは教育の目的論や内容論や方法論だけを学んだ者が，小学校の教科を1年間にわたって授業を通して学力の向上と人格の形成を図れるのか，と少し考えれば，それが容易でないことはおのずとわかるでしょう。学校において学問と教科と子どもとをつなぐ学問領域は必要不可欠なのです。

　本シリーズの全巻によって，小学校教師に必要なすべての教科教育に関する知識内容を包含しています。その意味では，少し大げさにいうなら，本シリーズは，「教職の視点から教科教育学全体を体系的にわかりやすく整理した選集」となり，このシリーズの各巻は，「教職の視点から各教科教育学の専門分野を体系的にわかりやすく整理したテキスト」となっています。もちろん，各巻は，各教科教育学の専門分野の特徴と編者・執筆者の意図によって，それぞれ個性的で特徴的なものになっています。しかし，各巻に共通する本シリーズの特徴は，多面的・多角的な視点から教職に必要な知識や知見を，従来のテキストより大きい版で見やすく，「用語解説」「法令」「人物」「出典」などの豊富な側注によってわかりやすさを重視しながら解説されていることです。また教科教育学を「はじめて学ぶ」人が，「見方・考え方」の資質・能力を養うために，各章の最後に「Exercise」と「次への一冊」を設けています。なお，別巻は，教科教育学全体とその関連領域から現代の学力論の検討を通して，現在の学校教育の特徴と今後の改革の方向性を探ります。

　この難しい時代に子どもとかかわる仕事を志すみなさんにとって，本シリーズのテキストが各教科教育の大きな一つの道標になることを，先輩の教育関係者のわれわれは心から願っています。

2018年

吉 田 武 男

はじめに

　本書は，教員養成におけるスタンダードなテキストシリーズ「MINERVA はじめて学ぶ教科教育」（全10巻と別巻1）のなかの別巻として位置づけられたものであり，「現代の学力観と評価」をテーマにした解説書である。

　2016年に中央教育審議会答申「幼稚園，小学校，中学校，高等学校及び特別支援学校の学習指導要領等の改善及び必要な方策等について」が出され，2017年には小中学校の学習指導要領が，2018年には高等学校の学習指導要領が改訂された。この改訂では，各教科等の目標および内容が，育成を目指す資質・能力の柱（「知識及び技能」「思考力，判断力，表現力等」「学びに向かう力，人間性等」）に沿って再整理され，各教科等においてどのような資質・能力の育成を目指すのかが，より明確化された。これによって，これまで一般的に使用されていた「学力」という用語は，実質的に「資質・能力」という用語に転換されただけでなく，少し大雑把にいえば，この「資質・能力」という用語は，これまでの「学力」という用語よりも，明らかに広い意味で使用されることになった。その結果，最近では，授業や学校カリキュラムは知識・技能を習得するコンテンツ・ベースよりも，汎用的な能力を重視するコンピテンシー・ベースに重きを置くようになり，「指導と評価の一体化」をはじめ，「アクティブ・ラーニング」（「主体的・対話的で深い学び」）や「カリキュラム・マネジメント」が積極的に推進されている。この流れは，世界的に展開されているコンピテンシー・ベースの教育改革の影響を，そのなかでも特にどこの国や地域の人にとっても役立つ脱文脈的な意味での汎用的なコンピテンシー・ベースの教育改革の影響を強く受けるものであるために，今後の日本においてもグローバル化される現代社会の共通的な要請をいつも強く受け続けることになるが，その流れによって日本の教育改革が飛躍的に推進されるという好ましい側面も現れる反面，世界に振り回されて人間の成長を担う教育の本質やそのあるべき日本の教育の姿が見失われるという好ましくない側面も危惧されてしまうのではないだろうか。

　そこで，このあたりで少し立ち止まって，最近流行りの「資質・能力」ではなく，これまで日本の教育界で使用されてきた従来の「学力」という語にあえて着目し直し，「学力」と「評価」の問題について，日本の各教科教育を中心に，国内外の教育状況にも目を配りながら改めて探究することは，1つの研究としてきわめて重要であると考えられる。なぜなら，「学力」と「評価」の問題に焦点化することによって，漠然と見ていても複雑でよく見えなかった教育問題の所在が，より具体的かつ的確に捉えられてくるからである。もう少しく詳しく説明すれば，教科教育に興味・関心をもっている人たちを中心にして，様々な教育事象に関わる人たち，あるいは関わろうとする人たちにとって，「学力」と「評価」の問題の探究は，否応なく教育の根幹にある人間観や教育を取り巻く社会状況を意識しながら，教育の目的のみならず，内容や指導法や評価について，多面的な視点から具体的に眺めることができる点で，とても有益な示唆を得られるからである。

　本書の内容は，基本的に様々な初等教育の専門の領域・分野における「学力」と「評価」について，

はじめに

各研究者の視点から自由に考察し，それぞれの専門の領域・分野における「現代の学力観と評価」の特徴を紡ぎ出したものであるが，大きくは三つの区分から構成されている。一つの区分は，本書の最初と最後の章になる序章と終章に当たるものであるが，「現代の学力観と評価」について，俯瞰的な視点から全体的な内容を考察している。そのうえで，次の一つの区分は，第１章から第13章までに当たるものであるが，日本の「各教科における学力観と評価」について，具体的には国語，社会（地理的分野，歴史的分野，公民的分野），算数，理科（「物質・エネルギー」区分，「生命・地球」区分），生活，音楽，図画工作，家庭，体育および外国語の各教科と，2017年の改訂で新設された「特別の教科である道徳」における「学力観と評価」について，教科・分野別にその特徴を考察している。いま一つの区分は，世界の「学力観と評価」について，具体的にはSDGs，国際バカロレア（IB），開発途上国という三つに着目し，国際的な場で求められる「学力観と評価」の特徴を考察している。しかも，これらの異なった三つの大きな区分においてだけでなく，各章異なった領域・分野において，執筆者の見方や考え方，あるいは立場や論調が共通しているところもあれば，異なっているところも見られるが，各領域・分野の固有の特徴を尊重し，各章における内容はもちろんのこと，各章間の用語の統一も，特別な問題がない限りは，極力避けながら深堀りされている。その結果，読者には，本書の言説が部分的に混濁している印象を与えるかもしれないが，「角を矯めて牛を殺す」の喩えに陥らないようにして，各章の執筆者の言説が読者に対して正確に伝わることを最優先にした。本書が，「学力」と「評価」について学ぶきっかけや踏み台になれれば，３人の編者にとって誠に嬉しい限りである。

　最後に，「MINERVA はじめて学ぶ教科教育」シリーズのなかで，最後の刊行になった別巻の作成にあたり，なかなか出来上がらなかった原稿に対して，温かくお待ちいただき，そして忍耐強くサポートいただいた浅井久仁人様をはじめ編集部の方々に感謝するとともに，このシリーズ刊行の最初の頃にお世話になり，編集の道筋をつくっていただいた河野菜穂様にも同じ感謝の気持ちを申し上げたい。

編者を代表して

吉田　武男

目次

監修者のことば
はじめに

序章 学力観と評価の変遷 …… 1
1 「学力」という語 …… 1
2 移りゆく「学力」と「評価」 …… 5
3 「学力」と教師——Exercise を兼ねて …… 10

第1章 国語科における学力観と評価 …… 13
1 国語科の学力観 …… 13
2 国語科の評価 …… 16

第2章 社会科の地理的分野における学力観と評価 …… 23
1 地理的分野における学力観 …… 23
2 地理的分野における学習評価 …… 28

第3章 社会科の歴史的分野における学力観と評価 …… 33
1 歴史学習における評価 …… 33
2 戦前の歴史学習 …… 34
3 初期社会科における学力と評価 …… 35
4 2000年代以降の歴史における学力と評価 …… 36
5 大学入試問題改革の行方 …… 40

第4章 社会科の公民的分野における学力観と評価 …… 43
1 日本の子ども・若者の社会参加意識の低さ …… 43
2 社会科教育における公民的分野の学力観 …… 44
3 「公民」を巡る論争に見られる学力観 …… 46
4 シティズンシップ教育における学力観 …… 48
5 公民的分野における学力の評価 …… 50

第5章 算数科における学力観と評価 …… 53
1 「できるけれどわからない」——数学理解に固有の問題 …… 53
2 国内学力調査の変遷にみる算数科における学力論の特質 …… 54
3 国際学力調査の変遷にみる算数科における学力論の特質 …… 58
4 新学習指導要領における数学的に考える資質・能力の提示 …… 60

5　算数科における学力観と評価の課題 ……………………………………………… 61

第6章　理科の「物質・エネルギー」区分における学力観と評価 …………… 65
　　1　理科「物質・エネルギー」区分　概要 …………………………………………… 65
　　2　理科「物質・エネルギー」区分において求められる学力観 …………………… 66
　　3　理科「物質・エネルギー」区分における学力観の評価 ………………………… 69

第7章　理科の「生命・地球」区分における学力観と評価 …………………… 75
　　1　理科の学力観 ………………………………………………………………………… 75
　　2　小学校学習指導要領が目指す理科「B生命・地球」区分で育む学力の姿 …… 78
　　3　小学校学習指導要領における理科「B生命・地球」区分の評価の在り方 …… 81

第8章　生活科における学力観と評価 …………………………………………… 85
　　1　学力観の変遷と生活科の歩み ……………………………………………………… 85
　　2　学習指導要領〔2017（平成29）年改訂〕が目指す生活科で育む学力の姿 …… 88
　　3　生活科における評価観 ……………………………………………………………… 90
　　4　学習指導要領〔2017（平成29）年改訂〕における生活科の評価の在り方 …… 92

第9章　図画工作科における学力観と評価 ……………………………………… 95
　　1　図画工作科教育における学力観の背景 …………………………………………… 95
　　2　図画工作科教育における新しい学力観 …………………………………………… 96
　　3　図画工作科教育の特質を生かした評価 …………………………………………… 99
　　4　図画工作科教育における評価の実践 ……………………………………………… 101

第10章　音楽科における学力観と評価 …………………………………………… 105
　　1　音楽科における学力観の変遷 ……………………………………………………… 105
　　2　2017年告示「学習指導要領」にみる学力観 ……………………………………… 111
　　3　音楽科の「評価」 …………………………………………………………………… 112

第11章　家庭科における学力観と評価 …………………………………………… 117
　　1　家庭科で培う能力 …………………………………………………………………… 117
　　2　何を評価するのか …………………………………………………………………… 119
　　3　家庭科の評価の意義 ………………………………………………………………… 125

第12章　体育科における学力観と評価 …………………………………………… 129
　　1　体育の授業の成果に対する評価 …………………………………………………… 129
　　2　体育における学力論 ………………………………………………………………… 130
　　3　期待する成果に対応した多様な評価法 …………………………………………… 134

第13章　外国語科における学力観と評価 …………………………………… 139
1 外国語科教育の目標と評価 ………………………………………………… 139
2 外国語科教育における評価の方法 ………………………………………… 142
3 外国語科教育における評価の課題 ………………………………………… 143

第14章　「特別の教科　道徳」における学力観と評価 …………………… 149
1 「道徳教育」と「特別の教科である道徳」……………………………… 149
2 「道徳科」における目標と評価の変遷 …………………………………… 150
3 「道徳科」における学力観と評価の現状 ………………………………… 154
4 「道徳科」における学力観と評価の課題と展望 ………………………… 156

第15章　SDGsで求められる学力観と評価 ………………………………… 161
1 SDGsとは …………………………………………………………………… 161
2 SDGsの学び ………………………………………………………………… 164
3 SDGs時代に求められる学力観と評価 …………………………………… 166

第16章　国際バカロレア（IB）で求められる学力観と評価 ……………… 169
1 国際バカロレア（IB）の歴史と現在──国際教育プログラムの展開 … 169
2 国際バカロレア（IB）の学力観 …………………………………………… 170
3 国際バカロレア（IB）の「学習のための評価」………………………… 174
4 わたしたちは何のために／何を学んでいるのか ………………………… 176

第17章　開発途上国で求められる学力観と評価 …………………………… 179
1 開発途上国の「学力」はいかに測られているのか ……………………… 179
2 各地域の学力調査 …………………………………………………………… 182
3 学力観・評価の変容に対する学校現場の受容実態 ……………………… 184
4 まとめに代えて ……………………………………………………………… 186

終　章　新学力観の意義と課題 ……………………………………………… 189
1 「新しい学力観」と「生きる力」………………………………………… 189
2 PISA型学力と21世紀型スキル …………………………………………… 191
3 資質・能力の育成とSociety 5.0時代の学力 ……………………………… 194

索　引

序　章
学力観と評価の変遷

〈この章のポイント〉

　通知表をつける，テストをする，作品や提出物を集める，「内申書」を書く，保護者等と面談する，児童・生徒の様子を把握する…教師の仕事は，「評価」と切り離せない。教師も「評価」され，語「学校評価」もある。本書は学習評価，なかでも教科教育の評価に焦点を当てる。「評価」の関連語として，「学力」もある。「学力低下」等というとき，「学力」を測る「調査」や，判断する「評価」の手続きが含まれる。つまり「学力」は，「調査」や「評価」の手法に左右される。本章は序章として，「学力」や「評価」の変遷のあらましを述べる。

1　「学力」という語

　まず「学力」や「評価」という語，およびその見方（観や論）の起源を，簡単に確認しておく。いずれも歴史的に形作られ，変化してきた語である。

1　前提：業界用語の多様さ，難しさ

　日本の教育用語には，外国語へ翻訳しづらいものがある。「せんせー」・「先生」・「教師」・「教員」・「教諭」の違いは，単語 "teacher" で素朴に置き換えられないし，単語 "child" では，「子供」・「子ども」・「児童」の違いが伝わらない。業界用語に何か，「公式の外国語訳」でもあれば助かるが，例えば学習指導要領や学校教育法でさえ，本章執筆の時点で，正式な外国語訳は見当たらない（読者が見つけたら筆者に教えてほしい，この箇所を書き直そう）。

　本章で扱う「学力」や「評価」も，外国語へ翻訳しづらい語である。仮に「学力」を "academic achievement" へ置き換えると，意味合いがだいぶ変わる。そもそも同じ日本語への言い換えですら，容易ではない。もし「学力」が「学業達成」に置換可能なら，語「学力」自体，一切不要なはずだ。また「評価」の場合，すべて単語 "assessment" へ翻訳できるとも即断できない。他にも "evaluation" がある，といえてしまう（根津2006：30，根津2014：114-115）。適切な訳語がないからか，カタカナで「アセスメント」と示す例もある（例えば「環境アセスメント」）。さらに "assessment" の訳語として，「評価」ではなく，「調査」を使う場合もある。有名な OECD-PISA (Programme for International

Student Assessment）は，経済協力開発機構による「生徒の学習到達度調査」と訳される（国立教育政策研究所ホームページ　https://www.nier.go.jp/kokusai/pisa/index.html による，下線と傍点は引用者）。

　以上の確認から，「学力」や「評価」は外国語や他の語で置き換えにくく，複雑な意味を持つといえる。この状況は，最近始まったことではない。昔と今とでは，語の意味が変わったりずれたりする。さらに，日常生活の言葉と業界用語とは別だし，業界用語も統一的とはいえない。人文・社会科学系では珍しくないが，一つの用語について，複数の解釈や定義がありうるのである。

2　「学力」や「評価」は，どう使われてきたか

　繰り返すが，人文・社会科学系では，一つの用語に複数の解釈や定義がありうる。ゆえに「先生は学力や評価についてどう考えますか」と問われても，簡単に答えられない。「私は学力や評価をこう考える」と答えるのも手だが，「あなたはどう考えますか」と返す大学教員もいる（少なくとも，ここに一人）。

　前置きはさておき，ここでは語「学力」の起源を確認する。これは「わたしの／ぼくのかんがえたがくりょく」の披露ではなく，「これまで人々は学力をどう論じてきたか」をたどる作業である（余談だが，教育関係の論文や図書で，表現「…と考える」が目につく場合，用心したほうがいい。その種の表現はあまり科学的とはいえず，揶揄的に使われる「ぼくの／わたしのかんがえた○○」と，大差ないかもしれない）。「学力」や「評価」は，昔から人々が使い続けてきた語であり，ここ数年でにわかに使われ始めたわけではない。

　まず，インターネットのデータベースで，語「学力」および「評価」の使用状況を確認する。2つのデータベースの検索結果を，表序-1に示す。表序-1中，検索サイトAは，国立国会図書館の無料公開データベースである。図

表序-1　語「学力」および「評価」の使用状況

検索語	検索サイト	件数	明治期の用例
学力	A	65,184	「外国教師試験中ノ手当金ハ学力優劣ニヨリ二百円迄ノ相応ノ手当指遣」（太政官），1873年
学力	B	27,773	「今般第三大學區大坂師範學校學ニ於テ學力試驗ノ上入學ヲ許ス生徒」（『評論新聞』12），1874年
評価	A	1,008,377	「贓物評価人雇錢ヲ定ム」（司法省），1872年「彙報　評價委員（兵庫縣）」（『官報』），1890年
評価	B	634,253	〈芳園〔投稿欄。本号から掲載詩文に添削及び評価記号を付す〕〉『少年園』5（52）），1890年

検索サイトA：「国立国会図書館サーチ」（https://iss.ndl.go.jp）
　　　　　B：「ざっさくプラス（雑誌記事索引集成データベース）」（http://zassaku-plus.com）
新旧の字体等は，検索結果をそのまま掲載した。年号の表記等を一部改変した。
「明治期の用例」の傍点は根津による。
出所：筆者作成。

書や雑誌をはじめ，各種のデータベースを統合的に検索できる。Bは「株式会社　皓星社」が有料で運営し，日本最大の雑誌記事データベースをうたう。データベースの規模は，AがBより大きいので，検索結果にも開きがある。

　表序－1から，次の諸事実を読み取れる：1）「学力」も「評価」も，明治初期から公的に使われていた，2）「学力」よりも，「評価」が圧倒的に多く用いられてきた。

　表序－1の「明治期の用例」は，筆者が意図的に選んで示した。それゆえ次の記載は，事実というより，確からしい仮説にとどまる：3）「学力」は学校や教師，試験といった語と結びつくが，「評価」は盗品（贓物・ぞうぶつ）の鑑定，投稿作品の判定等，学校や教育以外にも使われる。

　なお，データベースで検索語を「学力」とすると，「語<u>学力</u>」や「物理<u>学力</u>学分野」（素人考えだが，後者は「物理学の力学分野」や「物理学・力学分野」とした方がよさそうだ）といった語も該当し，件数に含まれてしまう。ゆえに表序－1の件数は絶対ではなく，あくまで「目安」と心得るべきだろう。

③　教育関連の辞書や本にみる「学力」

　次に，手元の辞書類や本の用例で，語「学力」の定義を確認する。枠内に■印で文献と筆者を示し，古い順から引用を示す。下線は引用者（根津）による。

■渡辺弘純（1988）
学力　school achievement
　<u>学校における教育的いとなみをとおして獲得され現実化される能力のこと。その中心には認識の能力がある。したがって，教育内容や教授＝学習過程を吟味することなしに学力を語ることはできない。</u>一般に，1）教授＝学習活動の結果として身についた知識，技能，習熟，2）その過程で創り出された新しいことを学んでいく学習能力，の2側面があるといわれる。（以下略）

■安彦忠彦（2001）
　学力を考えるとき，能力との違いに言及する人はあまりない。能力とあえて区別しない立場もありうる。しかし，あらためてきちんとその異同を吟味しておかないと，「学力形成」についての基本的な理解ができない。能力とは一般に「何事かをなしとげる力」であるといわれるが，学力はその「能力の一部」にすぎない。子どもは生来なんらかの能力を身につけて成長するが，決して学校でのみその能力を身につけるわけではない。<u>学校で身につける能力の中核こそが「学力」であるということができよう。</u>（以下略）

■北尾倫彦（2005）
学力　<u>学力とは，教科学習を中心とする学校教育を通して獲得された能力・資質であり，教育目標に対応した概念である。</u>

> 学力観　学力として何を重視するかという学力観については，時代ごとの社会的要請によって異なり，多様な説が唱えられてきた。（以下略）
>
> ■水内宏（2008）
> 学力　素直に定義すれば，学習する能力（ability to learn）となろう。とはいえ，それは所与の能力としてあらかじめ各人にそなわっているとは限らず，新しい事柄を認識し学ぶ過程で身につく人間の能力という一面もある。すなわち，<u>学力とは，学ぶ力であるとともに，学ぶ過程で達成された人間的諸力を駆使して新たな学びを実現していく能力でもある。このように「学力」には，新たな習得可能性としての学力，達成（attainment ないし achievement）としての学力</u>，の両面がある。（中略）「学力」は，井原西鶴の『日本永代蔵』（1688）に，知的素養ある一人の浪人武士について，「（この男），学力（がくりき）あれば，道を忘れず……」云々の叙述があるように，古くて新しい問題である。（以下略）
>
> ■福沢周亮（2014）
> 　教育を，広義に人間を社会化する働きかけとその過程と捉え，その営みは働きかける側と働きかけられる側が存在することによって成立すると捉えると，<u>教えられる側に期待されるものが学力（知的学力，技能的学力，態度的学力）</u>である。その学力の形成の問題に理論的根拠を与えるのが学習理論であり，教える側と教えられる側の間にあって，教育目標を達成するために用いられる学習内容の具体化されたものが教材と言える。（以下略）
>
> ■耳塚寛明（2018）
> 学力問題
> ●<u>学力の定義　「学力」（academic achievement）の定義は学問領域や論者によって多様だが，社会学者の定義は「なにがしかの方法で測定された学業達成」をほぼ共通項とする。</u>この点で，望ましい学力や真の学力など規範的含意をもった教育学的定義とは異なる。（以下略）

　枠内には，教育学者に加え，教育心理学者や教育社会学者の記述も含まれる。研究者により，「学力」の定義は，実に様々である。枠内の下線部によれば，学校，教育，能力，学習，教科，目標，達成（achievement），測定，学業等が，「学力」の関連語といえよう。試みにまとめれば，「学力」とは，〈学校教育，とくに目標に基づく教科学習を通じ，学習者が達成した能力や学業を測定したものをいう〉，となろうか。なお，興味深い記述として，17世紀の用例「学力（がくりき）」（水内，2008による）がある。近代学校制度の成立以降は，語「学力」の読み方や意味も変わっていったと推測できる。

　以上の確認から，「学力」は他の多くの語と関連を持つ，といえる。それらの関連語もまた，逐一示さないが，それぞれ定義がある。そもそも「学力とは何か」という問い自体を，無意味と一蹴する立場もある。以下に引用する。

「学力とは何か」という問いは無意味である。「何を『学力』と呼びたいか」という問いが，意味があるだけである。そしてこの問いには何とでも答えたいように答えればいい。ただし，そのように「学力」概念に盛る内容を決めたならば，同時に「学力」ではないものを示すためにはどのような概念が必要になるのかを明らかにしなければならない。また，それらの諸概念と「学力」概念とがどう異なり，どう関係しているのかという概念システムを明らかにしなければならないのである。

(宇佐美，1978，139ページ　傍点は原文ママ)

筆者なりにこの引用を読み解けば，「学力とは何か」という問いには唯一の正解がなく，しかも「学力」という語だけを議論しても意味がない，となる。

引用の表現を借りれば，本節は「学力とは何か」ではなく，「何が『学力』と呼ばれてきたか」の一端を述べた，となろう。

2　移りゆく「学力」と「評価」

本節は，「学力」と「評価」との移り変わりを概説する。用例「学力評価」もあるように，語「学力」は「評価」と結びつく。そこで，まず「学力」から着手する。

1　移りゆく「学力」

以下，主に助川 (1996) を参照し，戦後から1995 (平成7) 年までの学力論の変遷を概観する。この論考の執筆当時，「新学力観」や「学校週5日制」が議論されていた。学習指導要領でみれば，「総合的な学習の時間」の設置と必修化がなされた，1998 (平成10) 年版の少し前にあたる。主に1990年代以降の「新学力観」やその後の系譜は，本書の終章で扱われる予定である。

表序−2は，おおむね助川 (同) の叙述を参照し，学習指導要領の改訂等を追加して作成した。助川 (同) は先行研究の時期区分に従い，学力論を次の三つに分けた。すなわち，「戦後新教育批判と基礎学力論争」(1940・50年代)，「学テ問題と学力論争」(1960年代)，そして「落ちこぼれ問題と学力論争」(1970年代) である。平成生まれの読者には，どれも大昔の話かもしれない。「学力」や「評価」をめぐる現在の状況は，学校教育同様，親世代・祖父母やその上の世代から，綿々と続いてきた帰結である。今後の学力観を見通す上でも，これまで何が論じられてきたか，簡単に知っておいてほしい。

表序−2の通り，戦後の約50年間はほぼ毎年のように，「学力」に関する雑誌記事や図書が公にされてきた。これでも，ごく一部にとどまる。個々の記事

や図書にふれる余裕もないほど,「学力」は繰り返し論じられてきたのである。表序-2の記事や図書のタイトルだけを眺めても,次の諸点が認められる。

・語「学力低下」は,戦後間もなく「新教育」との関連で用いられていた
・かつての文部省は,全国一斉に学力テストをおこなっていた
・語「新しい学力観」は,1970年代に記事タイトルの用例がある
・記事や図書のタイトルは,「学力」とともに,「基礎」「能力」「発達」「学習」「調査」「評価」「論争」「格差」等といった語を用いてきた

　歴史が繰り返すかどうかはさておき,以上の諸点は,現在までの状況に似る。「総合的な学習の時間」や「学校週5日制」が始まって「学力低下」が話題となり,文部科学省が「全国学力・学習状況調査」を開始してから10年以上経過し,平成に入り「新学力観」として「関心・意欲・態度」や「思考力,判断力,表現力」,「自己教育力」が論じられ（水原ほか,2018, 186～188ページ）,現在も「学力観と評価の変遷」が教職課程のテキストに含まれる…そう,本章だ。

　以上の整理から,前節末尾の引用が想起される。「学力とは何か」という問いは,論者によってどうにでも答えられ,唯一の正解がないため,その時代の状況を反映して繰り返し議論されてきた,といえる。語「学力」の示す概念は,その時々で社会的・政治的に構成される,とも言い換えられる。しかも,以前の議論の参照や他者との論争を通じ,次々と「学力」論が登場する。この状況は,「学力」という語を完全に放棄しない限り,まず終わりそうにない。

2　移りゆく「評価」

　前述の通り,語「学力」は単独で存在せず,他の様々な語と関係していた。すなわち,「基礎」「能力」「発達」「学習」「調査」「評価」「論争」「格差」等である。前節末尾で紹介した通り,問い「学力とは何か」は無意味で,問い「何を『学力』と呼びたいか」だけが意味ありとするなら,「評価」も同様である。問い「評価とは何か」は無意味で,どう答えてもよい。が,何を「評価」と呼びたいか,「評価」ではないものとの境目は何か,そしてその「評価」ではないものと「評価」との関係は何か,これらをセットで考えねばならない。

　本項は,「何が『評価』と呼ばれてきたか」を扱う。代表的な例として,相対評価と絶対評価,形成的評価と総括的評価,および到達度評価を,それぞれ紹介する。前述した助川（1996）の時期区分と多少ずれるが,「戦後新教育批判と基礎学力論争」（1940・50年代）,「学テ問題と学力論争」（1960年代）,そして「落ちこぼれ問題と学力論争」（1970年代）を意識してみた。近年でも,「ポートフォリオ評価」（portfolio assessment/ evaluation）や,「真正の評価」（authentic assessment/ evaluation）があるが,これらは他章に譲る。

表序-2　戦後学力論の変遷

年　月	記　事
1945（昭和20）．8	敗戦
1947（昭和22）．3	『学習指導要領一般編（試案）』
同　．4	「6・3制」開始
1948（昭和23）．10	コア・カリキュラム連盟，結成 　　　　　　この頃，学力調査が数多く行われる
1949（昭和24）．12	青木誠四郎「学力の新しい考え方」（同『新教育と学力低下』所収）
1950（昭和25）．5	シンポジウム「学力の問題」（日本教育学会第9回大会，於慶應義塾大学）
同　．5	矢川徳光『新教育への批判』
1951（昭和26）．3	久保舜一『算数学力：学力低下とその実験』
同　．7	『学習指導要領一般編（試案）改訂版』
同　．10	海後勝雄「基礎学習の性格と問題」（梅根悟編『生活教育の構造と運営』所収）
1952（昭和27）．4	国分一太郎「基礎学力の防衛」（『6・3教室』6(3)所収）
1953（昭和28）．1	広岡亮蔵『基礎学力』
1954（昭和29）．9	日本教育学会学力調査委員会編『中学校生徒の基礎学力』
1956（昭和31）．9	文部省，全国学力調査（抽出）を開始
1958（昭和33）．2	広岡亮蔵「どんな学力を・どんな基礎学力を」（広岡亮蔵他編『学力と基礎学力』所収）
同　．10	『学習指導要領』（試案から告示へ）
1959（昭和34）．12	城丸章夫『現代日本教育論』
1961（昭和36）．10	文部省，全国学力調査（悉皆）を実施 　　　　　　全国各地で反対運動，「学テ裁判」
1962（昭和37）．6	大田堯「全国一せい学力調査の学力観」（『教育学研究』29(2)所収）
同　．7	勝田守一「学力とは何か」（『教育』144所収）
1963（昭和38）．3	小川太郎『教育と陶冶の理論』
1964（昭和39）．2	広岡亮蔵「学力，基礎学力とはなにか」（『別冊　現代教育科学』1所収）
同　．5	勝田守一『能力と発達と学習』
1966（昭和41）	文部省，この年度で全国学力調査（悉皆）を終了
1968（昭和43）．7	『学習指導要領』（「教育の現代化」，「調和と統一」）
1971（昭和46）	この頃，授業の理解度に関連して，「落ちこぼれ」「新幹線授業」「切り捨て教育」といった語が用いられる
同　．6	中央教育審議会答申「今後における学校教育の総合的な拡充整備のための基本的施策について」（いわゆる「四六答申」）
同　．8	中内敏夫『学力と評価の理論』
同　．11	広岡亮蔵「新しい学力観と教育」（『児童心理』25(11)所収）
1973（昭和48）．1	坂元忠芳「能力と学力」（『国民教育』15所収）
同　．6	小川太郎「学力問題と促進教育」（『同和教育運動』1所収）
1975（昭和50）．4	鈴木秀一・藤岡信勝「今日の学力論における二，三の問題」（『科学と思想』16所収）
1976（昭和51）．1，4	坂元忠芳「今日の学力論争の理論的前提をめぐって（上）（下）」（『科学と思想』19, 20所収）
1977（昭和52）．7	『学習指導要領』（「ゆとりと充実」）
1985（昭和60）．2	小林洋文『学力格差』
1989（平成元）．3	『学習指導要領』（「新学力観」，小学校に生活科導入）
1992（平成4）．5	小林洋文「勝田守一の『学力』の概念規定」（『教育』548所収）

出所：助川（1996），水原他（2018）を参照し，筆者作成。

（1）相対評価と絶対評価

以下，主に根津（2014, 114～116ページ）による。

かつて相対評価は，成績評価や通知表の「5段階評価」で用いられ，再三批判の対象ともなった（田中，2008, 41～48ページ）。相対評価は，偏差値と考えが

近い。また相対評価も偏差値も，古い言葉である。ともに1950年代から用いられ，とくに偏差値は，当時の体力検査や知能検査と関連づけられた。偏差値は，全員で同じテストをおこない，平均点を求め，平均点からのズレを用いて算出される。偏差値は釣鐘型の正規分布を前提とし，50を平均とし，40から60の間に全体の約68％が含まれる。「5段階評価」でいえば，真ん中の「3」の人数比が最大となり，「1」や「5」は少なくなる（「1」から20％ずつの割り当てではない）。相対評価は「科学的」で「客観的」とされ，21世紀でも残存する。

　相対評価は，絶対評価と比べるとわかりやすい。相対評価は「みんなで背比べ」，絶対評価は「個別で視力検査」に，それぞれたとえられる。「みんなで背比べ」の場合，誰が一番高いか順位をつけられるし，全員の身長の平均も計算できる。このとき「みんな」の範囲が，学級内か，Bリーグの選手たちか，それとも日本全国の人々かによって，個人の順位や平均が変わる。一方，「個別で視力検査」の場合，視力検査表や視力計を用い，「0.1」や「1.0」等と視力が決まる。この場合，他人の視力と比べる手続きや平均の算出は不要で，視力検査表や視力計が，視力の絶対的な基準となる。ゆえに相対評価は「みんなで比べないとわからない」，絶対評価は「みんなと比べても意味がない」となる。

　相対評価は，集団準拠評価（norm-referenced assessment/ evaluation）と，ほぼ同義とされる。集団準拠評価は，集団の基準（norm）をよりどころとする評価，という意味である。「みんなで背比べ」によって決まる評価，つまり大勢で比べる評価，と考えてよい。他方，絶対評価は，目標準拠評価（criterion-referenced assessment/ evaluation）とも呼べる。目標準拠評価は，何らかの目標や基準（criterion）をよりどころとする評価，という意味である。「個別で視力検査」でいえば，視力は他人と比べて決まるわけではなく，視力検査表や視力計が，あらかじめ定められた基準となる。

（2）形成的評価と総括的評価

　学校の定期テストは，順位や成績を決めるためにおこなう場合もあるが，学習状況の確認と学習活動の改善のためにおこなうという見方もできる。前者のように「決定」を目的とする評価を「総括的評価」，後者のような「チェックと改善」を目的とする評価を「形成的評価」と，区別して呼ぶ（根津，2014，123ページ）。それぞれ原語は，"summative evaluation"（総括的評価）と"formative evaluation"（形成的評価）である。なお，"evaluation"ではなく"assessment"を用いる場合もある。

　総括的評価は，入試の合否や購買行動（買う・買わない）のように，「決める」ための評価である。形成的評価は，スポーツのラップタイム（lap time, 途中計時）や人間ドックのように，「観測と改善」のための評価である。

さて学校の定期テストは，どちらだろう。実はどちらにも使える。本来テストは，わかった（できた）ところとわからない（できない）ところを確認し，復習や発展に役立てるための道具でもある。順位や成績だけがテストの目的になると，形成的評価の機能が失われ，「テストのために勉強する」，「テストがないと学ばない」，「えー，あー，ここは試験に出ます」等と，本末転倒する。これでは，日々の学習の楽しさや面白さは，実感しにくい。「試験はどこが出るんですか」，「講義はテストに必要なところだけ扱ってください」という大学生は，この本末転倒の「成れの果て」かもしれない。

　総括的評価と形成的評価は，「診断的評価」（diagnostic evaluation）と合わせ，ブルーム（Bloom, B. S. 1913-1999）の影響が大きい（田中，2008，121～124ページ）。行き過ぎた相対評価は，総括的評価に終始する。この状況に対しブルームは，「改善」を重視した形成的評価を主張し，相対評価の克服を図った。「マスタリー・ラーニング」（mastery learning, 完全習得学習）が，その具体策である（同，49ページ）。学習内容を全員が習得できれば，5段階評価で全員が「5」でも問題ない。当然，成績は正規分布せず，相対評価の原理に従わない。知能検査のように成績も正規分布するとみなすか，学習を重視し成績を正規分布させまいとするかは，目指す社会や教育の姿に，大きな違いがある。前者を批判し克服しようとしたのが，相対評価から形成的評価・総括的評価への流れといえよう。

（3）到達度評価
　到達度評価は，広くみれば，前述の目標準拠評価（「目標に準拠した評価」）の一種である（田中，2008，48ページ）。集団の基準をよりどころとするのではなく，教育的な価値を有する「目標」を，指導や評価の基準として重視する。語「到達度評価」は，前述の相対評価や形成的・総括的評価とはやや異なり，1970年代の日本発といってよい（同，54ページ，注19）。

　以下，田中（同，48～51ページ）を要約し，到達度評価の特質を四点にまとめる。
　第一の特質は，目標論と評価論とを表裏の関係として捉え，相対評価の克服には目標論の組み替えを要すると主張し，構造化・系統化して明示された目標（「…できる」，「…わかる」）を規準とする「到達目標」を定めたことである。到達目標に対し，「…に関心を持つ」，「…の態度を養う」といった方向性のみの目標は「方向目標」と呼ばれ，相対評価で用いられる。
　第二の特質は，到達目標を「学習権」との関連で捉え，学習権や学力の保障を国家（共同体）の義務とする，人権意識を有することである。子どもたちは「わからなければわかるように教えてもらう権利」（同：50）がある，という見

方は，相対評価や「能力主義」への根底的な批判となる。

　第三の特質は，到達目標の基底を成す，教育課程の編成方法にある。1960年代から70年代にかけて，教育課程の「自主編成」を目指す運動が，教職員組合等で生起した。到達目標は，各教師による自主編成をさらに進め，「民主編成」を要するという（同）。民主編成とは，「基本的には学校の教職員集団の民主的な合意に基づいて到達目標づくりを行う営為」（同）とされる。

　そして第四の特質は，到達度評価は「目標づくり」に解消されるのではなく，評価方法も含めて評価対象とする。到達度評価は，「教えたはず」や「教えたつもり」という認識をリアルかつクールに診断し，目標が明確な評価行為によって，教育実践にリアリズムを貫こうとした。形成的評価がその象徴である。

　以上，目標論の組み替え・学習権の保障・民主編成の提起・形成的評価の重視といった到達度評価の諸特質は，評価のノウハウやテクニックの域を明らかに超える。これらは，何のため，誰のために，何をどう組織化し，どう評価するかという，まさに教授＝学習を包括した特質である。

3　「学力」と教師――Exercise を兼ねて

　新聞記事を一つ，紹介する。地域と校名は伏せ，あとは原文通りである。

> 見出し：トイレ訴える小3に担任「今行ったばかりやろ」
> 本文：X市立のY校で，30歳代男性教諭が，担任をしていた当時小学校3年の男児に不適切な指導をしたとして，厳重注意を受けていたことが24日，市教委などへの取材で分かった。市教委などによると，昨年の1学期，男児が1時限の授業の間に複数回，トイレに行きたいと訴えた際，「今行ったばかりやろ」と行かせなかったことが何度かあった。男児の家族によると，男児は心因性頻尿などの診断を受けている。また，「親に見せる」と，男児の行動をデジタルカメラで複数回撮影したり，教室の前方で授業を受けさせようと男児の机を引っ張ったりなどしており，これらの行為が不適切だったとして今年5月20日，教育長が口頭で厳重注意とした。<u>男性教諭は「誠に申し訳ない。学力をつけて成長してほしいと思っていた」</u>と反省しているという。男児は昨年2学期以降学校に通えていなかったが，担任が代わった今年度からは登校を再開。ただ，今もカメラを向けられると逃げてしまうなど苦しんでいるという。市教委は「間違った行為で厳しく指導した。個々の児童に応じた配慮が必要だった」としている。
> 　　　　　　　2019.7.25付，読売新聞オンラインの記事による。下線は引用者。

　この記事を引用した筆者の関心は，下線部の「学力」にある。この教諭は，大学で「学力」について何を学んだのか，素朴に気になる。そしてこの教諭がつけたかった「学力」とは，何だったのだろう。この児童が「学力をつけて成

長」するために,この教諭はどうすればよかったのか。いずれも,教員を志す読者への "Exercise" としたい。折にふれ,考えてみてほしい。

📖次への一冊

田中耕治『教育評価』岩波書店,2008年。
 この分野の第一人者による必携の一冊。教育評価のテキストとして書かれ,学力論の動向も詳細に論じている。注記や文献も細かく記されており,「次の次への一冊」に進むガイドブックとしても有用である。

引用・参考文献等

安彦忠彦「学力観と学力問題」日本カリキュラム学会編『現代カリキュラム事典』ぎょうせい,2001年,114〜115ページ。
宇佐美寛『授業にとって「理論」とは何か』明治図書,1978年。
北尾倫彦「学力」辰野千壽編『最新 学習指導用語事典』教育出版,2005年,102ページ。
助川晃洋「戦後日本における学力論の変遷」長谷川栄編著『現代学力形成論』協同出版,1996年,11〜44ページ。
田中耕治『教育評価』岩波書店,2008年。
根津朋実『カリキュラム評価の方法』多賀出版,2006年。
根津朋実「教育評価の基礎」岩川直樹編『教育の方法・技術』学文社,2014年,112-129。
福沢周亮「学習理論と教材」日本教材学会編『教材事典』東京堂出版,2014年,33-35。
水内宏「学力」原聡介編集代表『教職用語辞典』一藝社,2008年,64ページ。
水原克敏・髙田文子・遠藤宏美・八木美保子『新訂 学習指導要領は国民形成の設計書』東北大学出版会,2018年。
耳塚寛明「学力問題」日本教育社会学会編『教育社会学事典』丸善出版,2018年,556〜559ページ。
渡辺弘純「学力」平原春好・寺﨑昌男編集代表『教育小事典 〈増補版〉』学陽書房,1988年,31ページ。

第1章
国語科における学力観と評価

〈この章のポイント〉
　国語科の学力観は国語科がどういう教科として存在していたかということに大きく影響され，「現実としての生活や社会」と「基礎としての言語や文化（文学）」との間で揺れ動いてきた。近年では「真正の評価」が国語教育にも導入され，パフォーマンス評価やポートフォリオ評価が注目され始めている。

1　国語科の学力観

1　歴史的にみた学力観

　国語科はホモ・サピエンス▷1しか備えていないといわれる言語および言語による文化や生活に関する教科であり，その学力は「学校教育課程の一環としての国語科の目的的な教育によって児童・生徒が習得した能力」と理解されている（大熊，2018, 248ページ）。そのため国語科の学力観は，国語科がどういう教科として存在していたかということに大きく影響されている。そこでまずは国語科の変遷から確認する（西尾，1950）。

①　語学教育期（明治）
②　文学研究指導期（昭和十年頃まで）
③　言語生活指導期
　　前期　言語活動主義発見期（戦前）
　　後期　言語教育と文学教育併行期（戦後）

　1950年までの国語科は，このように①言語→②文学（文化）→③生活へと力点が動いてきたといってよいだろう。ただし戦前における言語や文化の実質的な学力が「読むこと」「書くこと」「文法事項」に焦点化されていたことは指摘しておかなければならない。
　戦後は学習指導要領が大きな影響を与えてきた。新教育の出発点である昭和22年版と26年版学習指導要領（以下，学習指導要領は小学校のものについて言及する）では③生活が重視された。さらに西尾実の言語生活主義▷2とも相まって「話す」「聞く」という音声言語が学力として大きく注目されたことは戦前との違いの一つである。

▷1　現生人類の学名。近年では「動物言語学」など人間以外の言語の研究も進みつつある。

▷2　戦後の西尾実の教育論のキーワードであり，文字言語偏重の国語教育ではなく音声言語まで含む言語生活全般を視野に収めている。言葉の生活における社会的機能を大切にしており，言語生活の向上を目ざす立場である。

▷3 時枝誠記の言語過程説などが源流となっており、生活経験の重視よりも言語能力の向上を目ざすべきという立場である。

▷4 OECDによる国際的な学力調査であるPISA調査の結果が以前に比べて大きく下がったことをいう。例えば、2003年の読解リテラシーの結果は前回の第8位から14位となった。しかし、PISA2022ではOECD加盟国37ヶ国中で2位となっている。

▷5 現実社会での活動に極力近づけた学習を行うもの。アメリカのレッド・M・ニューマンが学習の文脈で「真正」(authentic)という言葉を公式に用いたとされる。

▷6 現代の社会生活を生き抜くうえで鍵となると思われる能力。基本的な認知能力だけでなく、高次の認知能力（問題解決、創造性、意志決定など）、対人能力、自尊心・責任感・忍耐力などが含まれることが多い。「21世紀型能力」や「汎用的能力」などともいう。

▷7 中教審答申（平成20年1月）で打ち出されたもので、各教科において様々な言語活動を取り入れることで当該教科の目標を達成しようとすること。

しかし、言語能力主義の流れから読み書きが国語科の学力として再び重視されるようになる。①言語や②文学といった基礎的な読み書きが国語科の中心課題となっていくのである。

その後の学力観の動向をみても、振り子が振れるように言語生活主義と言語能力主義との間を行き来した（ただし平成元年版学習指導要領以降は言語能力や言語技術を重視する側でも「話すこと・聞くこと」が注目されるようになる）。このような学習指導要領の改訂に伴う国語科の学力観は、実際には社会や教育思想や学校現場の実態なども複雑に絡み合って変化してきたことが指摘されている（桝井、2006）。

では近年の状況はどうだろうか。最も大きな影響を与えたのはPISAショックである。これにより単なる読み書きや、文学の正しい解釈だけでなく、現実社会と結びついたリテラシーの能力が問われることになった。例えば、文章のような連続型テキストだけでなく図表などの非連続型テキストを読むことや、文学作品の内容の読み取りだけでなく、作品を自分なりにどう評価するのかなどが注目された。また同じく真正の学力を背景とするOECDによるキーコンピテンシーも注目された。このような流れを受け、平成29年版学習指導要領の国語科を資質・能力論からみれば、(1) 生きて働く国語の知識・技能の習得、(2) その知識技能を使い課題や目的に応じて言語活動を工夫するといった言語活動そのものに関する思考力・判断力・表現力の育成、(3) 国語のよさを認識し、学びに向かう人間性等の涵養などがポイントとなっている（中村、2018）。

それだけでなく各教科においても言語活動の充実が政策レベルで強調されてきたことで、学校教育全体においても言葉と学校生活や社会生活との結びつきや、実際に活用できる言葉の力がイメージされやすくなった。全国学力・学習状況調査でも実際の言語活動の場面を想定した筆記テストによるパフォーマンス評価もおこなわれ始めた。

もう一つ少なからず影響を与えたと思われるのが2004年の文化審議会答申「これからの時代に求められる国語力について」である。現代社会における情報処理や情報操作に国語が貢献しなければならないという問題意識のもとで「情緒力」「論理的思考力」「思考そのものを支えていく語彙力」の育成が提案された。ただし、読む・書く・話す・聞くが全般的に言及されてはいるものの、基礎的な「読む」「書く」の繰り返しの指導と、国語の知識を確実に身につけることが強調されている。

以上のような国語科の学力観を概括すれば、「現実としての生活や社会」と「基礎としての言語や文化（文学）」を対立軸に揺れ動いてきたということができる。

2 国語科の学力の内容構成の捉え方

　では，国語科の学力の内容はどのように捉えられてきたのだろうか。一般的には知識・技能・態度から捉えられることが多く，これらが文字言語や音声言語による「読む」「書く」「話す」「聞く」のいわゆる4技能や，「理解」「表現」などの枠組みから捉えられることが多い。またいずれにも関係する基礎的な言語に関する事項もある（例えば文字は「読む」や「書く」，そして「理解」「表現」のいずれにも密接に関わる）。図1-1はこれらを模式化したものである。

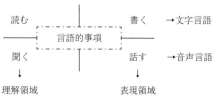

図1-1　国語科学力を構成する主要な枠組み

① 4つの言語行為から捉えるもの

　図1-1の「読む」「書く」「話す」「聞く」という言語行為（4技能）と，それらに共通する基盤としての「言語に関する事項」から捉えるものが代表的である。このような形で体系的に整理し，後世に大きな影響を与えたのは昭和26年版学習指導要領国語科編の「能力表」であった。ただしここまで述べてきたように，「話す」「聞く」の指導が十分に開発されたとはいえない時代でもあった。

　なお平成29年版学習指導要領では国語科の「内容」は「知識及び技能」「思考力，判断力，表現力等」となり，その「思考力，判断力，表現力等」の中に4技能が入っている。また「知識」の中にこれまでみられなかった「情報の扱い方に関する事項」が入ったことも学力を考える上で注目すべき点となっている。

② 理解と表現から捉えるもの

　昭和52年版と平成元年版学習指導要領が代表的であり「表現」と「理解」，さらに両者に共通する「言語事項」とから整理された。ただしこの枠組みで捉えると，「表現」は主として書くことであり「理解」は読むことに焦点化されてしまうことが多い（そのような理由のためか平成10年版からは再び4技能での整理に戻る）。

　類似のものとして，大槻和夫は国語学力を「認識能力」と「社会的コミュニケーション能力」と「自主的学習能力」との枠組みで提案した（大槻，1979）。

「認識能力」は理解領域に大きく関係し、「社会的コミュニケーション能力」は表現領域に相当するとみてよいだろう。それだけでなく、自ら国語を学ぶ力も学力に含めたのである。大槻の提案は、近年の「メタ認知能力」[8]や「ものの見方」や「主体性」などに関する議論をかなり早くからおこなったものとみることができる。

③ そのほか

　言語学の枠組みや、ブルーム（Bloom, B. S.）[9]の教育目標の分類学にもとづく「知識・理解・応用・分析・総合・評価」などからも国語科の学力が提案されてきた。また論理性や想像力、伝え合う力[10]（コミュニケーション能力、対話力）といった個別のキーワードが強調されることもあった。

3　国語科学力論を考えるために

　ここまでみてきたように国語科の学力論は、時代によって変遷し、様々な議論がなされてきた。ただし注意すべきは、言語の獲得は人間にそもそも備わった能力であり、国語科の授業だけで学ばれるわけではないことである。家庭や他教科や生活で習得されたり伸びたりする部分もかなりある。また思考力や感情などとも密接に関係するため言語の能力だけを学力として取り出すことも難しい。このような点が後述する国語科学力の評価や調査が難しい一因になっている。

　ところで国語科の学力論は「国語科をどのような教科とみなすのか」という「国語科観」に大きく影響されていた。しかし、今後の学力観を考えるためにはもう一歩踏み込んで「国語観」（言語観）まで問い直されなければならないだろう。ICT[11]の発達により子どもたちは言語や映像や仮想現実などが一体化したメディア環境に浸っており、昔ながらの言語のイメージではもはや捉えられない世界で生活するようになっている。また外国籍やミックス（ハーフ）の子どもたちの増加によって「国語」の意味も問い直さざるをえなくなってきた。このように国語や言語とは何かについて改めて考え直さないと、その学力についても捉えることが難しい時代に入っているのである。

2　国語科の評価

1　国語科評価の目的

　学力の評価としてイメージされやすいのは通知表の1〜5（ABC）などの数値（記号）である。しかしこれは「評定」であって評価の一部でしかない。こ

▷8　自分自身の認知について認知する能力のこと。メタには「より高次の」と言った意味があり、自分の認知を高いところから俯瞰して認識することで、自分自身の認識の仕方や行動を調整する働きがある。

▷9　教育目標の分類学（タキソノミー）を提唱し、教育目標を「認知的領域」「情意的領域」「精神運動領域」から捉えた。また形成的評価概念の確立に大きな影響を与えた。

▷10　平成10年版学習指導要領に登場した用語であり、これにより話すこと・聞くことの指導がさらに重視されるようになった。

▷11　Information and Communication Technology の略であり、インターネットやパソコン・スマホなどの活用も含めた情報通信技術のことである。

のような評定だけでは，学習者は何をどう改善したらよいのかがわからない。また評定の上位層には勉強の意欲を生じさせても，中下位層の学習者には自信を失わせかえって国語科から目を背けさせることになってしまうことも多い。

評価はなぜおこなうのだろうか。この点が評価を考える上でもっとも大切なポイントになる。国語科の評価の目的は端的に次のように整理されている（金子，2011）。

① 指導のため……教師が授業やカリキュラムを改善するため
② 学習のため……子どもが自分の学びを向上させるため
③ 管理のため……行政的，制度的な資料作成のため
④ 研究のため……指導方法やカリキュラムを改善するために，研究者や行政がおこなう。

このように評価には様々な目的や働きがあるが，誰のための評価なのかを考えるとその目的が理解しやすい。国語科の学習指導という観点からは，②学習者にとっては自分の学びを向上させるのに役立つこと，①教師にとっては授業を振り返りその改善やカリキュラム・マネジメント▷12に役立たせることが最も大切である。

2　国語科評価の歴史

戦後の国語教育における評価観や評価論は，学習指導要領や指導要録▷13の改定といった国の教育政策を追う形で変化してきたことが指摘されている（益地 2002）。わかりやすく示せば次のようになる（①～③まで益地（2002）の要約，④は筆者が追加した）。

① 評価概念の導入とその意識化の段階
　戦後新教育の評価の考え方の導入が起点であり，国語科教育の中に評価を位置づけようとした段階とされる。
② 形成的評価・到達度評価が移入された段階（1970年代前半～1980年代初頭）
　形成的評価や到達度評価といった新しい考え方が導入され，国語科の学習指導全般の評価や授業改善にまで視野が広がった時期とされる。国語科での情意・態度の評価方法なども1980年代初頭から話題とされ始めた。
③ 学習者のための評価の在り方が問われた時期（1980年代後半～）
　到達度評価の問題点などが指摘され，学習者のためになる評価とはどうあるべきかが議論され始めた時期である。
④ 全国的・国際的学力調査が話題となる中で，「真正の評価」が注目されはじめた時期（2000年～）
　国語教育でも「真正の評価」▷14が注目され実践や研究が進められた。また

▷12　「組織的かつ計画的に教育活動の質の向上を図る」ことであり，「学習指導」と「学習評価」が学校教育の根幹である」ことが示されている（中教審「児童生徒の学習評価の在り方について（報告）」平成31年1月）。

▷13　作成が法律で義務づけられており児童生徒の学籍や学習・行動を記録するもの。文科省によって参考書式が示されており「各教科の学習の記録」における国語科では，小中では平成22年5月通知の「国語への関心・意欲・態度」「話す・聞く能力」「書く能力」「読む能力」「言語についての知識・理解・技能」の5観点から，平成31年3月通知の「知識・技能」「思考・判断・表現」「主体的に学習に取り組む態度」の3観点へと変更された。高校ではそれまで評定と単位数だけだったものが，国語科各科目の観点別学習状況の欄が示されるようになった。

▷14　G.ウィギンズが使い始め1980年代後半からアメリカで注目される。現実社会に近づけた課題によって評価を行うものである（authentic assessment）。「真正な評価」と訳されることもある。

▷15 従来の「診断的評価」「形成的評価」「総括的評価」に代わり欧米ではこのような枠組みで捉えられることが多くなったという。「学習のための評価」(assessment for learning)とは「診断的評価」「形成的評価」にあたり、「学習の評価」(assessment of learning)とは「総括的評価」にあたるといえる。また「学習としての評価」(assessment as learning)とは学習者が主体となり自分の学習を振り返ることを指す。詳しくは菊田(2016)などを参照。

「学習のための評価」「学習の評価」「学習としての評価」[15]の枠組みが国語教育においても注目され，これまでの評価方法が整理され始めている(菊田，2016)。

3 国語科での真正の評価

国語科に限らない一般的な評価方法が整理されたものが図1-2である。これをみると言語を使った方法が多いことに気づくだろう。算数や理科など他教科ではエッセイや小論文などを活用して評価をおこなう。しかし国語科ではまさにそのエッセイや小論文を書く力そのものを評価し，その評価を活用して学習者の国語の力を伸ばしたいのである。

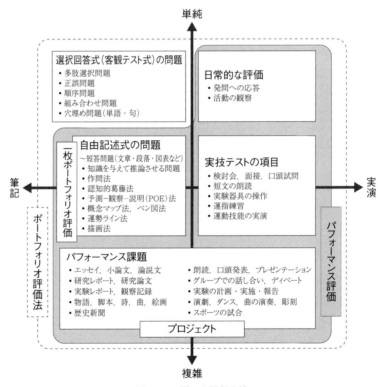

図1-2 様々な評価方法
出所：渡辺(2022, 128ページ)，西岡・田中(2009)改変。

▷16 学習につまずいている子どもへの適切な支援のこと。足場づくりともいう。

▷17 教育課程審議会答申(平成12年12月)にみられたフレーズで「指導と評価とは別物ではなく，評価の結果によって後の指導を改善し，さらに新しい指導の成果を再度評価するという，指導に生かす評価を充実させることが重要である」と説明されている。

もう一つ気づく点は「日常的な評価」として「発問への応答」や「活動の観察」が存在することである。教師は学習者の様子を常にキャッチしており，それに応じて支援や足場がけ[16]をおこなっている。指導と評価の一体化[17]といえる。特別な評価の方法だけが評価なのではない。子どもをきちんとみて対応することは，すでに評価の一部なのである。

ところで，「真正の評価」としてよく取り上げられるのは，パフォーマンス評価とポートフォリオ評価である。これらは図1-2では下方の「複雑」な方

法に位置づけられており，右側の「実演」にパフォーマンス評価が，左側の「筆記」にポートフォリオ評価が置かれている。国語科でも今後注目すべきこの二つの評価方法をみてみよう。

① パフォーマンス評価[18]

資料1と2は小学校低学年における「運動会の招待状を書こう」という単元で書かれたものである。

▷18 現実的な生活や文脈のなかで知識やスキルを使いこなすための能力を測ること。

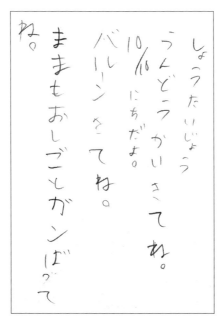

資料1　　　　　　　　　資料2

このような単元で成果物を評価するツールとして用いられているのがルーブリック[19]である。国語科で現在よく使われるタイプのルーブリック（特定課題ルーブリック）[20]として例えば表1-1のようなものがある。

▷19 評価のための指標であり，尺度と各尺度における望ましいパフォーマンスの記述（記述語）や作品例からなる。

表1-1　「運動会の招待状を書こう」のルーブリック例

	十分満足（A）	おおむね満足（B）	改善が必要（C）
文字	誤字脱字がなく，字形や字の配列が整えられ丁寧に書けている。	誤字脱字が少しあるが，字形や字の配列がおおそ整えられている。	誤字脱字がかなりある。または字形を整えて書くことがあまりできていない。
日時	日時がはっきりと書けている	日時に関することが記述されているがあいまいである。	日時がまったく書かれていない。
運動会に招待したいという内容になっている。	招待状の相手を意識した表現がはっきりと使われておりぜひ来てほしいという内容が伝わる。	招待状の相手を招待したい様子が伝わるが，上手い言語表現までには至っていない。	招待状の目的が十分に理解されていない。招待に関する内容がほとんど書かれていない。

▷20 特定の実践や単元での成果物を評価するためのもの（task-specific rubric）。これに対して一般的ルーブリック（generic rubric）はより多くの実践や単元を評価できるようにしたものであり，特定課題ルーブリックに比べて各尺度の記述は抽象的になる。

こういったルーブリックを道具として用い学習者のパフォーマンスを捉えることで，学力を推測する。例えば資料1の招待状は，文字については真っ直ぐに書けていないためB，日時については全く書かれていないためCと評価できる。運動会への招待については「おべんとうたべよう」とあるものの運動会への招待の表現としては十分でないためBといえる。一方，資料2の招待状は文字については平仮名とカタカナの混同などもありBであるが，「10/10にちだよ」や「しょうたいじょう」「うんどうかいきてね」「バルーン（という競技に）きてね」といった表現からその他の観点はAと評価できる。

　なお，「学習のための評価」という点からは評価をして終わりではなく，適切な指導をおこないよりよい招待状にさせてから家庭に持って行かせることが大切となる。自分の書いた招待状を実際に受け取ってくれる人がいれば書き直しや清書も苦にならない。招待状によって運動会に来てもらうことで学習者は書くことの喜びや手紙の社会的な機能にも気づくことができる。そのためには下書きの段階でまずはルーブリックを活用するとよい。学年が上がれば，あらかじめルーブリックを学習者と共有しておくこともできるだろう。

　ただしこのようなルーブリックを活用すると，その観点からしか教師が言葉がけをしなくなることがある。招待状は子どもが保護者に向けて一生懸命に作成した実際の作品でもある。資料2には「ままもおしごとがんばってね」とあり，招待状の相手である母親のことを気遣っている様子がうかがえる。ルーブリックの観点にはなかったとしても，このような点の良さについて子どもに伝えたり話したりすることは欠かせないだろう。

　ルーブリックは実際の子どもの作品や成果を踏まえて改善・修正され続けることが大切である。このようなモデレーションを一人でおこなうのではなく，複数の教師たちでおこなうことがルーブリックの客観性を高めるものとして推奨されている。一緒に話し合うことで，子どものパフォーマンスの捉え方やどんな指導をすべきかなどが共有・改善され教師の力量形成にもつながっていく。

② ポートフォリオ評価 [21]

　学習者の課題や作品を蓄積していくことでポートフォリオが作られていく。スピーチや話し合いなど音声言語もICTでの記録や蓄積が容易になり，ポートフォリオ評価がしやすくなってきた。

　さて資料3をみてみよう。実はこれが資料1の学習者の半年前の様子だとしたらどうだろうか。見比べれば，資料1の頃になるとずいぶんしっかりと文字が書けるようになっており半年間の成長が手に取るようにわかる。このように学習が蓄積されることで子どもの縦断的個人内評価 [22] が可能になるのである。ま

▷21　そもそもポートフォリオとは画家の作品を入れておくためのファイルのこと。ポートフォリオ評価とは学習者の様々な記録や作品や成果物を保管し，それをもとに評価することを指す。

資料3

▷22　学習者個人の成長を時間軸にそって評価するもの。他者との比較ではなくあくまでもその子どもがどのように成長したのかに着目する。これに対して横断的個人内評価は様々な資料を横断してその学習者を評価するものであり，ある時点での評価となる。

た学習者自身にとってもポートフォリオを見ることで自分がどのように成長したのか，次はどの点に挑戦したいかなどの自己評価ができるようになる。自宅に持って帰れば家族ともその成長を共有できるだろう。このようにポートフォリオは評価のための資料を豊かにするだけではない。学習をめぐって子ども・教師・保護者たちとのコミュニケーションを生み出し，さらに次の学びにつなげられるものなのである。

　国語科でポートフォリオ評価に極めて近い実践をおこなったのは単元学習[23]を進めてきた中学教師の大村はまであった。学期ごとに国語の授業ノートや配布プリントや成果物を一冊のノートにまとめ，表紙・目次・奥付や改めてノート全体を読んでの振り返りなどを付けることで「国語学習記録」を作成させた（大村，1984）。これは学習者主体の「学習としての評価」であると同時に，国語科としての書くことや読書の学習としての本作り[24]だったともいえる。今後のポートフォリオ評価を考える上で極めて興味深い実践である。

3　国語科評価論の展望

　社会的に「学習の評価」の重要性が増していくことが予想されるが，真正の評価，特に教師による「学習のための評価」や子どもたちによる「学習としての評価」の充実が待たれる。鍵となるのは，どうすれば子どもたちが主体的に言葉の学びにチャレンジでき，教室の仲間とともに自分なりに言葉の力を向上し続けられるかである。このような点に寄与するための国語科の評価が求められる。

▷23　戦後の経験主義に基づき，言葉が使われる現実的な場面や学習者の意欲を大切にし，ひとまとまりの言語活動をおこなうことで学ぶ方法。学習者にとって学ぶ目的が判然としない読解指導やスキルトレーニングのようなものではなく，例えば「下級生に本を紹介しよう」といった単元では，本を読んで紹介文を書き，下級生に向けて実際に話すという目的のある複数の言語活動が必然的に組まれる。こういった切実な場のなかで言葉の力を向上させることをねらう指導方法である。

▷24　自分なりの本を作る作業を通して言葉の学習を行うこと。

Exercise

① 自分がこれまで受けてきた国語科の評価について話し合おう。
② 資料1〜3をみて，子どもの作文における言葉や表現について話し合おう。

📖次への一冊

ピーター・ジョンストン『言葉を選ぶ，授業が変わる！』ミネルヴァ書房，2018年。
　　学習や学習者をどのようなものとして捉え，教師がどういう話し方をすれば学力が向上するのかがわかりやすく示されている。
関田一彦ほか『教育評価との付き合い方』さくら社，2016年。
　　授業で評価をおこなう場合の具体的な課題やポイントが大変にわかりやすい。学校

現場に出る前に一度は目を通しておきたい。

引用・参考文献

大槻和夫「学力問題」倉澤栄吉・田近洵一・湊吉正編『教育学講座第8巻　国語教育の理論と構造』学習研究社，1979年，160～171ページ。

大熊徹「国語学力〈1〉」田近洵一・井上尚美・中村和弘編『国語教育指導用語辞典　第五版』教育出版，2018年，248～249ページ。

大村はま『大村はま国語教室　第12巻』筑摩書房，1984年。

金子守「教育評価の考え方」日本国語教育学会編『国語教育総合事典』朝倉書店，2011年，186～193ページ。

菊田尚人（2016）「国語科における評価の方法に関する研究の批判的検討――評価の目的の違いに着目して」『人文科教育研究』43，69～81ページ。

北尾倫彦ほか編『教育評価事典』図書文化，2006年。

ダイアン・ハート，田中耕治監訳『パフォーマンス評価入門――「真正の評価」論からの提案』ミネルヴァ書房，2012年。

中村和弘「国語学力〈2〉」田近洵一・井上尚美・中村和弘編『国語教育指導用語辞典　第五版』教育出版，2018年，250～251ページ。

西岡加名恵・田中耕治編（2009）『「活用する力」を育てる授業と評価　中学校――パフォーマンス課題とルーブリックの提案』学事出版。

西尾実『言語教育と文学教育』武蔵野書院，1950年。

桝井英人『「国語力」観の変遷――戦後国語教育を通して』溪水社，2006年。

益地憲一「国語科評価論の成果と展望」全国大学国語教育学会編『国語科教育学研究の成果と展望』明治図書，2002年，39～46ページ。

渡辺貴裕「学力を把握するための方法」西岡加名恵・石井英真・田中耕治編『新しい教育評価入門――人を育てる評価のために［増補版］』有斐閣，2022年，127～145ページ。

第2章
社会科の地理的分野における学力観と評価

〈この章のポイント〉
　本章では，まず，地理を学習する意義や，地理を学習することで望まれる人間像を確認する。教育は人間形成のためのものだが，その原点に立ち返り地理で目指す人間像について考察する。そのうえで地理特有の学習である，地理的スキルや地理的な思考について述べ，地理の学力観について言及する。そして，地理の学力を保証するような評価の在り方について考察する。

1　地理的分野における学力観

1　地理を学習する意義

　社会科教育としての地理的分野における学力観を考察するうえで，まずは地理を学習する意義をおさえておこう。地理が好きな人には，「地理が好き」「地理は楽しい」という理由で学習する動機があるが，地理が好きでない人の多くは地理を学習する意義は理解できない。そこでまず，地理を学習する意義を明確にしておきたい。

　井田（2018a）は「人間として幸福に生きることができ，国内外の地域（社会）を平和で民主的なものとし，持続可能な社会の構築にあたって，地理の知識，技能，観点が大きく貢献できること」（5ページ）を，地理を学習する必要があるという回答としている。また，Huckle（2019）は，生徒が探究する活動において，スケールや相互依存といった地理の重要な概念を構造化し活用して，生徒たちの世界観を構築していく能力を培うことが学校地理のカリキュラムの目的だと指摘する。竹内（2018）は，地理学習における，社会と関わりをもつべく社会参画学習の重要性を述べている。

　こうしたことから，地理を学習する意義としては，幸福な人生（Well-being）を送るために地理の知識，技能，観点が役立つとともに，未来を担う子どもたちにしっかりとした世界観を形成させることができ，地理の知識や技能，概念などを活用し社会参画することで，平和で民主的な，そして持続可能な社会の構築を担う能力を養成できることがあげられるのである。

▷1　地理の重要な概念
地理学の5大テーマが，1984年にアメリカで編集された「地理教育ガイドライン」に記された。ここには，地理学の重要な概念が5つのテーマとして整理されている。この地理学の5大テーマが，1992年に国際地理学連合国際地理教育部会（IGU-CGE）で提唱された地理教育国際憲章においても「地理学の5大概念」としてほぼ継承され，日本では「社会事象の地理的な見方・考え方」の柱となっている。それゆえ「社会事象の地理的な見方・考え方」は，地理としての観点が示されているといえる。

2　地理が育成しようとする人間像

　前述のような地理を学習する意義をふまえたうえで，地理が育成しようとする人間像を考えてみよう。学習指導要領では「社会的事象の地理的な見方・考え方を働かせ，課題を追究したり解決したりする活動を通して，広い視野に立ち，グローバル化する国際社会に主体的に生きる平和で民主的な国家及び社会の形成者」（文部科学省，2018，29ページ）が，地理学習を通して育成しようとする人間像となろう。井田（2014）は，映画「男はつらいよ」から，「町内に慕われる立派な人間になれ」というセリフをとりあげ，これが社会科の目標，すなわち育成すべき人間像であることを述べている。ここでいう「町内」とは，ボーダレスの意味で捉えれば，「東京都葛飾区柴又」という町内という意味だけでなく，葛飾区，東京都，日本，世界と範囲を拡大させ，「地球的市民」などと同様に，「国際社会」と解釈することもできなくはないとする。さらに「立派な人間」を人の話をよく聞き，自分の意見との合意形成を図りながら，換言すれば民主的で平和なよりよい社会を形成する人間と解釈すれば，「町内に慕われる立派な人間」とは，社会科の目標にある人間像とほぼ一致する。すなわち，社会科で育成しようとする人間像は，日常生活で人々が子どもたちに育ってほしいと願う人間像と一致するといえる。地理では，これに「地理的な見方・考え方を働かせて」という文言がつくので，「地理的な観点をもって，人々に慕われる社会の形成者」が，地理が育成しようとする人間像であるということができる。

　さらに井田（2018b）は，地理により一層こだわった育成すべき人間像について述べている。つまり，地理を学ぶのは，以下のような3点の資質をもった人間を育成しようとする。第1に，より深い世界観をもって事象を考えることができることである。ここでいう世界観とは，地域について豊富な知識をもち，その知識に基づいて多面的，多角的に地域を理解し，その理解の上で地域をどうすべきか，地域を探究していくことを指している。ここでいう地域とは，自分たちの住む生活圏から世界（地球）のレベルまでの地域であり，何を指標にするかで地域の範囲は異なってくる。ここでの地域とは，意味をもつ空間的範囲であり，特定のレベルの広さを示すものではない。

　第2は，地域に貢献できる思考力，判断力，行動力をもつことができることである。地理的な知識やスキル，観点を駆使して，地域のために何をすればいのか，どのように行動すべきなのか判断でき，実際に行動できるという人間像につながっていく。そのためには，地域調査などを通して，地域を理解し，そこに住む人々によりそい，さらには客観的に地域を分析していくことが必要となろう。

▷2　映画「男はつらいよ」
日本中を仕事（露天商）で旅する主人公の車寅次郎が，故郷の東京，葛飾柴又に時折帰り騒動を巻きおこす物語。寅次郎を中心に，柴又に住む妹家族，親類，近所の人々といった絆が描かれ，毎回，恋をする寅次郎の純粋さ，優しさを軸にストーリが展開する。1969年8月に第1作が封切られ，主人公寅次郎役の渥美清が亡くなるまで，1995年12月に封切られた第48作まで続いた，世界最長となるロングシリーズの国民的映画である。なお，特別編として第49作が1997年に，そして「お帰り寅さん」が第50作として2020年に封切られた。

▷3　指標
判断や評価を行う際の，あるいは現象を読み取るための基準となる目印。

▷4　スキル
日本では技能とされ，地理的技能は地理情報の活用に関するものと地図の活用に関するものとに大別される。他方，スキルはより一層広く技能を捉え，地理的スキルでは地理的技能に加え，記述的説明，野外調査，地理的課題に関してのコミュニケーション，思考のプロセスなどをも含んだ概念となる。

そして第3に、地域の将来性を見据える創造性を身につけることである。地理は、現在を理解するだけでなく、現状の理解を基盤として将来の地域を見据える学習へと転換している。つまり、地理では、学習課題の把握から、資料収集、資料の分析、その解釈（思考）を通して地域を理解するだけでなく、そこで判断し、意思決定をして社会に参画し、将来を構想することまでが一連の学習プロセスとなっている。

以上の3つの資質を有する人間像を地理では育成しようとする。つまり、このような資質を有する「自然現象や社会現象を地理的な見方・考え方からとらえ、望ましい社会や持続的な社会、地球を形成していける人」（井田、2023、3ページ）といった人間像を地理の学習により育成しようとしているのである。

3 地理の学習内容と地理的スキル、そして「地理的な見方・考え方」

地理は大きく2つのアプローチからなる。一つは系統地理、もう一方は地誌である。系統地理は、自然や人口、文化、産業などの項目ごとに地域をまたいで分析するアプローチである。事象の分布を地図化するなどして、そのパターン（傾向性）を分析し、一般性や特殊性を見いだす。一方、地誌は地域ごとに自然や人口、文化、産業などをみていき、その地域の特徴を把握しようというアプローチである。1970年告示の高等学校学習指導要領では、地理Aが系統地理、地理Bが地誌というように、アプローチ別の地理が2科目設置されていた。

学校の地理学習では、従来から一般には、地誌を中心とした学習であった。地誌学習は地域ごとの事象を総合的に捉え、その地域の特色を見いだしていくが、見いだすプロセスより、見いだされた地域の特色、いわば結果を学習することになり、それが知識偏重の暗記科目といわれる要因の一つとなった。すなわち、地理学習の評価は、子どもたちが地域に関する知識をどれくらい有しているかによっていたのである。しかし、地理学習は、知識の豊富さを競うものではなく、どのような観点でどのようなプロセスで学習するのかが重要であるとの視点から、地理学習の改善がおこなわれてきた。たとえば地誌学習では、それぞれの地域において、項目ごとに平板に学習するのではなく、その地域でもっとも特徴的な項目を核として、その項目と他の項目が関連するように、いわばストーリ性をもった動態地誌的学習が導入されるようになった。2008年告示の中学校学習指導要領では、世界地誌および日本地誌では、動態地誌的学習が採用されている。高等学校でも従来の地域を項目ごとにみて総合的にその地域の特色をつかむ、いわば静態地誌的学習と動態地誌的学習の両者を地理Bでは学習することになった。動態地誌的学習は、その地域の最も特徴的な事象を他の事象と関連付けて学習でき、単なる暗記とならないという利点がある一

▷5 「地理的な見方・考え方」
「社会事象の地理的な見方・考え方」は、地理としての観点が示されているといえる。その5つの観点とは、①位置・分布　②場所　③人間と自然環境との相互依存関係　④空間的相互依存作用　⑤地域である。

▷6 系統地理
地理学では系統地理と地誌という2つのアプローチがある。系統地理は、自然や産業などの項目ごとに地域をまたいでのアプローチで、地域を通しての共通性や地域での特徴を見出しやすくする。

▷7 地誌
地誌は地域ごとに自然や産業などをみていき、その地域を総合的に理解しようとするアプローチである。

▷8 動態地誌的学習
地理教育においても、地理学のアプローチが反映され、系統地理学習と地誌学習に大別される。地誌学習のなかでも、その地域の特徴的な項目を中心に、他の項目を関連付けてみていくものを、動態地誌的学習という。

▷9 静態地誌的学習
それぞれの地域について、自然や産業などの項目を網羅してみていく地誌学習を静態地誌的学習という。

▷10 「地理総合」
2022年度の入学者から，高等学校での「地理総合」が必履修科目となった。1981年以前は，高等学校でほとんどの高校生が「地理」を履修していたが，学習指導要領の改訂により「地理」の履修者は激減した。そのため，高校生の空間認識が後退したとされ，2022年度からすべての高校生が「地理」を履修するようになった。なお，1981年以前は，高等学校で「地理」が必履修科目となった時期もあるが，職業高等学校では例外もみとめられていたので，すべての高校生が例外なく「地理」を履修するようになったのは，2022年から実施の学習指導要領が第二世界大戦後初めてのこととなる。

方で，その地域の最も特徴的なあるいは核となる事象を確定することが難しいこと，関連性を重視することにより，核となる事象と関わりの小さい事象（それがその地域の特色の一つとなることもある）が取り上げられないという難点もある。なお，高等学校の地理A，2022年から始まった「地理総合」[10]では，系統地理や地誌を踏まえた主題的な学習を学習内容として位置づけている。

地理学習では，知識を習得するためのアプローチだけでなく，スキルが重要となる。学習指導要領では，地理的技能として，地図に関することと地理情報に関する地理的技能にわけているが，本章では学習指導要領の地理的技能より，より広義に地理的技能を考えるので，地理的スキルという用語を使う。地理的スキルは，地図を読み取り活用できること，統計や文献などから地理情報を収集し活用できることをはじめ，地図での表現や地理的な課題に関して，地理的な観点から解決策を見いだすことなどの地理的な思考をも含む。この地理的スキルと学習プロセスとの関係を示したのが表2-1である。学習プロセスとは学習の手順をいい，課題の把握，資料収集，資料整理，分析・解釈，発表・表現，価値判断・意思決定・社会参画といった流れをさす。

表2-1 学習プロセスと地理的スキル

学習プロセス	求められる地理的スキル
① 課題の把握	・地図を日常生活で活用できる。 ・地図を読み取り，それに基づき考察できる。 ・記述的資料，地図，写真などの活用。 ・様々なコミュニケーションからの課題の把握。
② 資料収集	・地図を読み取ることでの情報収集。 ・統計，文献，写真，野外調査などから収集。
③ 資料整理	・地図化して整理する。 ・地図や表，グラフなどにして地理情報を整理。
④ 分析・解釈	・地図を読み取り，それに基づいて考察する。 ・記述的説明，統計的分析，構造図などを活用しての思考。 ・パターン化したり，相互に関連付けたりする。 ・GISによる図の重ね合わせ，バッファー機能を活用しての分析。 ・一般化
⑤ 発表・表現	・地図に表現し他者に伝える。 ・地理情報を使って，地図，GISなどを援用しての表現。
⑥ 価値判断・意思決定・社会参画（行動）	・地理的な課題に答える（問題解決）。 ・グループでの共同活動。 ・事象を分析・解釈した結果から，どう判断し，どう考え，どう行動（どう貢献）するかといった，価値判断・意思決定・社会参画（行動）。

出所：井田編（2013，9ページ）。

さらに，2017年に告示された学習指導要領では，資質・能力が重視され，その中核となるのが思考力である。その思考力として「見方・考え方」が提示されている。地理では「社会的事象の地理的な見方・考え方」といわれ，中学校社会科および高等学校地理歴史科の地理で共通した「見方・考え方」である。

地理的な見方・考え方は、地理の観点ともいえ、5つの観点が示されている。その5つの観点とは以下のとおりである。

　ア　位置（の規則性）・分布（パターン）

　　分布パターンは、空間的な傾向性を追究することになる。

　イ　場　所

　　その場所の自然や人文的特性。その場所を含む自然や人文的事象の分布と関連させると、その場所での特性が、どの場所にでもみられる一般的共通性なのか、その場所でしかみられない地方的特殊性なのかを判断できる。

　ウ　人間生活と自然環境との関連性

　エ　空間的相互依存作用[11]

　　その地域だけでは人々は生活できない。地域間が結びつくことで豊かな生活を送ることができる。具体的には、貿易・交通となって表れる。

　オ　地　域

　　地理では、「地域」を空間的に意義のある範囲としている。地域を画定する指標により、生活圏[12]レベルの狭い地域から、いくつもの国を包含する広い地域まで、様々なスケール[13]の地域が存在する。また、時間的に自然、経済、文化などにより、その範囲は変化する。

　2017年および2018年に告示された学習指導要領では、中項目ごとに、身に付けるべき知識とともに、「見方・考え方」と関連する思考力、判断力、表現力等が示され、この「見方・考え方」が評価の対象として位置付いていることが明確に示されている。

4　地理での学力観

　上述までの考察から、地理では次のような学力を育成しようとする。まずは、地理的な思考力の育成である。思考力は、地理的な見方・考え方として具体的に示されているので、これらの地理的な見方・考え方を活用し（働かせて）、さらに深い地理的な見方・考え方を習得していくことになる。そして、こうした思考を経て、合理的で公正な判断ができ、自分の考えたことを討論したり、地図などに表現したりする学力が求められる。さらに、地域の特色や日本を含む国際理解に関する学習課題[14]、場合によっては地球的課題となる課題を地理的な見方・考え方を駆使して、解決していく能力がもとめられる。複雑な地球的課題や社会問題については、解決まで導くことが困難な課題もあるが、個人として、集団として、社会全体として解決に近づけるような能力が育成されなければならない。

▷11　空間的相互依存作用
地域はお互いに依存しあっていることを意味する。例えば、石油、石炭などの地下資源は空間的に偏在しており、地下資源がある地域とない地域がある。地下資源がある地域からない地域へは交通機関によって運搬する。このように、観光資源、働き場所なども含めて、「ある」地域から「ない」地域へと物資や人が移動して、お互いの地域を補い、お互いに依存する状況となる。その具体的な現象が交通や貿易である。

▷12　生活圏
地域は「意味のある空間的範囲」と定義され、人々が日常生活で移動する空間的範囲が「生活圏」である。なお、生活圏はある人々の集団としての空間的な生活範囲を「生活圏」とすることも、個々の生活拠点（家）を中心として生活のための移動する空間的範囲を「生活圏」とすることもある。

▷13　スケール
地域は定義によって、様々な空間的範囲をさす。生活圏を地域としてみなしたり、地球をひとつの地域とみなすこともある。こうした大小の規模をスケールといい、地域には狭いものから広いものまで、様々なスケールの地域が存在する。

▷14　学習課題
学習の単元や毎授業における、学習すべきテーマとされる。適切な課題が設定されないと、知識の羅列や注入で授業がおわる可能性が高い。また、「学習問題」と同義で使われることもあり、その場合は、社会的事象の意味や特色、理解するための問題（クエスチョン）となる。

▷15 GIS
GIS（Geographic Information System：地理情報システム）は，位置に関する情報（空間データ）をコンピュータ等で総合的に管理・加工し，視覚的に表示し，高度な分析や迅速な判断に役だてる技術とされる。地図上で表現されることが多く，コンピュータの画面上や紙媒体で表示されることもある。

▷16 ESD
ESD（Education for Sustainable Development：持続可能な開発のための教育）は，自然環境や社会環境を含め地球全体が将来にわたって維持できる開発のための教育である。現象の背景の理解，批判力を重視した思考力の育成，持続可能な社会のための価値観を養うことが含まれる。

▷17 SDGs
SDGs（Sustainable Development Goals：持続可能な開発目標）は，17の目標と169のターゲットから成る2016年から2030年までに達成しようとする，持続可能な世界を構築するための国際目標である。

他方，こうした思考力のためには，適切な知識やスキルが必要とされる。地理では，系統地理や地誌として，知識の体系化ができている。また，地図の読み方，作図やGISの活用といったスキルの習得も必要不可欠である。すなわち，地理の学力は，系統地理や地誌を通しての地理的知識やスキルの習得，およびそれを活用して，地理的な見方・考え方を働かせ，地域（生活圏から地球までを含む）を理解し，地球的課題を解決し（ようとする），持続可能な社会を築けるような能力を意味するのである。さらに，地理は，ESDやSDGsとも深く関わる。こうしたことから，現代世界を理解する地理から，未来志向の地理へと変わってきている。このような傾向のもとで，このような能力を地理で育成することが，より一層もとめられているといえよう。

2　地理的分野における学習評価

1　何のための学習評価か

　学習評価とは，本来，学習者が自分の学習を振り返り，今後の学習改善をするためのものであろう。その観点から，学習評価を大きく3点に分類できる。まず第1は，教師が学習者に対しておこなう学習評価である。第2は，教師が提示した評価項目により，学習者がおこなう評価である。そして，第3は学習者が自ら評価の観点を決め，学習者自らが評価するものである。
　第1の教師が学習者におこなう評価は，ペーパーテストなどにみられる，知識の定着をみるものが多い。100点満点で60点を取ったとすると，その学習者は，授業で学習した60％の知識を習得したとみなし，教師側からみれば「この学習者は60％しか理解できていないので，もっと授業をしっかり聞いてがんばれ」ということになり，平均点が70点とすれば，この学習者の学力は平均以下というレッテルを貼る。しかし，翻って教師に対する評価だとすると，その教師はその学習者に60％しかわかるような授業をしなかったということになる。
　第2の教師が提示した評価項目により学習者がおこなう評価としては，次のような例があげられよう。授業には目標があり，その目標にどのように達せしていくのか，そのプロセスをみるために，教師が目標に達成するようなプロセスを項目として示し，学習者がそれらの項目について自己評価していくというものである。むろん，学習者の自己評価だけでなく，教師の評価も加わることで，教師の授業改善のエビデンスともなる。吉水（2018a）は，生徒が目標に向かっているかどうかをモニタリングすることを形成的評価とし，これができていないときは指導の手立てを講じる，つまりコントロール（修正）することで指導と評価を一体化することで，形成的評価は指導を改善し，生徒の学力をつ

けるための評価であると指摘する。こうした形成的評価は，本章の第2の評価といえるだろう。

　第3は，学習者が目標を定め，その目標にそって自己評価するものである。自主学習での評価となることが多いが，教師が関わる場合，教師はファシリテーター[18]としての役割を担うようになる。教師は生徒の自主性を評価することになろう。

　以上，3つのタイプの評価をみてきたが，ここでの評価は「何ができたか」ではなく，「何ができるようになるか」という観点で評価をみれば，第2の教師が提示した評価項目により学習者がおこなう評価がふさわしく，社会科として導入するにもふさわしい評価といえる。そこで，次に，その評価と関わって，パフォーマンス評価に着目する。

２　パフォーマンス評価

　「何ができるようになるか」つまり知識やスキルを使いこなすことができることに関しては，パフォーマンス評価が有効な評価方法である（吉水，2018b，71ページ）。パフォーマンス評価とは，知識やスキルを使いこなすことを求める問題や課題などを通して評価する方法の総称であるとされる。また，岡田（2016）は，評価のストラテジーとして，次の4段階をあげている。すなわち，第1段階は単元，または1時間を貫く問いとその問いに答えるための探究ルートをつくる，第2段階は子どもの学習過程を可視化するためのパフォーマンス課題を設定する，第3段階は子どもの学習過程を意味づけるためのルーブリックを作成する。そして第4段階は学習指導の代案をつくる，である。ここでの評価は，評価を用いて教師の授業改善を図るためのもので，パフォーマンス課題とルーブリック[19]を共有することでパフォーマンス評価としている。

　パフォーマンス評価は，1時間ごとにおこなわれる形成的評価のうえに，単元終了時に総括的な評価としておこなわれる。具体的には，あるパフォーマンス課題が設定され，その課題に対して，どのような知識やスキルを使って分析・解釈したかを形成的評価し，総括的な達成度の評価規準をルーブリックで示すことにより，達成度を評価することになる。なお，ルーブリックでの評価は，教師が客観的な立場から評価する場合と，学習者が自ら，あるいは相互に評価する場合がある。評価がどのような目的で用いられるかで，評価する人が変わってくる。

３　地理としての学習評価

　地理では，知識だけでなく，表の読み取り，地図の読み取り，景観写真の読み取り，地図の作成，野外調査の計画作成や実施，まとめ方というようにスキ

▷18　ファシリテーター
ファシリテーターとは，中立的な立場に立った上で授業や会議中に発せられた意見をまとめ，より良い結論に導く役割を担う人である。教師の役割として，子どもたちの主体的な学習を促すために，ファシリテーターとしての役割を担うことも必要とされる。

▷19　ルーブリック
学習目標の達成度を判断するために，評価規準と達成の度合いを示す数レベル程度の尺度とそれぞれのレベルに応じた観点や特徴，パフォーマス活動を文章化した評価規準から構成される評価。

ル（技能）が重視される。また，地理的な見方・考え方をどのように働かせて思考しているのかといった学習のプロセスも評価の対象となろう。高校生を対象とした世界的な取り組みである国際地理オリンピック[20]の出題では，記述式のテストで知識だけでなく，どのように知識を活用して，図表や地図を読み解いているかといった思考のプロセスや，論理性があるかなどの文章表現も評価の対象となるばかりでなく，野外調査を実施しての観察力（思考のプロセス）や地図作成といった地図表現も評価の対象としている。

上記のように，地理では知識を問うたり，図表や景観写真を読み取ったりといったペーパーテストでの評価だけでなく，ポートフォリオ[21]などを活用して目標に達するまでのプロセスを評価したり，ルーブリックで到達目標を定めて野外調査などをするパフォーマンス評価したりして，多角的・多面的に評価することが望ましい。さらに，ここでの評価は，学習者のレベルを測るという目的だけでなく，教師の授業改善を図るといった目的も持ち合わせた評価となるのである。

表2-2　ルーブリックによる地図を作成する野外調査の評価の例

レベル	A	B	C
パフォーマンス活動	地理的な見方・考え方を働かせて景観観察，土地利用，聞き取り調査などから情報をえて，調査目的に応じた地図を主張が伝わるように作成でき，既存の知識や統計データなどに基づき，説明することができる。	景観観察，土地利用，聞き取り調査など行ったが，調査目的が明確でなかったり，調査でわかったことが十分に吟味されなかったりして，作成した地図の主張が明確でなく，既存の知識なども十分に活用されていない。	野外での調査は行ったが，調査による情報が不十分で，地図にも必要な情報がなく，工夫がみられない。さらに既存の知識も活用されていない。

出所：著者作成。

Exercise

① 地理を学習する意義，もしくは地理で育成しようとする人間像を自分の経験や他の人の経験も踏まえて，自分なりにまとめてみよう。
② 地理の学力観と評価とがどのように関わっているのか，具体的な事例をあげて考えてみよう。

📖 次への一冊

吉水裕也編『中学校社会地理的分野の授業デザイン＆実践モデル』明治図書，2018年。
　　地理的分野における評価について，丁寧に説明を加えている。具体的な授業に基づき説明され，実践モデルが示されているので，評価と関わり授業デザインするのに

▷20　国際地理オリンピック
地理的知識に基づいた思考やスキルなどをマルチメディア（図や表などの読み取りを含む選択肢問題），記述，フィールドワークの3つの試験で争う，世界の高校生が集う祭典。1996年にオランダのハーグで第1回大会が開催され，2023年には第19回大会がインドネシアバンドンで開催された。2022年のパリ大会では54の国・地域が参加した（井田，2023）。日本の参加は2007年からで，2013年には京都で開催された。日本では第一次試験で約100名に絞り込み（2023年の受験者は1244名），第二次試験で10名ほどの金メダリストを選出。金メダリストが第3次試験に進み，4名が国際地理オリンピックの代表選手として選ばれる。国際大会は英語での出題・解答となる。

▷21　ポートフォリオ
学習の過程や成果等の記録や作品を，計画的にファイル等に集積すること。そのファイル等を活用して成長の過程や到達点を確認し，今後の課題などを示すとともに，個人能力を総合的に評価するためのツールとなる。

有用な書である。

井田仁康『中学校の地理の雑談ネタ40』明治図書，2018年。
　地理の学習内容に関する40項目が説明されるが，それぞれの項目（ネタ）で1時間の授業がデザインできる。知識の習得だけでなく，どのような観点から学習するのかが示されており，地理の学力について考えさせる書である。

井田仁康編『「地理総合」の授業を創る』明治図書，2021年。
　「地理総合」の学習内容に沿って構成されているが，社会科地理の学習内容としても有用である。地理学習の意義や基本的な地理学習の概念とともに，具体的な授業モデルによって，指導案から評価までを解説している。

引用・参考文献

井田仁康「地理がなぜ必要か」長谷川直子編著『今こそ学ぼう地理の基本』山川出版，2018年 a，4～5ページ。

井田仁康「地理を学ぶとは」長谷川直子編著『今こそ学ぼう地理の基本』山川出版，2018年 b，2～3ページ。

井田仁康「地理オリンピックへの招待」国際地理オリンピック日本委員会実行員会『地理オリンピックへの招待——公式ガイドブック・問題集　第2版』古今書院，2023年，2～3ページ。

井田仁康「社会科と何か——映画「男はつらいよ」から社会科を考える」井田仁康・卯城祐司・塚田泰彦編『教科教育の理論と授業Ⅰ人文編』協同出版，2014年，111～129ページ。

井田仁康編『究極の中学校社会科』日本文教出版，2013年。

岡田了祐「子どもの学びの可視化に向けて」『社会科教育』No.690，2016，8～11ページ。

竹内裕一「「地理総合」における社会参画とカリキュラム・マネジメント」碓井照子編『「地理総合」ではじまる地理教育』古今書院，2018年，10～19ページ。

文部科学省『中学校学習指導要領（平成29年告示）解説社会編』東洋館出版，2018年。

吉水裕也「つけたい力を見通して！目標と評価をおさえる」吉水裕也編『中学社会地理的分野の授業デザイン＆実践モデル』明治図書，2018年 a，20～31ページ。

吉水裕也「地理総合の評価方法」碓井照子編『「地理総合」ではじまる地理教育』古今書院，2018年 b，67～75ページ。

Huckle, John, Powerful geographical knowledge is critical knowledge underpinned by critical realism. *International Research in Geographical and Environment Education*, 28(1), 2019, pp.70-84。

第3章
社会科の歴史的分野における学力観と評価

〈この章のポイント〉
　本章では，歴史学習における学力と評価について概説する。歴史学習においてもこれまで学力を問う様々な方法が考えられたものの，基本的に1945年以前も含めて学力や評価は知識・理解をペーパー試験で問うものしかなかった。しかし，2000年代に入り，センター試験レベルでの改良も考えられ，思考力を問う問題を模索している。その骨子は，歴史的な見方・考え方で示された「時系列」「推移」「比較」「事象相互のつながり」などである。

1　歴史学習における評価

　学校教育において「歴史科目は暗記だ」と思う人が多い。筆者のように小さい時から歴史が好きであった者は，歴史はその時代に生きた人間くさい生きざまに没入できるものであり，暗記物という見方には全く同意できない。しかし，日本社会では歴史学習といえば，その知識習得の一手段に過ぎない「暗記」が大きくクローズアップされ，特に歴史を苦手だと認識している人ほど歴史科目をそう思っているふしがある。これは，未だぶ厚い教科書をまんべんなく扱う授業を受けた人が多いからなのか，クイズ番組での一問一答式の出題形式のイメージからなのか。

　本章では，社会科の中でも歴史学習における学力および評価について説明する。現在の歴史学習に対する学力観や評価の状況を知るためには，それがどのように形成されてきたのか，過去から探る必要があろう。特に歴史学習は高校では世界史があるものの，小学校や中学校では，基本的に日本と，日本に関連する歴史を中心に教えるというスタンスを近代以後ずっと取ってきた。本章は戦前の歴史学習に触れた後，戦後へと叙述を進める。その際，本章では歴史の学力を「歴史学習を通して見につけたい力」とし，その「学力を図る方法」を評価と定義する。なお，本章の表題では歴史という言葉を用いているが，これは学校教育でおこなわれる歴史学習全般の意味で用いている。

2　戦前の歴史学習

　1945年以前の学力観と評価に関して，1936年の歴史学習に関する本を参考にする。日本は1931年に満州事変，1937年より日中戦争に入ったことから1940年代は天皇中心の皇国史観がより強まるために，1937年以前の歴史学習を検討することで，その実態に近づけると考えるからである。

　成田喜英は「歴史考査法」(1936)，丸山良二は「國史教育に於ける学力測定」(1936)において歴史学習の評価について言及しているが，学力についてはその定義を示した箇所はない。歴史教授の目的とそこで身に着けるべき学力を同一視しているようである。それでは歴史教授の目的とは何か。丸山は国史教育の目的として「教則の示すところに依れば，國史は國體の大要を知らしめ，兼て國民たるの志操を養ふにある。これがために児童に對して，建國の體制，皇統の無窮，……此等の事歴を知らしめ，それを素地として，我が国民精神を洞察させるのが國史教育である」(丸山，1936，1ページ)と述べている。国の歴史の概要を知ることで国民としての志操，すなわち考えや主義などを変えない意志を養うことを国史教育の目的としている。

　それでは，具体的にどのような方法でそのような意思を培うのか。成田は小学校の国定教科書が目的や内容が一律同じであることに触れた後，「歴史教授は，前述の国家で規定し指示した目標に従い，生徒児童に歴史知識を豊富に正確に獲得せしめる丈けでなく，子供の心に歴史精神を理解せしめ，更に子供の生活に於て歴史精神を体験せしむる如くは行はれなくてはならない。尚進んでは子供の生活中に歴史精神を実現せしむべく，意志の力を振ひ起す様な機会を与へてやらなければならぬ」(成田，1936，3ページ)と述べる。国家が示した目的に従い，教師は児童生徒に歴史知識を授けるだけでなく，歴史精神を理解させ，児童生徒の生活の中で歴史精神を体験させることが大事だとする。さらに，教師は積極的に児童生徒が生活の中で歴史精神を実現させるように様々な機会を与える必要を説いている。ここで歴史精神が何を指すのか不明であるが，歴史の精神，すなわち戦前の歴史学習のベースになっていた考えである天皇中心の皇国史観と言えるものであろうか。

　こうした歴史精神をいかに評価するのか。丸山はその評価方法について，「歴史教授が一先づ終了した時，それは毎時の授業の終了した時にも，学期若しくは学年の終つた時にも，内容方面から云つては或時代，或課の終了した時にも，教師は自らの教授が目的通り行はれたか，方法に誤りは無かつたか，目的其のものが当を得てゐたか，ゐなかつたか，教材の精神の把握に誤りは無かつたかどうかを深く反省考察しなければならぬ」(丸山，1936，4ページ)と述

べる。一時間の歴史授業，単元，学期といった様々な場面で評価が必要であるということであるが，ここで大事なのは教師が自分の授業を評価するという考え方である。児童生徒に対するだけでなく教師が自らの教授が目的・方法・教材について授業を振り返り検討するのである。

その一方で，丸山は児童生徒に対する評価も記述している。「一方生徒児童がどの程度迄確実に歴史知識を獲得したか，どの程度迄歴史内容を理解したか，即ち教師の歴史教授が子供達に何處迄徹底したかを考察し，学級の各個人の成績の優劣をも査定しなければならないのである」（丸山，1936，4ページ）。これを見ると児童生徒に対する評価では，歴史知識や歴史内容の習得度合いが大切にされていたことがわかる。そして児童の得た知識を評価するのだが，毎時間評価することは困難であるので，ある程度決まった時期に紙媒体のテストで評価をおこなうとする。

以上，戦前の歴史学習では，教師と児童の両面から評価がなされていた。教師の評価については目的の妥当性と授業との照合，授業方法の有効性，教材の吟味があった。また，児童の評価では，知識の獲得状況，内容の理解状況に目配りされていた。教師の授業評価については毎時間可能であるが，児童生徒は検査することが難しいので学年や学期終了後にペーパー試験をおこなっている。しかし，日中戦争に引き続きアジア・太平洋戦争が開始する1940年代になると歴史の学習は国民科の一部に組み込まれ，その学習内容はより天皇を中心とした「国体の尊厳」「卓越の国民性」一色となり，これら皇国臣民の思想に支配された知識をどれだけ理解しているか，その理解の程度を確かめるテストでその学力が測定されるようになった。

3　初期社会科における学力と評価

1945年に日本は敗戦し，連合国軍により占領国となった。学校での歴史授業は軍国主義や国家主義を推奨したとして，地理や修身とともに1945年に授業が停止された。1947年に出た新しい学習指導要領において，歴史学習は地理や公民とともに社会科という教科の中で扱われるようになった（初期社会科）。

小学校『学習指導要領一般編』（試案）では，「学習結果の考察」において評価の問題が扱われている。「一，なぜ学習結果の考査が必要か」「二，いかにして考査するか」である。これを受けて，社会科でも「学習結果の判定」には次の内容が挙げられている。「社会科はいくつかの目標に向かって，生徒が生活のいろいろな方面を，自分で理解し，実践して行けるように学習を進めて行くのであるが，これらの目標が達せられたかどうかを調べるためにいろいろの手続きをとる必要がある。この教科の内容は，…大部分生徒の生活からとられた

ものに基ずいて構成されている。そこで学習効果の判定のおもな仕事は，生徒が自分及びまわりの人たちの生活を，いかに豊かにし，向上して来たかを確かめることである」。このように，社会科の目標について，生徒自身が確かめることを重視している。まず，学習をはじめる前に教師は生徒や生徒の家庭状況の把握が必要であり，これを基準として学習の結果としてその変化を見るとする。そして，生徒の活動を判定する方法を次のように示す。(1)生徒相互間並びに父兄がどういう評価をなしたかを記録しておくこと，(2)関係ある教師に相談すること，(3)生徒の日常の活動・考え・感情・反応等の日記をつけること，(4)新聞や雑誌に出る時事問題に対する反応を記録すること，(5)生徒の雑誌・書籍の読書記録，ラジオの聴取記録等を参照すること，(6)生徒に自分の向上した点及びその程度について図表を作らせ，それを参照すること，(7)個性表を作ること等である（文部省，1947，14ページ）。いわゆるペーパーテストや心理学的なテストは，機会があれば用いるのがよいと書かれる程度である。そうしたテストをおこなう場合も，その方法や結果の解釈には注意が必要であり，テストの前提となる生徒の日常生活の活動もよく観察することを忘れてはならないとされている（14ページ）。

このように，敗戦後の1947年からおこなわれた社会科授業では，ペーパーテストよりも，生徒の家庭状況や学校での生活や学習の状況や過程を評価の背景にしていた。教師だけでなく児童自身や父母などからも情報を集め，日記，新聞，ラジオ，図表など様々な手段から児童を判断することが求められた。歴史の評価として特に定められたものはなかった。初期社会科の評価を研究している来山裕も，これと同様に，知識・理解，態度，技能などの観点をすべて評価するだけでなく，目標や学習活動なども含んで，評価の一貫性を保持しようとしていたことを明らかにしている（来山，1988，71ページ）。

しかし，こうした評価基準や方法は，その後，学力と見なされた知識が身についていないと指摘されるようになった。そして，1955年に学問の系統を重視した学習指導要領へと変化するようになる。これ以降，知識や思考に関する研究が進んだものの，社会科や歴史は2000年代になるまで，児童生徒の習得した知識の量を学力とみなし，その知識を問う評価が大枠としてあったといえよう。

4　2000年代以降の歴史における学力と評価

1　学習指導要領に見られる歴史の「見方・考え方」

2000年代に入り，学習指導要領の改訂および大学入試改革という大きな動き

の中で、学力と評価が注目を浴びるようになった。学力では2000年代前後から「見方・考え方」が学習指導要領に導入され、児童生徒に身につけたい資質能力を示すとともに、学力論の一つとなる。歴史においても1999年版高校学習指導要領では、「歴史的な見方や考え方」が導入されていたが、その詳細は不明で、歴史教育関係者にもあまり注目されてこなかった。筆者はこうしたことも含めて、小学校、中学校、高校の学習指導要領の歴史に関する「見方・考え方」を整理したことがある（江口、2018、136～143ページ）。ここではその内容を学力との関係で再び整理し、歴史の学習指導要領で求められている「見方・考え方」がどのようなものであるかを示していく。

　2017年版『中学校学習指導要領解説社会編』では、見方・考え方とは「どのような視点で物事を捉え、どのような考え方で思考していくのか」とされている（文部科学省、2017、4ページ）。つまり、「歴史をどのように見るのか」という見方を通じて、「歴史を通じていかに考えるのか」という考え方を学習の場でさらにおこなうことである。2017年版学習指導要領では、歴史的な見方・考え方は「社会的事象の歴史的な見方・考え方」として「社会的事象を、時期、推移などに着目して捉え、類似や差異などを明確にし、事象同士を因果関係などで関連付けること」と記述されている（文部科学省、2017、79ページ）。加えて、以下の4点がその内容として示されており、以下の4点に着目して比較したり、関連させたりして社会事象を捉えることとされている。

(1) 時期、年代など時系列に関わる視点
(2) 展開、変化、継続など諸事象の推移に関わる視点
(3) 類似、差異、特色など諸事象の比較に関わる視点
(4) 背景、原因、結果、影響など事象相互のつながりに関わる視点

　以上の4点では、時系列、推移、比較、事象相互のつながりが視点とされている。この4つの視点に着目し、歴史を比較、関連させることが歴史的な見方や考え方であるとされる（江口、2018、137ページ）。歴史の学力を知識だけで捉えずに、歴史的な事項が内在している資質能力を目に見える形で提示し、それを学ばせようとしている点で評価されるであろう。

2　歴史的な見方や考え方の具体的な問い

　2010年版高等学校学習指導要領の日本史Bでは、歴史を考察し表現する方法として課題解決的な学習を取り入れるようにしている。その例として、導入で生徒に歴史を自覚させる学習課題として以下の内容が挙げられている（文部科学省、2010、80ページ）。

> ① どういうことか（事象の意味・内容）
> ② いつから・どのようにしてそうなったのか（事象の起点・推移の過程）
> ③ 何・だれがそうしたのか（事象の主体）
> ④ なぜそうなったのか（事象の背景・事象間の因果関係）
> ⑤ 本当にそうだったのか・何によって分かるのか（事象の信憑性・論拠）
> ⑥ 他の地域や時代とどういう違いがあるのか（事象の特殊性・普遍性）

　この内容は歴史の見方・考え方を具体的に示したものであると言えよう。「いつ」「誰が」「何をしたのか」などの①～③は事実認識であり，「それは本当か」「どうしてそう言えるのか」「その背景や要因は何か」「他と比較しての相違は何か」などの④～⑥は因果関係や根拠，比較の視点を入れた歴史の捉え方を示している。

　こうした力を育成することを歴史の学力として，評価しようとしているのであるが，2018年に出された歴史総合でもこうした課題（問い）を設定してそれを追求する学習が引き続き求められている。例として「時系列に関わる問い」「諸事象の推移に関する問い」「諸事象の比較に関わる問い」「事象相互のつながりに関わる問い」「現代とのつながりに関わる問い」という5つの視点に関する問いが紹介されている（文部科学省，2018，132～133ページ）。

3　小・中の歴史学習の系統的評価

　新しい学力観が出ても，評価が変わらなければ何も変わらない。2019年1月21日に中央教育審議会初等中等教育分科会教育課程部会により，『児童生徒の学習評価の在り方について（報告）』が出された。この報告を受けて，文部科学省では同年3月29日に「小学校，中学校，高等学校及び特別支援学校等における児童生徒の学習評価及び指導力の改善等について（通知）」を出した。ここでの要点は以下の4点である（文部科学省，2019）。

　　① 「学習指導」と「学習評価」は，学校の教育活動の根幹であり，「カリキュラム・マネジメント」の中核的な役割を担う。
　　② 「主体的・対話的で深い学び」の視点からの授業改善，指導と評価の一体化の必要性。
　　③ 各教科等の目標及び内容を「知識及び技能」「思考力，判断力，表現力等」「学びに向かう力，人間性等」の資質・能力の3観点で評価する。
　　④ 学習評価の方向性は，児童生徒の学習改善につながるもの，教師の指導改善につながるもの，慣行の見直しの3つである。

　それでは，歴史学習についてはどうであろうか。小学校は通史的な歴史内容のある6年生を示すと表3-1のようになる。下線は筆者である。
　知識・技能については，国家および社会の発展に力を尽くした人物と文化遺

表3-1　小学校社会第6学年の評価の観点及びその趣旨

	知識・技能	思考・判断・表現	主体的に学習に取り組む態度
第6学年	我が国の政治の考え方と仕組みや働き，国家及び社会の発展に大きな働きをした先人の業績や優れた文化遺産，我が国と関係の深い国の生活やグローバル化する国際社会における我が国の役割について理解しているとともに，地図帳や地球儀，統計や年表などの各種の基礎的資料を通して，情報を適切に調べまとめている。	我が国の政治と歴史及び国際理解に関する社会的事象の特色や相互の関連，意味を多角的に考えたり，社会に見られる課題を把握したりして，その解決に向けて社会への関わり方を選択・判断したり，考えたことや選択・判断したことを説明したり，それらを基に議論したりしている。	我が国の政治と歴史及び国際理解に関する社会的事象について，我が国の歴史や伝統を大切にして国を愛する心情をもち平和を願い世界の国々の人々と共に生きることを大切にする国家及び社会の将来の担い手として，主体的に問題解決しようとしたり，よりよい社会を考え学習したことを社会生活に生かそうとしたりしている。

産を理解するとともに，基礎的な資料を通して情報を適切にまとめることが求められている。思考・判断・表現については，歴史に関する社会事象を多角的に考え（特色・相互の関連・意味），課題を把握し解決にむけて選択・判断し，それを説明，議論することである。主体的に学習に取り組む態度については，国や世界の人々とともに生きるとともに，将来の担い手として，主体的に問題解決したり，学習したことを社会生活に生かそうとしたりすることである。

　これが，中学校歴史的分野になると，以下になる。

表3-2　中学校歴史的分野の評価の観点及びその趣旨

	知識・技能	思考・判断・表現	主体的に学習に取り組む態度
歴史的分野	我が国の歴史の大きな流れを，世界の歴史を背景に，各時代の特色を踏まえて理解しているとともに，諸資料から歴史に関する様々な情報を効果的に調べまとめている。	歴史に関わる事象の意味や意義，伝統と文化の特色などを，時期や年代，推移，比較，相互の関連や現在とのつながりなどに着目して多面的・多角的に考察したり，歴史に見られる課題を把握し複数の立場や意見を踏まえて公正に選択・判断したり，思考・判断したこと説明したり，それらを基に議論したりしている。	歴史に関わる諸事象について，国家及び社会の将来の担い手として，よりよい社会の実現を視野にそこで見られる課題を主体的に追及，解決しようとしている。

　中学校の知識・技能では，世界の歴史を背景に時代の特色を踏まえて日本の歴史を理解しているとともに，諸資料の情報を効果的に調べてまとめることである。思考・判断・表現は，歴史事象の意味や意義，伝統と文化の特色を多面的・多角的に考察したり，歴史の課題を把握し，複数の立場や意見から選択・判断し，説明，議論したりすることである。主体的に学習に取り組む態度は，歴史の諸事象についてよりよい社会の実現を視野にして，そこで見られる課題を主体的に追及，解決することである。

　以上のように，小学校6学年の歴史，中学校歴史的分野の評価の観点および

その趣旨を見てきた。小学校が日本の歴史を人物と文化遺産を中心に学ぶことに対し，中学校が世界の歴史を背景に日本の歴史を学ぶということ以外は大きく異なる点はない。今回の学習指導要領で大きく変化したのは，思考・判断・表現が示す歴史の見方・考え方という新しい学力観とその学び方である。

5　大学入試問題改革の行方

　それでは，歴史学習を知識偏重にしてきた一因を担う大学入試センター試験に変化がないのであろうか。2014年に中央教育審議会は，第96回総会において「新しい時代にふさわしい高大接続の実現に向けた高等学校教育，大学教育，大学入学者選抜の一体的改革について（答申）」を取りまとめ，高大接続システム改革会議が，高大接続システム改革会議の「最終報告」を2016年におこなった。この「最終報告」では，グローバル化や多極化の進展といった国際的・少子化など国内的な大きな社会変動の中で「知識の量だけでなく，混とんとした状況の中に問題を発見し，答えを生み出し，新たな価値を創造していくための資質や能力が重要になる」としている（高大接続システム改革会議，2016，3ページ）。その上で「最終報告」では，これからの時代では次の「学力の3要素」が必要であるとする。学力の3要素とは，① 十分な知識・技能，② それらを基盤にして答えが一つに定まらない問題に自ら解を見いだしていく思考力・判断力・表現力等の能力，③ これらの基になる主体性を持って多様な人々と協働して学ぶ態度である（3ページ）。

　これを踏まえ，現在の大学入試センター試験に代わる大学入学共通テストの試行調査が2018年におこなわれた。この試行調査の基本的な方向性は，① 大学教育の基礎力としてどのような知識・技能や思考力・判断力・表現力を問うのかというねらいを明確にする点，② 高校で「どのように学ぶか」を踏まえることであった（「平成30年度試行調査「プレテスト」の問題作成における主な工夫・改善等について」1ページ）。高校での学びと大学を接続する試みであり，高校での知識・技能，思考力・判断力・表現力という学力の3要素を踏まえてそれを評価することを明らかにしたものである。知識を問うたり史資料を読んだりすることはこれまでも大学入試センター試験でもおこなわれてきたが，思考力・判断力・表現力をいかに評価していくのであろうか。「作問のねらいとする主な「思考力・判断力・表現力」についてのイメージ（素案）」では，大学入学共通テストにおいて問いたい思考力・判断力・表現力として，次の8つがその具体的な内容として挙げられている。

① 資料から読み取った情報と歴史的事象との関わりを類推することができる。

② 歴史的事象を時系列的にとらえることができる（時系列）。
③ 資料から読み取った情報や習得した知識を活用して，歴史的事象の展開について考察することができる（推移や変化）。
④ 複数の歴史的事象を比較して共通性や差異をとらえることができる（諸事象の比較）。
⑤ 諸地域世界の接触や交流などが歴史的事象にどのように作用したのかを明らかにすることができる（事象相互のつながり）。
⑥ 背景，原因，結果，影響に着目して歴史の諸事象相互の関連を明らかにすることができる（事象相互のつながり）。
⑦ 歴史的事象の多面的・多角的な考察を通して，日本や世界の歴史の展開や歴史的な意味や意義をとらえることができる。
⑧ 習得した歴史的概念を活用し，現代的課題に応用することができる。

　上記のポイントで述べると，①は類推，②時系列的思考，③推移や変化，④比較より共通性や差異，⑤接触・交流による事象相互のつながり，⑥因果関係，⑦歴史的な意味や意義，⑧歴史的概念を現代的課題に応用，となる。これらの内容は，歴史的な見方・考え方で示された4つの視点，すなわち，時系列，推移，比較，事象相互のつながりに着目したものを，さらに具体的に表現したものと言うことができる。今後は，こうした方向で学力観や評価が進んでいくのである。

Exercise

① 戦前の歴史学習が果たした役割を，学力と評価の面から考えてみましょう。
② 現在の歴史学習で望ましい学力や評価とはどのようなものか，自分の考えを書いてみましょう。

次への一冊

江口勇治監修，井田仁康・唐木清志・國分麻里・村井大介編『21世紀の教育に求められる「社会的な見方・考え方」』帝国書院，2018年。
　学力論や評価論に特化したものではないが，歴史だけでなく地理や歴史も含めた現在の初等・中等の社会科教育の学力観を示す「社会的な見方・考え方」を様々な角度から紹介している。

引用・参考文献

江口勇治監修,井田仁康,唐木清志,國分麻里,村井大介編『21世紀の教育に求められる「社会的な見方・考え方」』帝国書院,2018年。

来山裕「社会科における評価の研究――初期学習指導要領における評価」『社会科研究』36,1988年。

高大接続システム改革会議「最終報告」,2016年。

大学入試センター「平成30年度試行調査「プレテスト」の問題作成における主な工夫・改善等について」

中央教育審議会「新しい時代にふさわしい高大接続の実現に向けた高等学校教育,大学教育,大学入学者選抜の一体的改革について(答申)」,2014年。

中央教育審議会初等中等教育分科会教育課程部会『児童生徒の学習評価の在り方について(報告)』2019年。

成田喜英「歴史考査法」『歴史学習講座・第三部・方法編』四海書房,1936年。

丸山良二「國史教育に於ける学力測定」『歴史学習講座第十,第一部理論編』四海書房,1936年。

文部省『学習指導要領社会科編Ⅰ』(試案),1947年。

文部科学省『高等学校学習指導要領』2010年。

文部科学省『中学校学習指導要領解説 社会編』2017年。

文部科学省『高等学校学習指導要領解説 地理歴史編』2018年。

第4章
社会科の公民的分野における学力観と評価

〈この章のポイント〉
　本章では，社会科教育における学力観と評価について，公民的分野の観点より概説する。具体的にはまず，公民的分野の学力と関連して，日本の子ども・若者の社会参加意識の低さに触れる。次に，公民的分野の教育内容構造に言及して，公民的分野の学力の特徴を紹介する。さらに，公民的分野の学力をめぐる議論を，社会科教育史と諸外国の動きに注目して取り上げる。そして最後に，公民的分野の学力の評価を説明する。本章を通して理解して欲しいことは，公民的分野の学力観と評価の特徴，それを生かした授業づくりの構想の在り方である。

1　日本の子ども・若者の社会参加意識の低さ

1　国際比較調査の結果から見る日本の子ども・若者の特徴

　公民的分野における学力観を考えるにあたり，まず触れておきたいことがある。内閣府がおこなった「我が国と諸外国の若者の意識に関する調査」である。詳しくは内閣府ホームページに掲載された『子供・若者白書』（内閣府, 2019）を参照されたい。
　調査項目は多岐にわたるが，ここで注目するのは「社会・国家関係」に関する質問項目である。そこでは，「社会をよりよくするため，私は社会における問題の解決に関与したい」という設問を設け，「そう思う」「どちらかと言えばそう思う」「どちらかと言えばそう思わない」「そう思わない」「わからない」の5つのうちから1つを選択することを求めている。結果は，他国との比較において，日本の子ども・若者の肯定的な回答の割合（「そう思う」「どちらかと言えばそう思う」を合わせた数値）は最低であった（42.3％）。最も割合の高かったドイツが75.5％であり，日本とは大きな開きがある。ちなみに，「わからない」の割合が高いことも，日本の子ども・若者の特徴である。
　「社会をよりよくするため，私は社会における問題の解決に関与したい」という意識を，社会参加意識と呼ぶ。「学力」と言えば認知能力，特に学校の教科教育を通して習得される能力のことを指すのが一般的である。しかし，社会科教育における公民的分野では，非認知能力に含まれる「意識」も非常に重視

している。そして，公民的分野で育成される意識の中核にあるのが，この社会参加意識である。

2　「持続可能な社会の創り手」を育成する公民的分野の役割

　中央教育審議会は2015年12月，「幼稚園，小学校，中学校，高等学校及び特別支援学校の学習指導要領等の改善及び必要な方策等について（答申）」を発表した。これが2017年版及び2018年版の学習指導要領の基盤となっている。

　その中に「学習指導要領等改訂の基本的な方向性」を見定めるために「子供たちの現状と課題」に触れた箇所があるが，そこに次の一文がある。すなわち，「我が国の子供たちはどのような課題を抱えているのであろうか。学力に関する調査においては，判断の根拠や理由を明確に示しながら自分の考えを述べたり，実験結果を分析して解釈・考察し説明したりすることなどについて課題が指摘されている。また，学ぶことの楽しさや意義が実感できているかどうか，<u>自分の判断や行動がよりよい社会づくりにつながるという意識を持っているかどうかという点では，肯定的な回答が国際的に見て相対的に低いことなども指摘されている</u>」（下線筆者）である。下線の主張の根拠になっているのが，先に紹介した国際比較調査である（同調査は5年前の2013年にも実施されており，その調査結果も先の調査結果と同じく，極めて低いものであった）。

　社会参加意識の低さは，社会科教育の公民的分野に限らず，学習指導要領改訂等を含む学校教育改革全般にわたって中心的な課題になっている。予測困難な未来社会においては，豊かな創造性を備え持続可能な社会の創り手になりうる児童生徒を育成することが，学校教育では何よりも目指されるべきことであろう。そして，そのことを以前より継続的に追究してきたのが社会科教育であり，とりわけ，公民的分野である。

2　社会科教育における公民的分野の学力観

1　社会系教科の教科構造と公民的分野の位置付け

　社会科教育には，3つの分野がある。地理的分野，歴史的分野，そして，公民的分野である。ただし，この分野制が存在するのは，中学校のみである。小学校は「総合社会科」の性格を有し，3つの分野に細分化されていない。さらに，高等学校には社会科は存在せず，「地理歴史科」と「公民科」という2つの教科が存在する。校種毎に違いが生じる背景には，地理・歴史・公民という教科の専門性を，児童生徒の発達段階に即して，どこまで要求できるか（すべきか）ということがある。とはいえ，社会科教育では，地理・歴史・公民の3

つの分野を基本として研究・実践を進めるのが一般的である。

では、この3つの分野にはどのような関係性があるのか。この理解により、公民的分野の学力観の特徴を看取することができる。

社会科と同様に分野制を採用する教科に、理科がある。理科には、物理・化学・生物・地学の4つの分野があり、それら4つの分野はさらに、第1分野（物理・化学分野）・第2分野（生物・地学分野）と再構成される。一方で、社会科の3分野は、中学校においては、図4-1のように構造化されている（筆者作成）。

　　図4-1　ザブトン型　　　　　　図4-2　π型

学年毎に区切り、3つの分野を学習するのが「ザブトン型」である。この場合、分野間の関連性は問われない。一方、1・2年生で地理と歴史を学習して、3年生で公民を学習するのが「π型」である。現在の中学校社会科は、これを採用する学校がほとんどである。この場合、地理と歴史で身に付けた学力を活かして公民の学習を展開し、公民で身に付ける学力を発展させることになる。つまり、公民的分野の学力は地理的分野と歴史的分野の学力を基盤にして成立し、さらにそこに公民的分野の学力が付加されることになるわけである。

［2］　公民的分野の内容構成から見た公民的分野における学力観の特徴

中学校社会科を事例に、公民的分野に特有な学力について考えてみよう。

中学校社会科の公民的分野は、「法」「政治」「経済」「国際」の4つの内容から構成される。内容毎に特有な学力があるため、公民的分野の学力観と言った場合には、法に関する学力、政治に関する学力、経済に関する学力、国際に関する学力と考えるのがわかりやすい。

より理解を深めるために、「沖縄の基地問題」を事例として取り上げる。この問題を法的に考えるなら、沖縄基地に使用されている土地の所有権は誰に帰属するのか、米軍基地から発生する騒音や環境汚染、基地内外で発生する事件や事故が人権侵害にあたらないのかといったことに着目する。また、基地問題を政治的に考えるとするなら、沖縄県民の様々な不安を解消するために、米軍基地を日本国内のどこかに移転するのかということに注目する。沖縄県内の選挙では常に、基地問題が争点になることは周知の事実である。さらに、基地問題を経済的に考えるとするなら、沖縄県の経済の米軍基地への依存率は年々低下傾向にあるが、過重な米軍基地の存在は、道路整備や計画的な都市づくり、

産業用地の確保等の面で，地域の振興開発を図る上で大きな制約となっているということがある。そして，基地問題を国際的に考えるとするなら，米軍が日本を守るという名目で日本国内に基地を保有することを可能にしている日米安全保障条約の解釈と適用を巡り，日米間で協議が継続されていることがある。

このように，ある社会的事象について，法的・政治的・経済的・国際的な見方・考え方を働かせながら考察することを通して，総体的に身につけられるのが公民的分野における学力である。

なお，「沖縄の基地問題」であれば，沖縄の位置や地形的な特徴をはじめとする地理的分野における学力と，戦前戦後における沖縄の歴史に関する歴史的分野における学力が，考察を深めるために必要である。先に触れた「π型」の構造の意義を，このような点からも理解できるだろう。

3 「公民」を巡る論争に見られる学力観

1 「公民」と「皇民」

「公民」という言葉を，われわれは日常生活でほとんど使用しない。また，法学や政治学はあっても，公民学はない。「公民」は少々特殊な用語である。

社会科の目標は，2017年版及び2018年版学習指導要領で「公民としての資質・能力の育成」と定められている。それ以前は「公民的資質」という用語が使用されていた。いずれにしても「公民」が社会科の目標に位置付けられたのは，1968年版の小学校学習指導要領からである。しかし，第二次世界大戦後に誕生した社会科では，その成立当初おいてすでに「公民的資質」という用語が使用されていた。そして当時は，次のように捉えられていた。すなわち，「りっぱな公民的資質ということは，その目が社会に開かれている以上のものを含んでいます。すなわちそのほかに，人々の幸福に対して積極的な熱意をもち，本質的な関心を持っていることが肝要です。それは，政治的，社会的，経済的その他のあらゆる不正に対して積極的に反ぱつする心です。人間性及び民主主義を信頼する心です。人類にはいろいろな問題を賢明な努力によって解決していく能力があるのだということを確信する心です。このような信念のみが公民的資質に推進力を与えるものです。」である（『小学校社会科学習指導要領補説』，1948年）。先に記した「社会参加意識」に，引用文中の「あらゆる不正に対して積極的に反ぱつする心」を重ね合わせて理解することは十分に可能であろう。また，この説明の背景に，戦後の皇国史観に基づく国家主義的な教育への反省があることを念頭におくべきである。

戦前の教育で目指されていたのは，「皇民」の育成である。それに対して，

戦後の社会科教育では,「公民」の育成が目指されている。そして後者の中核に「あらゆる不正に対して積極的に反ぱつする心」がある。この精神は当然のことながら,「公民」的分野における学力観にも引き継がれることになる。

②　「公民」と政治的中立性

この「反ぱつする心」を中核に据えた公民的資質観が,1960年代の後半に大きな転換点を迎えることになる。

1968年版の小学校学習指導要領で社会科の目標に「公民」が位置付けられ,次いで1969年の中学校学習指導要領でそれまで「政治・経済・社会的分野」であったものが「公民的分野」と改称されるにあたって,社会科教育の内外から様々な批判が巻き起こった。批判する論者は一様に戦前の国家主義的教育を想定しながら,今回の改訂が「上からの公民教育」の押し付けであって「下からの公民教育」をないがしろにするのであり,「市民」概念の否定に立つのであれば,今回の改訂は大いに批判されるべきであると主張した。

1960年代後半の時期は,長引く東西冷戦時代下で,左右のイデオロギーや学生運動が中等教育の現場に持ち込まれる時期であった。このような動きと相まって,先の批判が展開された。結果として,これ以後の学校教育現場で,社会科の授業で,政治を取り扱うことが等閑視されるようになる。このような状況を,「教育の非政治化」と呼ぶ（小玉,2016）。教育の非政治化の流れは「政治的中立性」の名の下に正当化され,以後近年に至るまで継続されてきた。

③　「公民」と主権者教育

公民的分野で再び,政治に関わる議論が展開され始めるきっかけとなったのが,主権者教育の流行である。そして,この背景にあるのが,改正公職選挙法に基づき,2016年6月に施行された18歳選挙権である。

これまでは,20歳にならなければ選挙に参加することができなかった。それが18歳へと選挙権年齢が引き下げられたことで,高校3年生も選挙に参加できるようになった。この変化は,学校教育と社会科における公民的分野に大きな変化を要求するものでもあった。総務省と文部科学省は協力して『私たちが拓く日本の未来——有権者として求められる力を身につけるために』を刊行し（2015年9月）,全高校生に無料配布した。そして,高校を中心に,模擬選挙や政策ディベートを始めとする様々な主権者教育の実践が生み出された。また,1969年の文部省通知により規制されていた高校生の政治活動も,2015年の文部科学省通知により,休日や放課後におこなう校外の政治活動については「生徒が判断し,行う」として,一部認められるようになった。

公民的分野における学力観は,先に記した通り「意識」を含むものであり,

ここで説明したように選挙（投票行動）や政治活動等の「行動」をも含めて，多層的に理解されなければならない。例えば，主権者教育では，社会で起こっている様々な課題に関心を持ち，その解決策を考察し，選挙や政治活動といった行動を通して政治参加することが重視される。これらの各点より，公民的分野における学力観は理解される必要がある（唐木，2016）。

4　シティズンシップ教育における学力観

1　シティズンシップ教育に見られる資質・能力観

　主権者教育が学校教育で盛んに展開されるようになるのは2015年以降だが，実はその10年ほど前から，シティズンシップ教育（Citizenship Education）への関心が高まっていた。その発端となったのは，英国において2002年に中等教育に導入された教科「シティズンシップ」である。その後，この紹介が日本で盛んにおこなわれた。さらに，この影響を受け，経済産業省内に設置された「シティズンシップ教育と経済社会での人々の活躍についての研究会」が2006年に発表した，「シティズンシップ教育宣言」が注目に値する。次にはこの二つから，シティズンシップ教育に見られる学力観を明らかにしてみたい。

　「シティズンシップ」は，科目設置に関わる答申書（『英国シティズンシップ教育諮問委員会報告書』，1998年）において「われわれは国家全体でも地域でも，本国の政治文化を何より変えることを目標としている。つまりそれは，公共生活に影響を与える意思，能力，素養をもった活動的な市民として，人々が自らについて考えられるようにすることである」と，そのねらいが説明されている。その上で，活動的な市民に必要な基本要素（ストランド）として，「コミュニティとの関わり」「社会的・倫理的責任」「政治的リテラシー」の3つを掲げている。「コミュニティとの関わり」とは，「私に何ができるか」を常に考え，社会の発展に進んで寄与する行動である。また，「社会的・倫理的責任」とは，個人の内面に宿り，コミュニティとの関わりを方向付ける感覚である。そして，「政治的リテラシー」とは，自らと社会との関係性を批判的に捉えて，適切な行動を選びとっていく能力である。このような行動・感覚・能力を総合させることにより，活動的なシティズンシップ（Active Citizenship）が身につけられると「シティズンシップ」では捉えている。

　「シティズンシップ教育宣言」は，「市民一人ひとりが，自分を守りながら，個性を発揮し，自己実現するとともに，社会の意思決定や運営の過程において，権利と義務を行使し，多様な関係者と積極的に〈アクティブに〉関わるような社会」と，そのために必要とされるシティズンシップ教育の実現を目指し

た宣言書である。そこでは、「意識」「知識」「スキル」の3つが、シティズンシップを発揮するために必要な学力として捉えられている。「意識」とは、社会の中で他者と協働し能動的に関わりを保つために必要な意識を意味する。「知識」は3つから説明され、具体的には、公的・共同的な分野での活動に必要な知識、政治分野での活動に必要な知識、経済分野での活動に必要な知識を意味する。そして、「スキル」とは、多様な価値観・属性で構成される社会で、自らを活かし、ともに社会に参加するために必要なスキルを意味する。さらに、シティズンシップ教育を日本社会に広げていくためには、「学習機会の提供」と「参画の場の確保」が車の両輪のごとく必要とされることを提案している。

「シティズンシップ」と「シティズンシップ教育宣言」は、意識や認識のレベルに留まらず、広く具体的な行動までをも含んで学力観を構成し、市民の育成を目指している点で同じである。公民的分野における学力観を捉えるにあたって、有益な提案であると考えられる。

2 公民的分野における学力としての政治的リテラシー

英国の「シティズンシップ」で取り上げられた「政治的リテラシー」についてさらに説明を加えてみたい。

「政治的リテラシー」とは、「知識と技能と価値を通して公共生活に実質的・効果的に関わろうとする力」である。「政治」と言えば一般には、政府の仕組みや国会の政治プロセスがイメージされるが、ここでは「政治」を「利害の調整」といったより広い意味から捉えている。水山光春はこの「政治的リテラシー」の中核に、「批判(的思考)」の視点を位置付ける(水山、2009)。水山によれば、「批判」を組み込んだ「政治的リテラシー」は、「コミュニティとの関わり」と「社会的・倫理的責任」を監視して、動員的なボランティア活動や一面的な責任感を回避し、開かれた思想形成を可能にする役割を果たす。さらに水山は、日本の学校教育を念頭に置き、政治的リテラシーは社会科で、コミュニティとの関わりは特別活動や総合的な学習の時間で、そして、社会的・倫理的責任は道徳で、それぞれその育成が図られるべきであると提案する。同様な指摘、つまり、シティズンシップ教育で育成すべき学力の中核に「政治的リテラシー」を位置付けようとする主張は、小玉重夫にも見られる(小玉、2016)。しかし小玉はより具体的に、「論争的問題での争点をいかに理解するか」という点に、「政治的リテラシー」の核心を見出す。小玉が参考にするのは、「英国シティズンシップ教育諮問委員会報告書」で示された「政治的リテラシーの樹形図」である。そこでは、争点に関する様々な反応・政策・対立を知ることから政治的リテラシーの育成は始まり、知識や責任、技能が学ばれ、最終的に、

現実的な政治的判断や効果的な政治参加にたどり着くという構造が示されていた。

近年の社会科教育における公民的分野では，社会的な課題が積極的に教材化され，生徒に対し，課題の望ましい解決策に関する意思決定や価値判断を要求する授業が主流となっている。そのような授業を構想する際に，政治的リテラシーを巡る議論は大いに参考にできそうである。

5　公民的分野における学力の評価

[1]　学習指導要領で求められる公民的分野の学力の評価

評価の問題を考える時に，学習指導要領に触れることは必須だと思われるので，まずはその点から評価について述べてみたい。その後で，公民的分野に特有な評価の考え方を説明する。

学習指導要領では，「資質・能力の明確化」のために，「知識・技能」「思考力・判断力・表現力等」「学びに向かう力・人間性等」の3つの柱が示されている。したがって，評価もこの3つの柱をベースにしておこなわれることになる。社会科教育における公民的分野も同様である。

「知識・技能」の観点では，公民的分野で身につけるべき知識や技能について，十分に習得しているかが評価の対象となる。ただし，1問1答式で測ることのできる単純な知識だけではなく，知識相互を結び付けて成立する概念的知識も，そこに含めて考えられることになる。したがって，ペーパーテストにおいても，出題方法に工夫が必要である。単なる知識を問う問題だけでなく，深い理解を試す文章題など，応用的な問題が設定されるべきである。

「思考力・判断力・表現力」の観点では，「知識・技能」と比べると，より広い力を評価することになるだろう。公民的分野では特に，他者と協働して，課題を解決する能力が評価対象となる。また，自らの意見を，書くことや話すことといった多様な方法を用いて，的確に表現する能力も評価される。したがって，評価方法も，ペーパーテストに限られないことが想定される。話し合いや発表，レポートなど，評価対象も多様に考えられるべきである。

「学びに向かう力・人間性」の観点では，「学びに向かう力」は「主体的に学習に取り組む態度」として，「人間性」は個人内評価として取り扱うことになっている（中等教育審議会初等中等教育分科会教育課程部会「児童生徒の学習評価の在り方について（報告）」，2019年）。「主体的に学習に取り組む態度」の評価は，ノートの取り方や挙手の回数など，授業中の児童生徒の表れのみを対象とはしない。そこではいかに学習を調整し，知識や技能を習得するために試行錯誤し

たかという,「自己調整力」を積極的に評価していくことが求められる。

3 公民的態度をどう評価するか

　公民的分野における評価の基本は,先に述べた通り,学習指導要領に基づくものである。授業中の児童生徒の学びを適切に評価して,学びの質をさらに高めていくように授業を工夫することは,教師の使命といえよう。しかし,公民的分野の評価が難しいところは,最終的に学びの質が高まったかどうかが,児童生徒が大人になった時に,持続可能な社会の創り手として成長しているかどうかで測られるという点にある。

　公民的分野における評価の観点として,「公民的態度」に注目しておくことが必要である。それは,「よりよい社会の形成に主体的に参画しようとする態度」と定義できる。本章の冒頭で,日本の子ども・若者の社会参加意識の低さに触れた。公民的態度に,この社会参加意識が含まれると考えてよい。

　現代社会には様々な社会問題が存在する。しかし,誰もがその社会問題に気づけるわけではないし,また,気づいたとしても,誰もがその解決に関与しようとするわけでもない。授業中には社会問題について学び,主体的で対話的な学び通して深い学びに到達できた児童生徒が,将来的に,社会問題を協働的に解決する活動に関与しない(できない)という可能性もある。つまり,公民的分野の学力では,教室での学びを社会での学びにつなげることのできる学力を想定せざるをえない。この学力の中核にあるのが,公民的態度であり社会参加意識である。

　公民的態度を,社会科教育における公民的分野だけで,社会科教育だけで,そして,学校教育だけで育成しようとするのは難しい。ここから,公民的態度の育成を目指す公民的分野の授業は必然的に,分野横断性や教科横断性,さらには,学校と地域の連携を視野に収めて構想されることになる。

Exercise

① 国際比較調査から明らかとなった日本の子ども・若者の特徴はどのようなことか。また,その特徴が,2017年版及び2018年版学習指導要領の改訂にどのような影響を及ぼしたのかを説明してみよう。

② 公民的分野における学力観とシティズンシップ教育における学力観を比較しながら,公民的分野における学力観に今後どのような観点が含まれる必要があるのかについて説明してみよう。

③ 社会科教育における公民的分野ではなぜ「公民的態度」に注目すべきなのか。その評価にあたって留意すべきことも含めて説明してみよう。

📖次への一冊

唐木清志編『公民的資質とは何か——社会科の過去・現在・未来を探る』東洋館出版社，2016年。

　　社会科教育の目標にある「公民的資質」について，12名の社会科教育研究者がそれぞれオリジナリティを持って定義付けをおこない，自分の定義に沿った授業を紹介し，分析している。社会科教育及び公民的分野における学力について，その多様性を知ることができる。

小玉重夫『教育政治学を拓く——18歳選挙権の時代を見すえて』勁草書房，2016年。

　　18歳選挙権時代における教育と政治の関係性について，その状況を歴史的な文脈で捉え，思想的な意味合いを深く追究した一冊。「教育の脱政治化」から「教育の再政治化」への道のりが明確に描かれており，今後の政治教育の在り方を考えることができる。

峯明秀・唐木清志編『子どもと社会をつなげる！「見方・考え方」を鍛える社会科授業デザイン』明治図書，2020年。

　　2017年版及び2018年版学習指導要領で強調された「社会的な見方・考え方」を軸として，社会科授業で子どもが社会と関わることをどのように保証できるかについて，小学校と中学校社会科授業実践を紹介しながら提案している。

長沼豊・大久保正弘編『社会を変える教育 Citizenship Education——英国のシティズンシップ教育とクリック・レポートから』キーステージ21，2012年。

　　英国の「シティズンシップ」の基礎をなした「クリック・レポート」の全訳を含み，社会を変える教育としてのシティズンシップ教育について，具体的な提案がなされている。

引用・参考文献

唐木清志編『公民的資質とは何か——社会科の過去・現在・未来を探る』東洋館出版社，2016年。

唐木清志「社会科における主権者教育——政策に関する学習をどう構想するか」日本教育学会『教育学研究』第84巻第2号，2017年，27-39。

小玉重夫『教育政治学を拓く——18歳選挙権の時代を見すえて』勁草書房，2016年。

水山光春「政治的リテラシーを育成する社会科——フェアトレードを事例とした環境シティズンシップの学習を通して」日本社会科教育学会『社会科教育研究』No.116，2009年，1-13。

第5章
算数科における学力観と評価

〈この章のポイント〉

　算数科の学力観と評価の特徴は，内外の学力調査の枠組みや評価問題，そしてそれらの変遷にみられる。2007（平成19）年度から実施されてきた全国学力・学習状況調査の問題作成の枠組みと，それに先行する「特定の課題」調査の枠組みを概観する一方で，国際学力調査（TIMSS, PISA）の枠組みと調査結果を確認し，目標概念としての「学力」と，各種調査枠組みの下で測定される達成度としての「学力」が互いに影響して数学教育の学力論が構成され，算数科のカリキュラムや学習指導・評価に影響を与えていることを確認する。

1　「できるけれどわからない」──数学理解に固有の問題

　1976年にイギリスの心理学者・リチャード・スケンプ（R. Skemp）は，数学教師向けの雑誌 *Mathematics Teaching* に，短い論文を発表した。この論文で彼は，数学の「理解」には異なる2つのタイプがあることを指摘し，この指摘はその後，様々な論争を生んで注目されることになった。2つのタイプの理解とは，「道具的理解（Instrumental Understanding）」と「関係的理解（Relational Understanding）」である。

　前者は，理由はわからなくても手続きを実行して正解を得ることができる状態（「How」のみがわかっていること）を，一方後者は，理由を理解した上で手続きも正しく実行できる状態（「How」と「Why」の両方がわかっていること）を意味する。

　例えば，分数の除法（「ひっくり返してかける」）や負数同士の乗法（「（マイナス）×（マイナス）＝（プラス）」）のように，その手続きの意味（例えば，なぜ「ひっくり返してかける」のか）がわからなくても「正解」が得られ，テストでは「○」をもらえる問題に学習者は直面する。実は，このことが，算数科という教科における学習（理解）に固有の特徴の一つであり，「できる」ことでいわば迷彩されてしまう点に評価の難しさが横たわっているのである。◁1

　「わかる」ということの意味についてスケンプが指摘した「道具的理解」と「関係的理解」という捉え方は，算数科における「学力」とその評価を考える際の課題を顕在化するものでもある。以下の各節の考察にあたって，学力観や

▷1　この問題は，「できてしまうから，わかろうとしない」というより深刻な問題を包含している。分数の除法の計算で，「分子同士分母同士それぞれ割って商を求める」という，数学的には正しいものの通常は指導されない方法を提示された小学校第6学年児童では，約73％がこの正しい方法を「誤り」として拒絶するという調査結果が報告されている。清水美憲「分数の除法に関する児童・生徒の認識：その硬直した『論理性』の問題」（日本数学教育学会誌・数学教育学論究，第64・65巻，1995年，3～26ページ参照）

評価を論ずる際には、教科としての算数科とその「親学問」である数学の特質への注意が特に必要であることを確認しておきたい。

また、算数科の学習においては、現実事象を数学の舞台に載せて問題解決を図ること、予想される事柄（命題）が正しいことを論理的に説明する（論証する）こと、考察の範囲を広げながら概念や方法を一般化したり拡張したりすること、得られた複数の結果（例えば、三角形の面積公式と台形の面積公式）を統合して整理することなど、数学的思考の働く場面が多い。

そのような場面で働く資質・能力を算数科における「学力」として規定して評価する試みは、これまで全国規模の学力調査でおこなわれてきた。それゆえ、算数科における学力観と評価の実際を、学力調査の枠組みや調査問題の特徴にみることできる。

2　国内学力調査の変遷にみる算数科における学力論の特質

本節では、2007（平成19）年度より実施されている全国学力・学習状況調査と、この調査における算数科の枠組みに直接的な影響を与えた「特定の課題」調査の枠組みとその趣旨、具体的な評価問題群の特徴を概観する。

これらの学力調査は、学習指導要領に示される教科目標や内容に呼応する形で、時には先導する形で、算数科における学力観を、その枠組みや具体的な評価問題の形で示すものである。それらは、国際学力調査の動向の影響を受けながら、我が国の数学教育における学力論における中心に位置してきた。

1　教育課程実施状況調査から「特定の課題に関する調査」へ

戦後日本で実施されてきた大規模学力調査は、1956（昭和31）年に文部省によって開始された「全国学力調査」（抽出）に端を発する。その後この調査は、昭和36年〜41年に悉皆調査としておこなわれ、多くの議論を呼んだのは周知の通りである。その後、昭和56〜58年度、平成5〜7年度に実施された文部省の「教育課程実施状況に関する総合的調査研究」、及び平成13年度、15年度に国立教育政策研究所によって実施された「小中学校教育課程実施状況調査」等がある。これらの調査では、算数科の教科内容の習得について、学習指導要領の内容に対応した当該学年（第5、第6学年）の調査問題が出題された。

これに対し、全国学力・学習状況調査の枠組みに直接的に影響を与えた調査に、平成16年度実施「特定の課題に関する調査」（国立教育政策研究所、2006）がある。この調査は、教育課程実施状況調査や研究指定校による調査の枠組みでは把握が難しい内容について、以下のような調査をおこなうことを目的として、算数・数学科と国語科が先行して実施された（中央教育審議会、2003）。

▷2　現実事象を数学の舞台に載せて問題解決を図る過程は、「数学的モデル化過程」と呼ばれる。この過程は、下記のような4つの要素から捉えられる。
(1) 現実世界の問題を数学的モデルに定式化する。
(2) 数学的モデルについて、数学的な処理を行う。
(3) 得られた結果を解釈・評価し、現実の世界と比較する。
(4) 問題のより進んだ定式化（よりよいモデル化）を図る。
三輪辰郎「数学教育におけるモデル化についての一考察」、筑波数学教育研究第2号、1983年、117〜125ページ参照。

▷3　ここで挙げられた5項目のうち、特に、「算数的活動や数学的活動に関わる学習状況やそれを通しての数学的な見方や考え方、関心・意欲がどのように身に付いているかを把握する調査」は、新学習指導要領における教科目標との類似性が見られる点が注目される。

第5章 算数科における学力観と評価

○ 関心・意欲・態度に焦点を当てた調査
○ 数学的に考える力や意味理解，論理的思考力に焦点を当てた調査
○ 算数的活動や数学的活動に関わる学習状況やそれを通しての数学的な見方や考え方，関心・意欲がどのように身に付いているかを把握する調査
○ 同一の内容を異なる学年を対象にして出題し，継続的な傾向やつまずき等を把握する調査
○ 考えるプロセスや姿勢の把握に焦点を当てた調査

この調査の柱の1つは，児童の数学的に考える力を調べることであった。**「数学的に考える力」**は，「算数的活動や数学的活動を支え，遂行するために必要な資質や能力などの総称」(14ページ)と規定され，具体的には，次のような3つの観点から調査問題が作成された。

● 日常事象の考察に算数・数学を生かすこと
● 算数・数学の世界で事象を考察すること
● 論理的に考えること

この問題作成の方針は，算数・数学科で育成することが望ましい学力を，大きな括りで示すものとなっていることが注目される。実際，この調査の内容には，学習した算数・数学を問題解決に利用したり，その過程を説明したり，得られた成果を一般化したりする過程におけるアイディアや方法に関する事項が含まれている。また，それまでの教育課程実施状況調査のように各学年に位置づけられた教科内容の評価の問題に止まらず，数学らしく考察の範囲を広げて発展的に考える過程や，複数の事象を統合的に考える過程などに焦点化した問題を，学年の枠を越えて出題したことが，全国調査に影響している。

この調査では，例えば公園のブランコの動きに関する問題（小4）や階段状の水槽に水が入る様子に関する問題（中1～中3）等で，児童生徒が身の回りの事象を数学の眼でみることに課題があることが浮き彫りになった。

公園のブランコの動きに関する問題で，児童はこのブランコの軌跡の図を描くことが求められた（図5-1）。この問題で，図を正確に描いた4年生児童は，58.7％に止まった。また，その図が「円の一部」であることを4つの選択肢から正しく選択できた児童は，わずか43.8％に過ぎなかった（国立教育政策研究所，2006）。また，過剰な情報の中から必要なものを選択して判断をすることにも課題がみられた（国立教育政策研究所教育課程研究センター，2006）。さらに，問題場面を振り返り，発展的に考察することなども出題された。

特に注目されるのは，この調査が評価対象とした「日常事象の考察に算数・数学を生かすこと」，「算数・数学の世界で事象を考察すること」の2つの観点

▷4 底が階段状の水槽に水を入れる際，水を入れてから満水になるまでの時間と水面の高さの関係を表すグラフを指摘する選択式の問題と，その理由を述べる記述式の問題が出題された。前者の正答率は，中1で22.7％，中2で32.7％，中3で47.5％と低く，水槽の形と同じ形状のグラフを選んだ生徒が非常に多かった。

が，全国学力・学習状況調査の枠組みに直接的に反映され，新学習指導要領における「数学的活動」の基本的な枠組みにつながっていく点である。

(1) ブランコの乗る板が(ア)から(イ)まで動いています。
ブランコの乗る板はどのように動いていますか。乗る板の動く線を，次の図の中にかき入れましょう。

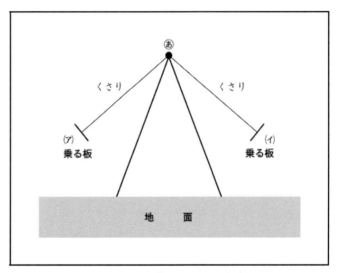

図5-1 ブランコの問題（1）
出所：国立教育政策研究所（2006，44ページ）。

▷5 「全国的な学力調査の実施方法等に関する専門家検討会議」の報告書（2006）では，調査問題の出題範囲や内容について，各学校段階における各教科等の土台となる基盤的な事項に絞った上で，以下のように問題作成の基本理念を整理することが適当であるとした（7ページ）。
・身に付けておかなければ後の学年等の学習内容に影響を及ぼす内容や，実生活において不可欠であり常に活用できるようになっていることが望ましい知識・技能など（主として「知識」に関する問題）
・知識・技能等を実生活の様々な場面に活用する力や，様々な課題解決のための構想を立て実践し評価・改善する力などにかかわる内容（主として「活用」に関する問題）

2　全国学力・学習状況調査の実施と「活用」の問題の特徴

　2007（平成19）年度から実施されることになった全国学力・学習状況調査では，「知識」と「活用」の2つのタイプの問題が出題された。その後，2019（平成31/令和元年）度からは，両者を統合する形の出題がおこなわれるようになった。

　全国的な学力調査の実施方法等に関する専門家検討会議は，その報告書（2006）で，調査問題の出題範囲や内容について，主として「知識」に関する問題と主として「活用」に関する問題を出題することを提言した。

　このうち主として「活用」に関する問題について，小学校算数科では，以下の4つの項目に対応させて出題している。

● 物事を数・量・図形などに着目して観察し的確に捉えること
● 与えられた情報を分類整理したり必要なものを適切に選択したりすること
● 筋道を立てて考えたり振り返って考えたりすること
● 事象を数学的に解釈したり自分の考えを数学的に表現したりすること

第5章 算数科における学力観と評価

　さらに，中学校数学科では，「活用」に関する問題の理念を具体化した問題作成の枠組みが設定され，実生活の問題を数学の舞台に載せて解決する数学的モデル化や情報の処理・選択に関する問題（α）や，問題解決の方針を立てて解決し，解決の過程や結果を振り返って発展的に考察を進めることに関する問題（β），そして，複数の事象の関係を捉えてそれらを総合的に考察したり，1つの事象を多面的に考察したりすることに関する問題（γ）が出題されている。

　この「活用」の問題を出題するに当たって，数学的なプロセスを中核に据えた問題作成の枠組みが設定され，数学的活動の諸相において活動を支え，またその活動を遂行するために必要となる資質や能力が示された。この意味で，出題された問題とその趣旨は，算数科の学習を通して身につけることが期待される学力像を，具体的な文脈における問題解決に必要な資質や能力の形で例示しているものと解釈できる。そして，毎年発表されるこの調査の結果は，そのような資質や能力の育成について，実践上の課題があることを示している。

　この枠組みでは，数学を活用する力について，数学的な知識や技能等を活用する文脈や状況，そこで用いられる数学的内容，そして数学的なプロセスの3つの観点を中心に構成されている。◁6

　このような枠組みによって，調査問題の趣旨を数学的なプロセスとの関係で明示し，生徒の学力の評価において，知識・技能等を実生活の様々な場面に活用する力や，様々な課題解決のための構想を立て実践し評価・改善する力を具体的な問題場面で評価することが意図されている。これは具体的な状況や文脈で，身についた知識や技能が使えるようになっているかどうかをみる意図をもつものと解釈できる。

　このような全国学力・学習状況調査の実施は，データに基づく教育改善の手法の導入を促した。従来，教育界の議論は，個人の経験に基づく主張の積み重ねによるところが大きかったが，この調査は，教育政策の決定のプロセスや学習指導の改善に，データに基づく検証のサイクルを持ち込んだのである。現在，算数科の学習指導とその改善についての議論では，この調査の問題や正答率，解答類型の反応率に言及されるようになった。

　一方，全国学力・学習状況調査の「活用」の問題は，新しい時代に求められる「数学的に考える力」についてのビジョンを具体的に例示した。特に，プロセス志向の学力観を問題の形で提示し，学習指導要領で指導内容に位置づけられた数学的活動の具体的像を示唆している。換言すれば，OECD/PISA が示した「キーコンピテンシー」概念の重要性を，情報の整理・選択力，記述式問題による表現力やコミュニケーション力等の形で，数学教育の場に提示した。

　さらに，学習指導の改善を常に視野に入れて出題や調査結果の分析がおこな

▷6　OECD/PISA の数学調査の枠組みは，「数学的な内容（包括的アイディア）」，「数学的プロセス（能力クラスター）」，「数学が用いられる状況」という3つの側面から数学的リテラシーをとらえ，この枠組みで問題が構成されていた（清水，2007）。

　OECD/PISA では，このプロジェクトの開始当初から，数学的リテラシーを，次のように規定していた：「数学が現実で果たす役割を見つけ，理解し，現在及び将来の個人の生活，職業生活，友人や家族や親族との社会生活，建設的で関心を持った思慮深い市民としての生活において確実な根拠に基づき判断を行い，数学に携わる能力」Organisation for Economic Co-operation and Development, *The PISA 2003 Assessment Framework: Mathematics, Reading, Science and Problem Solving Knowledge and Skills*, Paris: Author, 2003.（国立教育政策研究所『PISA 2003調査　評価の枠組──OECD生徒の学習到達度調査』ぎょうせい，2004年）

　一方，最新の2022年調査では，数学的リテラシーが以下のように規定されている。「数学的リテラシーは，様々な現実世界の文脈における問題を解決するために，数学的に推論したり，数学を定式化し，数学を活用し，解釈したりする個人の能力である。この能力には，事象を記述し，説明し，予測するための数学的な概念・手順・事実・ツールが含まれる。この能力は，個人が現実世界において数学が果たす役割を認識したり，建設的で積極

われてきたことも注目される。毎年配布されている『解説資料』では，想定される解答類型毎に生徒に対する学習指導はどうあるべきかという観点から内容が記載されている。また，調査結果の報告書では，課題のみられた問題について，解答類型の反応率を視野に，その問題を用いておこなう授業を指導案の形で示した「授業アイディア例」が提供されてきた。

全国調査は，平成19年の実施以来，社会的状況の変化や東日本大震災，コロナ禍等に翻弄されながら，その目的や方法の見直しを伴って実施されてきた。悉皆調査の見直し，経年比較を可能にするIRTの導入，教育社会学的な関心に基づく学力の外的規定要因（例えば，家庭の社会経済的背景）が学力に及ぼす影響や，教育測定（テスト）理論に基づく標準化された調査結果分析等の議論も進められることになるであろう。

しかし，教科の立場からは，学習指導要領で示された数学的に考える資質・能力について，具体的な問題場面やそこではたらく力に焦点化して，子どもたちの学力や学習状況の実態と学習指導の改善の方向性を探る必要がある。

3　国際学力調査の変遷にみる算数科における学力論の特質

本節では，国際教育到達度評価学会（IEA）による「国際数学・理科教育動向調査」（略称：TIMSS），及び経済協力開発機構（OECD）による「生徒の学習到達度調査」（略称：PISA）という２つの大規模国際学力調査を概観する。これらの調査結果は，教育の到達度に関する国際的指標として参照されることが多い。実際，現行の学習指導要領の改訂の方向性を示す中央教育審議会の答申でも，これらの調査結果から見た日本の教育課題が言及された。これら２つの調査結果は，教科の現状と課題や学習者の環境等を，異なる２つの国際的尺度によって浮き彫りにしており，マスメディアでも大きく取り上げられることが多い。しかし，各調査は，基本的な調査のねらいや調査枠組み，調査対象などにおいて大きく異なっており，結果の解釈には注意が必要である。

1　IEA「国際数学・理科教育動向調査」（TIMSS）

IEAが実施する「国際数学・理科教育動向調査」（Trends in International Mathematics and Science Study：TIMSS）は，学校で学習する知識や技能の定着の度合いを調べるために，小学校第４学年と中学校第２学年を対象としておこなわれている。このIEAの調査は，1964年の第１回国際数学教育調査や，1970年の第１回国際理科教育調査に由来するが，1995年以降は，４年に一度継続的に実施されている。

TIMSSの調査の枠組みは，「内容領域」と「認知的領域」の２つの領域から

▷6「的，思慮深い21世紀の市民に求められる，十分な根拠に基づく判断や意思決定をしたりする助けとなるものである。」(OECD (2023). PISA 2022 Assessment and Analytical Framework. https://doi.org/10.1787/dfe0bf9c-en. p.22)

▷7 IRT：項目反応理論（Item Response Theory）と呼ばれる教育測定の理論である。
評価に用いられる調査項目（Item）群への被験者の応答に基づいて，集団としての被験者の特性を測定することが行われる。OECD/PISA等で用いられている。

▷8 国際評価学会(IEA: International Association for the Evaluation of Educational Achievement)は，非営利の研究組織である。1964年の第１回数学教育国際調査（FIMS：First International Mathematics and Science Study）以来，第２回数学教育国際調査（SIMS：Second International Mathematics and Science Study），第３回国際数学理科教育調査（TIMSS：Third International Mathematics and Science Study），第３回数学教育国際調査追跡調査（TIMSS-Repeat）が実施された。2003年からは国際数学理科教育動向調査（Trends in International Mathematics and Science Study）と呼称を変え，４年ごとに調査を実施している。

なる。前者は，算数・数学及び理科の教科領域の内容に対応し，後者は「知識」「応用」「推論」のカテゴリーで，児童生徒がこの教科の学習に取り組んでいるときに示すと期待される行動を調査する。

最新の調査（TIMSS2019）には，小学校は58か国・地域（約27万人），中学校は39か国・地域（約25万人）が参加した。この結果では，小学校算数・中学校数学のいずれも，引き続き高い水準を維持しており，前回調査に比べ，中学校数学においては平均得点が有意に上昇していることが明らかになった。

一方，算数・数学，理科に対する児童生徒の意識を調べる質問紙調査からは，算数・数学，理科が楽しいと思う割合や，中学校数学や理科が「日常生活に役立つ」とみる割合等において，前回調査に比べ改善はしつつあるものの，国際平均を下回った状況が続いていることが示された。

2　OECD「生徒の学習到達度調査」（PISA）

OECDによる「生徒の学習到達度調査」（Programme for International Student Assessment：PISA）は，生徒が学校で学んだ知識や技能が実生活の様々な場面で生かせるようになっているかどうかを評価するために，義務教育が終了する15歳児（我が国では高校1年生に相当）を調査対象とし，2000年から3年に一度実施されてきた。現時点で最新の調査結果はPISA2022のもので，新型コロナ感染症の拡大のため，当初予定の2021年から1年延期して実施された。

調査は，「読解リテラシー」，「数学的リテラシー」，「科学的リテラシー」の3つの領域の評価を中心に実施され，PISA2003では，「問題解決」についても調査された。調査では，3年ごとに「主領域」を変更するサイクルがあり，PISA2003，PISA2012，PISA2022では，「数学的リテラシー」が主領域であり，下位領域まで詳細に調べられた。

2015年以降，調査はコンピュータ使用型（CBT）で実施されている。PISA2022には，世界81か国・地域から約62万人が参加し，日本からは全校の高等学校，中等教育学校後期課程，高等専門学校の1年生から抽出された約6000人が参加した。

調査結果では，3分野全てで世界トップレベルにあり，調査開始からの長期的傾向としても，安定的に世界トップレベルを維持しているとされた。また，読解リテラシー，科学的リテラシーにおいて低得点層（習熟度レベル1）の割合が有意に減少し，数学的リテラシー，科学的リテラシーにおいて高得点層（習熟度レベル6）の割合が有意に増加した。新型コロナ感染症の影響については，OECDの平均得点は低下した一方，日本は，PISA2018とPISA2022の間の変化から高い水準を維持した「レジリエントな国」の一つとされた。

PISAの評価の枠組みは，いわゆる「キーコンピテンシー」の考え方に基づ

いており，この汎用性を持つ学力構造の考え方は，内外の学力論，特に我が国の全国学力・学習状況調査の枠組みにも大きな影響を与え，2017（平成29）年告示の「資質・能力」論に基づく新しい教育課程の基盤となっている。

4　新学習指導要領における数学的に考える資質・能力の提示

1　「資質・能力」ベースの教育課程と学力観

平成29年3月告示の新学習指導要領改訂の基本方針を示した中教審の答申（文部科学省，2016）では，6項目からなる改善の柱が示された。その第1の観点は「何ができるようになるか」であり，第2の観点は「何を学ぶか」である。前者は，育成を目指す資質・能力の見極めの観点であり，後者は，教科等を学ぶ意義と，教科等間・学校段階間のつながりを踏まえた教育課程の編成に関する観点である。いわゆる「コンピテンシー」と「コンテンツ」の両者が，対比された形で，「資質・能力」ベースの教育課程が目指されたことがわかる。

算数科の新しい教科目標は，「数学的な見方・考え方を働かせ，数学的活動を通して，次のような数学的に考える資質・能力を育成することを目指す」として，「知識及び技能」に関する目標，「思考力，判断力，表現力等」に関する目標，「学びに向かう力，人間性等」に関する目標が示されている。また，各学年の目標も，この「三つの柱」に基づいて整理されている。

新学習指導要領では，教科目標と教科内容が，教科の本質につながる「見方・考え方」に基づいて整理されている。算数科の場合，児童の学びの過程が数学的活動のプロセスとして具体的に想定され，その過程で働く「数学的な見方・考え方」に焦点が当てられて，児童が日常生活の事象や算数の学習の中から問題を見出して解決していく過程で働く資質・能力の育成を目指す。

2　数学的活動の諸相と育成を目指す資質・能力

今回の改訂では，学習指導において，数学的な問題発見や問題解決の過程を重視することが求められている。特に，問題発見や問題解決の様々な局面とそこで働く数学的な見方・考え方に焦点を当てて児童の活動を充実するために，用語「算数的活動」を「数学的活動」と改めることによって，問題発見や問題解決のプロセスを中核に据えた学習指導の趣旨が一層徹底された。

算数科の学習過程の基盤は，中央教育審議会「答申」に示された「事象を数理的に捉え，数学の問題を見いだし，問題を自立的，協働的に解決し，解決過程を振り返って概念を形成したり体系化したりする過程」，算数・数学の問題

▷9　中央教育審議会答申（2016）では，「数学的な見方・考え方」について，「事象を数量や図形及びそれらの関係などに着目して捉え，論理的，統合的・発展的に考えること」と説明されている。

発見・解決の過程である（図5-2）。

　数学的活動は，「事象を数理的に捉えて，数学の問題を見いだし，問題を自立的，協働的に解決する過程を遂行すること」と規定された。数学的な問題発見や問題解決のプロセスに位置づく「日常生活の事象」及び「数学の事象」を対象として，算数の表現を活かしながら伝え合う活動を中核とし自立的，協働的に問題解決する過程が重視されたのである。また，下学年に特徴的な活動として，身の回りの事象を観察したり，具体的な操作等，小学校に固有の行為をおこなったりする活動も重視されている。このような活動を通して，数量や図形を見出し，それらに進んで関わって行く活動が明確に位置づけられたことは，幼小連携という意味でも大きな意味がある。

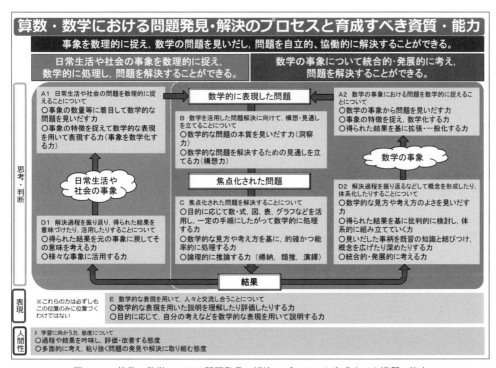

図5-2　算数・数学における問題発見・解決のプロセスと育成すべき資質・能力
出所：文部科学省HP。

5　算数科における学力観と評価の課題

　一方，算数・数学教育研究では，「学力」を直接的に対象とした研究もおこなわれてきた。例えば，島田ら（1995）は，数学科における高次目標の評価方法に関する開発研究の一環として，答えが一つに決まらない問題（「オープンエンド」）を取り入れた指導の研究をおこなった。「オープンエンドアプローチ」とは，オープンエンドの課題を設定し，子どもの柔軟な考え方を高次目標とし

▷10　「オープンエンド」とは，与えられた問題に対して一つの正しい答えを求めること（クローズドエンド）に対し，目的（エンド）が開かれている（オープンである）こと，すなわ

ち，「正解が確定しない」または「正解が複数存在しうる」という意味である。「オープンエンドアプローチ」とは，オープンエンドの課題を設定し，子どもの柔軟な考え方を高次目標として評価することを中心とする学習指導法である。

て評価することを中心とする指導法である。また，中島・清水・瀬沼・長崎ら (1995) の研究では，「基礎学力」を構成する要素を 3 次元のモデルで捉えようとしており，当時の学力観に一石を投じて注目された。

　本章で検討してきた通り，算数科の学力観と評価の特徴は，国内外の学力調査の枠組みや評価問題，それらの変遷の中で，様々な変化を遂げながら，現在の「資質・能力」ベースのカリキュラムの考え方を支えていることである。全国学力・学習状況調査が学習指導要領の教科目標を先導する形で実施され，目標概念としての「学力」と，測定される達成度としての「学力」が互いに影響して数学教育の学力論が構成されてきたのである。今後，「資質・能力」の三つの柱の評価を具体的にどのようにおこなうかが学校現場での大きな課題である。

Exercise

① 第1節では，「道具的理解」と「関係的理解」の違いを端的に示す例として，「分数の除法」（「(分数)÷(分数)はひっくり返してかける」）と「負数の乗法」（「(マイナス)×(マイナス)は(プラス)」）を取り上げた。算数科・数学科の学習で，「道具的理解」が優勢になる他の教科内容例を考えよう。

② 全国学力・学習状況調査において，算数科と数学科の問題作成の枠組みがどのように設定されているか，「数学のプロセス」の観点から比較してみよう。また，記述式の問題の三類型を，具体的な問題例とともに整理してみよう。

📖次への一冊

小寺隆幸編『主体的・対話的に深く学ぶ算数・数学教育——コンテンツとコンピテンシーを見据えて』ミネルヴァ書房，2018年。
　学習指導要領の理念や OECD/PISA が示す学力観を踏まえて新しい時代に必要な算数・数学の学力観を検討しつつ，日本の先進的な実践やデンマークの実践等を紹介し，これからの算数・数学教育のあり方を考えている。
OECD 編集，国立教育政策研究所監訳『PISA の問題できるかな？——OECD 生徒の学習到達度調査』明石書店，2010年。
　OECD/PISA の初期 (2000年，2003年，2006年) の調査と予備調査で出題された問題を，採点基準・解答例とともに分野別に紹介する。数学的リテラシーの問題例から，全国学力・学習状況調査への影響を読み取れるだろうか。

引用・参考文献等

国立教育政策研究所『算数・数学教育／理科教育の国際比較：TIMSS 2019——国際数学・理科教育動向調査の2019年調査報告書』明石書店，2021年。

国立教育政策研究所「OECD生徒の学習到達度調査PISA2022年のポイント」国立教育政策研究所，2023年。

国立教育政策研究所教育課程研究センター『特定の課題に関する調査（算数・数学）調査結果』国立教育政策研究所，2006年。

全国的な学力調査の実施方法等に関する専門家検討会議『全国的な学力調査の具体的な実施方法等について（報告）』，文部科学省，2006年。

文部科学省『小学校学習指導要領（平成29年3月31日）』，2017年。

島田茂編『新訂 算数・数学教育のオープンエンドアプローチ——授業改善への新しい提案』東洋館出版社，1995年。

清水美憲「数学的リテラシー論が提起する数学教育の新しい展望」小寺隆幸・清水美憲編『世界をひらく数学的リテラシー』明石書店，2007年。

中央教育審議会「初等中等教育における当面の教育課程及び指導の充実・改善方策について（答申）」，2003年。

中央教育審議会『幼稚園，小学校，中学校，高等学校及び特別支援学校の学習指導要領等の改善及び必要な方策等について（答申）』，2017年。

中島健三・清水静海・瀬沼花子・長崎栄三編『算数の基礎学力をどうとらえるか——新世紀に生きる子どもたちのために』東洋館出版社，1995年。

Skemp, R. (1976). Relational understanding and instrumental understanding. *Mathematics Teaching*, 77, December, 20-26.

第6章
理科の「物質・エネルギー」区分における学力観と評価

〈この章のポイント〉
　現在の学習指導要領（平成29年告示）において理科では，その目標と内容構成から，「物質・エネルギー」区分と「生命・地球」区分がみられる。本章では，理科の「物質・エネルギー」区分における学力観と評価について概説する。それらの区分は，科学の基本的な概念の柱でもある「エネルギー」の概念や「粒子」の概念によって構成されている。各概念において求められている理科の見方・考え方，資質・能力，そして学力観が異なるため，評価にも留意が必要である。理科教育における評価方法に触れながら，各概念の評価のポイントを解説する。

1　理科「物質・エネルギー」区分　概要

1　理科「物質・エネルギー」区分の目標と内容構成

　現在の学習指導要領（平成29年告示）において理科では，その目標と内容構成から，「物質・エネルギー」区分と「生命・地球」区分がみられる。これは，様々な自然の事物・現象を対象にして学習をおこなう理科において，その対象の特性や児童・生徒の構築する考えなどに基づいて，内容を区分する必要があるためである（文部科学省，2018a，20ページ）。

　小学校の学習指導要領（平成29年告示）において，理科の「物質・エネルギー」区分に関連があると考えられる記述として，次のものが挙げられる。「身近な自然の事物・現象の中には，時間，空間の尺度の小さい範囲内で直接実験をおこなうことにより，対象の特徴や変化に伴う現象や働きを，何度も人為的に再現させて調べることができやすいという特性をもっているものがある。児童は，このような特性をもった対象に主体的，計画的に操作や制御を通して働きかけ，追究することにより，対象の性質や働き，規則性などについての考えを構築することができる。主にこのような対象の特性や児童の構築する考えなどに対応した学習の内容区分が「A 物質・エネルギー」である。」（文部科学省，2018a，20ページ）。

▷1　「B 生命・地球」に該当する内容では，生物のように環境との関わりの中で生命現象を維持していたり，地層や天体などのように時間，空間の尺度が大きいという特性をもったりしている自然の事物・現象を扱う。児童は，このような特性をもった対象に主体的，計画的に諸感覚を通して働きかけ，追究することにより，対象の成長や働き，環境との関わりなどについて考えを構築することが求められている（文部科学省，2018a，20-21ページ）。

中学校の学習指導要領（平成29年告示）において，理科の目標には，物質やエネルギーに関する事物・現象を科学的に探究するために必要な資質・能力を育成すること（文部科学省，2018b，25ページ）が明示されていることからも，理科の「物質・エネルギー」区分では，物質やエネルギーに関する事物・現象を対象とした学習や探究をおこない，児童・生徒の具体的な資質・能力の育成が必要となる。

▷2 平成29年告示の学習指導要領における資質・能力の柱は，「知識及び技能」，「思考力，判断力，表現力等」，「学びに向かう力，人間性等」の3つである（文部科学省，2018a，3ページ）。

2 「エネルギー」の概念について

現在の学習指導要領（平成29年告示）において，理科の「物質・エネルギー」区分では，科学の基本的な概念等とされる「エネルギー」の概念に関する記載がある。小学校と中学校の学習指導要領（平成29年告示）において，この「エネルギー」の概念は，「エネルギーの捉え方」「エネルギーの変換と保存」「エネルギー資源の有効活用」に分けられ，系統的な学習や指導が求められている（文部科学省，2018a，20ページ，2018b，16ページ）。そして，「理科の見方」として，「主として量的・関係的な視点で捉える」を働かせながら，具体的な資質・能力を育成することが目指されている（文部科学省，2018a，13ページ）。

3 「粒子」の概念について

現在の学習指導要領（平成29年告示）において，理科の「物質・エネルギー」区分では，科学の基本的な概念等とされる「粒子」の概念に関する記載がある。小学校と中学校の学習指導要領（平成29年告示）において，この「粒子」の概念は，「粒子の存在」，「粒子の結合」，「粒子の保存性」，「粒子のもつエネルギー」に分けられ，系統的な学習や指導が求められている（文部科学省，2018a，20ページ，2018b，17ページ）。そして，「理科の見方」として，「主として質的・実体的な視点で捉える」を働かせながら，具体的な資質・能力を育成することが目指されている（文部科学省，2018a，13ページ）。

2 理科「物質・エネルギー」区分において求められる学力観

1 「エネルギー」の概念に関わる学力観

「エネルギー」の概念が，児童・生徒にとって抽象的な概念であり，理解することが難しいということは，かねてより問題となっている。例えば，風力エネルギー，熱エネルギー，電気エネルギー，光エネルギー，運動エネルギー，位置エネルギー，弾性エネルギー等々，「エネルギー」の概念では「〇〇エネルギー」と称される様々なエネルギーの存在や働き等を児童・生徒は学習する

第6章 理科の「物質・エネルギー」区分における学力観と評価

ことになるが，エネルギーの実体の摑みにくさや，直接的に観察することが難しいことなどが相まって，それらの学習や理解が困難になることが挙げられる。このような現状に鑑みたとき，抽象度の高い「エネルギー」の概念において，それに関わる学力観を育成するためには，各学年における「エネルギー」の概念を整理し，系統的に指導していくことが必要となる。

学習指導要領（平成29年告示）上，小学校第3学年[3]の「エネルギー」の概念に関連する内容には，「A(2)風とゴムの力の働き」，「A(3)光と音の性質」，「A(4)磁石の性質」，「A(5)電気の通り道」が設定されている。「A(2)風とゴムの力の働き」では，風とゴムの力と物の動く様子に着目して，それらを比較しながら調べ，風とゴムの力の働きを捉えることが目指されている（文部科学省，2018a，30，32ページ）。「A(3)光と音の性質」では，光を当てたときの明るさや暖かさ，音を出したときの震え方に着目して，光の強さや音の大きさを変えたときの現象の違いを比較しながら調べ，光と音の性質を捉えることが目指されている（文部科学省，2018a，30，33-34ページ）。「A(4)磁石の性質」では，磁石を身の回りの物に近付けたときの様子に着目して，それらを比較しながら調べ，磁石の性質を捉えることが目指されている（文部科学省，2018a，30，35-36ページ）。「A(5)電気の通り道」では，乾電池と豆電球などのつなぎ方と乾電池につないだ物の様子に着目して，電気を通すときと通さないときのつなぎ方を比較しながら調べ，電気の回路を捉えることが目指されている（文部科学省，2018a，30，37ページ）。

学習指導要領（平成29年告示）上，小学校第4学年[4]の「エネルギー」の概念に関連する内容には，「A(3)電流の働き」が設定されている。「A(3)電流の働き」では，電流の大きさや向きと乾電池につないだ物の様子に着目して，それらを関係付けて調べ，電流の向きを捉えることが目指されている（文部科学省，2018a，46，50ページ）。

学習指導要領（平成29年告示）上，小学校第5学年[5]の「エネルギー」の概念に関連する内容には，「A(2)振り子の運動」，「A(3)電流がつくる磁力」が設定されている。「A(2)振り子の運動」では，振り子が1往復する時間に着目して，おもりの重さや振り子の長さなどの条件を制御しながら調べ，振り子の運動の規則性を捉えることが目指されている（文部科学省，2018a，62ページ，65ページ）。「A(3)電流がつくる磁力」では，電流の大きさや向き，コイルの巻数などに着目して，それらの条件を制御しながら調べ，電流がつくる磁力について捉えることが目指されている（文部科学省，2018a，62，66ページ）。

学習指導要領（平成29年告示）上，小学校第6学年[6]の「エネルギー」の概念に関連する内容には，「A(3)てこの規則性」，「A(4)電気の利用」が設定されている。「A(3)てこの規則性」では，力を加える位置や力の大きさに着目し

▷3 小学校第3学年の問題解決における「理科の考え方」については，「比較しながら調べる活動を通して」「自然の事物・現象について追究する中で，差異点や共通点を基に問題を見いだし，表現すること」が重要とされている（文部科学省，2018a，26ページ）。

▷4 小学校第4学年の問題解決における「理科の考え方」については，「関係付けて調べる活動を通して」「自然の事物・現象について追究する中で，根拠のある予想や仮説を発想し，表現すること」が重要とされている（文部科学省，2018a，26ページ）。

▷5 小学校第5学年の問題解決における「理科の考え方」については，「条件制御しながら調べる活動を通して」「自然の事物・現象について追究する中で，予想や仮説などを基に，解決の方法を発想し，表現すること」が重要とされている（文部科学省，2018a，26ページ）。

▷6 小学校第6学年の問題解決における「理科の考え方」については，「多面的に調べる活動を通して」「自然の事物・現象について追究する中で，より妥当な考えをつくりだし，表現すること」が重要とされている（文部科学省(a)，2018，26ページ）。

て，これらの条件とこの働きとの関係を多面的に調べ，てこの規則性を捉えることが目指されている（文部科学省，2018a，76，80ページ）。「A(4)電気の利用」では，電気の量や働きに着目して，それらを多面的に調べ，発電や蓄電，電気の変換を捉えることが目指されている（文部科学省，2018a，76，82ページ）。

中学校では，小学校に引き続き，「エネルギー」に関する事物・現象（身近な物理現象，電流とその利用，運動とエネルギー等）を科学的に探究するための態度や，資質・能力の育成をし，自然を総合的に見ることができるようにすること等が目指されている（文部科学省，2018b，25～28ページ）。

2 「粒子」の概念に関わる学力観

「粒子」の概念についても，児童・生徒が理解を困難にする原因は明白である。例えば，「粒子」の概念では，往々にして，尺度の小さい範囲内で自然の事物・現象を扱うため，グラフやモデル図などによって可視化しなければ，物質に対する見方・考え方が得られにくい点が挙げられる。翻って，「粒子」の概念においては，児童・生徒の「物質観」をいかにして育成していけるか，様々な教授上の工夫が必要となる。特に，素朴概念等で称される児童・生徒の学習以前にもった強固で典型的な認識が，正しい「粒子」の概念の理解を困難にすることが多いため，指導上の留意点が多く存在していることも，この「粒子」の概念の特徴ともいえる。

▷7 類義語として，誤概念，ミスコンセプション，プリコンセプション，オルターナティブフレームワーク，などと呼ばれることもある。しかし，児童・生徒がもつそれらを「誤り」と決めつけてはいけないことに留意すべきである。

学習指導要領（平成29年告示）上，小学校第3学年の「粒子」の概念に関連する内容には，「A(1)物と重さ」が設定されている。「A(1)物と重さ」では，物の性質について，物の形や体積に着目して，重さを比較しながら調べ，物の形や体積と重さの関係を捉えることが目指されている（文部科学省，2018a，30-31ページ）。

学習指導要領（平成29年告示）上，小学校第4学年の「粒子」の概念に関連する内容には，「A(1)空気と水の性質」，「A(2)金属，水，空気と温度」が設定されている。「A(1)空気と水の性質」では，閉じ込めた空気や水を圧し縮めたときの体積や圧し返す力の変化に着目して，それらと圧す力とを関係付けて調べ，空気と水の性質を捉えることが目指されている（文部科学省，2018a，46-47ページ）。「A(2)金属，水，空気と温度」では，体積や状態の変化，熱の伝わり方に着目して，それらと温度の変化とを関係付けて調べ，金属，水及び空気の性質を捉えることが目指されている。

学習指導要領（平成29年告示）上，小学校第5学年の「粒子」の概念に関連する内容には，「A(1)物の溶け方」が設定されている。「A(1)物の溶け方」では，物の溶ける量や様子に着目して，水の温度や量などの条件を制御しながら調べ，物の溶け方の規則性を捉えることが目指されている（文部科学省，

2018a, 62～63ページ)。

学習指導要領（平成29年告示）上，小学校第6学年の「粒子」の概念に関連する内容には，「A(1)燃焼の仕組み」，「A(2)水溶液の性質」が設定されている。「A(1)燃焼の仕組み」では，空気の変化に着目して，物の燃え方を多面的に調べ，燃焼の仕組みを捉えることが目指されている（文部科学省，2018a, 76～77ページ)。「A(2)水溶液の性質」では，溶けている物に着目して，それらによる水溶液の性質や働きの違いを多面的に調べ，水溶液の性質や働きを捉えることが目指されている（文部科学省，2018a, 76, 78ページ)。

中学校では，小学校に引き続き，「粒子」に関する事物・現象（身の回りの物質，化学変化と原子・分子，化学変化とイオン等）を科学的に探究するための態度や，資質・能力の育成をし，自然を総合的に見ることができるようにすること等が目指されている（文部科学省，2018b, 25～28ページ)。

3 理科「物質・エネルギー」区分における学力観の評価

1 理科教育における評価方法

理科も含め，学校教育における各教科の評価の重要性が謳われていることはいまや珍しくはない。各教科の評価がもたらす教育的効果の検討もさることながら，やはり，注目を集めたのが，各教科における評価方法である。それは，各教科の特徴を踏まえた評価方法の開発が急務であったからであると推察される。

理科における評価方法には，①ペーパーテスト，②行動観察記録（チェックリストや座席表法），③面接（インタビュー）や質問紙法（アンケート），④パフォーマンステスト，⑤ワークシートやノート，報告書（レポート）などが挙げられてきた（佐々木，2002, 9～18ページ)。その後，観察・実験の適切な評価方法の議論なども経て，理科における近年の評価方法が体系的にまとめられた（図6-1）（堀・西岡，2010, 175ページ)。図6-1をみてもわかるように，近年の評価方法では，パフォーマンス評価法や，ポートフォリオ評価法といった評価方法があり，学校理科においても，浸透しつつある評価方法と言える。また，パフォーマンス評価法や，ポートフォリオ評価法においては往々にして，成功の度合いに幅があるため，○か×かで評価することが難しく，ルーブリックという評価指標（採点指針）が用いられる（宮本・西岡・世羅，2004, 203ページ)。

しかし，先述した理科「物質・エネルギー」区分の概要のように，理科においては，その内容領域によって，目標とする児童・生徒像が異なり，育成が求められている資質・能力も異なる。つまり，現在の我が国の理科における内容

▷8 パフォーマンス評価法は，学習を通して得た知識や技能が本当に身に付いているかどうかを試す評価法である。理科では，ペーパーテストで評価することが難しい「実験や観察の能力」や「操作技能」などのパフォーマンス評価が，実験テストなどの名称で行われている（片平，2018, 163ページ)。

▷9 パフォーマンス評価法のなかに，ポートフォリオ評価法が含まれる。ポートフォリオ評価法とは，児童の作品や多様な学習に関わる情報を組織化し，分類した集合体であるポートフォリオを用いた評価法である。ポートフォリオは学習の創作物や選ばれた作品が組織化された記録物であり，そこには，個人の達成度や理解度などに関する証拠が保存されている（片平，2018, 164ページ)。

の柱,「エネルギー」「粒子」「生命」「地球」のそれぞれにおいて, その内容に適切な評価方法を用いて評価することが重要であり, 今後も検討すべき事項と言える。◁10

▷10 例えば,「生命」,「地球」では, 野外活動や観察活動の頻度が多くなる。これらの活動に対しての適切な評価方法を考えていく必要がある。

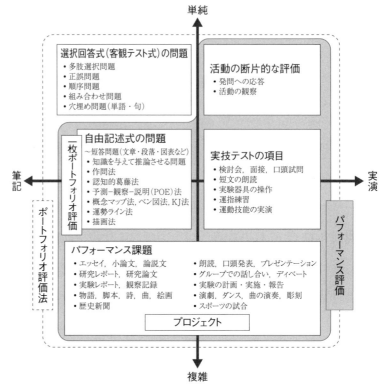

図6-1 評価方法の分類
出所：堀・西岡（2010, 175ページ）。

2 「エネルギー」の概念に関わる学力観の評価と留意点

「エネルギー」の概念は, 先述した通り, 実体が掴みにくいこと, 可視化が難しいことなどによって, 児童・生徒にとって理解し難い傾向がある。しかし見方を変えれば, 物理的な事物・現象を, エネルギーを中心に据えて捉えることで, 系統的な理解がしやすい領域ともいえる。そして, エネルギーを中心に据えた評価を可能とすることで, 児童・生徒がどの程度, 物理的な事物・現象を理解しているか, もしくは理解を困難にしているか, について把握することができ, その後の指導にも活かしやすい。◁11

▷11 指導と評価は本来切り離せないものであり, 指導と評価が一体となることが望ましい。

平成29年告示の学習指導要領における「エネルギー」の概念は,「エネルギーの捉え方」,「エネルギーの変換と保存」,「エネルギー資源の有効活用」の3つを系統立てて各学年の内容が構成されているが, ここで評価の際に注目したいのは,「エネルギーの変換と保存」の扱いである。エネルギーには, 風力エネルギー, 熱エネルギー, 電気エネルギー, 光エネルギー, 運動エネル

ギー，位置エネルギー，弾性エネルギー等々，様々な呼び名があるものの，身近な自然の事物・現象においてこれらのエネルギーは，変換を繰り返し，保存の関係をもちながら存在しているのである。それは，「○○エネルギーから△△エネルギーに変換された」，「○○エネルギーと△△エネルギーは互いに保存の関係にある」と学校理科において教授される場面が想定されることからもわかる。つまり，風力エネルギー，熱エネルギー，電気エネルギー，光エネルギー，運動エネルギー，位置エネルギー，弾性エネルギー等々の1つ1つのエネルギーの種類を理解することも重要であるが，ある物理的な事物・現象に関わりの深いエネルギーの種類はいくつあるか，そして，それらのエネルギーにはどのような関係性，相互作用が成り立っているか，などの理解につなげることも重要となる。これが，「エネルギー」の概念に関わる学力観を評価するポイントの一つとも言える。例えば，あるエネルギーを中心にして，児童・生徒がどの程度，その周辺のエネルギーの関係性や相互作用を理解しているかを評価することは，「エネルギー」の概念を多面的に理解できているかを測ることにもなる。このように，「エネルギー」の概念に関わる学力観では，各エネルギーを単体で捉えるのではなく，各エネルギーの関係性や相互作用の下に物理的な事物・現象が成り立っていることを理解しているかどうかを評価できることが望ましい。

▷12 普段のなにげない身の回りの現象の中から数量的な要素を見つけ，その関係的な視点から規則性を見出すことが，この領域の醍醐味とも言える（宮内，2018，80ページ）。

3 「粒子」の概念に関わる学力観の評価と留意点

　「粒子」の概念は，先述した通り，尺度の小さい範囲内での自然の事物・現象を扱うため，グラフやモデル図などによって可視化しなければ，物質に対する見方・考え方が得られにくい。また，児童・生徒の素朴概念をどのように扱う必要があるのかも，評価の際には留意しなければならない。

　「粒子」の概念に関わる学力観の評価でポイントとなるのが，児童・生徒がどのように物質を捉えているかを，可視化することである。「粒子」の概念に関わる事物・現象に対して，その原理や仕組みを説明する際，直接的に観察することが難しいため，児童・生徒は自分なりのイメージで説明してしまうことが多い。それは，往々にして，素朴概念の影響により，科学的な正しさとは離れてしまうこともある。そこで，「粒子」の概念の教授においては，グラフやモデル図などによって，児童・生徒のいまもつ物質観をアウトプットすることが有効であるわけだが，これは評価の際にも有効に活用することができる。

　特に，グラフやモデル図によって児童・生徒のいまもつ物質観を可視化できるため，様々な評価方法の中でも，ポートフォリオ評価法が有効に活用できる。「エネルギー」の概念の教授の際と同様に，「粒子」の概念の教授の際には，児童・生徒が実験を計画し実行するによって，学習する自然の事物・現象

を確かめることが多い。児童・生徒が数多く経験するであろう実験で得られたデータ等の結果は，グラフやモデル図で児童・生徒一人ひとりの手元に残る。これをポートフォリオとして蓄積していくことで，児童・生徒一人ひとりの物質観を経時的な変化をもって追うことができる。この児童・生徒の「思考の変化の証拠」とも言えるポートフォリオを「粒子」の概念の評価の際に活用することで，可視化が難しい「粒子」の概念を正しく，より適切に評価することが可能となる。

　しかし，ポートフォリオ評価法の課題として，教員側の評価の負担が大きいという点がある。グラフやモデル図を描かせるためのワークシートの考案や，どれだけ細かく児童・生徒の「思考の変化の証拠」を集めて評価できるかなど，その行為に対しての時間のかかり方が非常に大きいものであることは容易に想像できる。教育評価一般にいえることであるが，評価にどれだけでの時間を割けるかは大きな課題となっている。学校現場の教員は，非常に多忙である。それ故，評価の重要性は理想的には理解していても，現実には，それだけの時間が足りず，簡易的な評価方法によって，児童・生徒を評価する現状もあるだろう。まずは，「粒子」の概念の評価を皮切りに，時間をかけ，児童・生徒の思考の変化を捉えることの重要性を教員一人ひとりが実感していくことを期待したい。

Exercise

① パフォーマンス評価法，ポートフォリオ評価法の特徴を調べ，理科「物質・エネルギー」区分におけるそれぞれの評価法の具体例を考え，議論してみよう。
② 「エネルギー」の概念に求められている学力観について，小学校，中学校の各学年でまとめ，評価とのつながりや評価の際の留意点を議論してみよう。
③ 「粒子」の概念に求められている学力観について，小学校，中学校の各学年でまとめ，評価とのつながりや評価の際の留意点を議論してみよう。

📖次への一冊

堀哲夫『学びの意味を育てる理科の教育評価――指導と評価を一体化した具体的方法とその実践』東洋館出版社，2003年。
　理科教育における教育評価の理論的背景を踏まえ，具体的な評価方法を紹介してい

る1冊。パフォーマンス評価法やポートフォリオ評価法など，評価方法の項目ごとに，その特徴と実例が掲載されている。

堀哲夫・西岡加名恵『授業と評価をデザインする　理科』日本標準，2010年。
　理科の授業づくりに必要な基礎的理論を踏まえながら，授業と評価をつなげることを示した1冊。理科における評価方法についても体系的にまとめられており，多様な事例を示しながらわかりやすく解説している。

宮内卓也『中学校　新学習指導要領　理科の授業づくり』明治図書，2018年。
　平成29年告示の学習指導要領における理科の改訂のポイントを，物理分野，化学分野，生物分野，地学分野に分けて解説している1冊。特に，平成20年告示の学習指導要領と比べたときの変更点を端的に示している。

山口晃弘・江崎士郎編『新学習指導要領対応！　中学校「理科の見方・考え方」を働かせる授業』東洋館出版社，2017年。
　平成29年告示の学習指導要領に対応した「理科の見方・考え方」を働かせて資質・能力を育成する授業づくりを紹介した1冊。「エネルギー」，「粒子」，「生命」，「地球」それぞれについて豊富な授業実践例が掲載されている。

引用・参考文献

堀哲夫・西岡加名恵『授業と評価をデザインする　理科』日本標準，2010年。
片平克弘「第16章　初等理科教育における学習評価」，大髙泉編『初等理科教育』ミネルヴァ書房，2018年。
宮本浩子・西岡加名恵・世羅博昭『総合と教科の確かな学力を育むポートフォリオ評価法　実践編「対話」を通して思考力を鍛える！』日本標準，2004年。
宮内卓也『中学校　新学習指導要領　理科の授業づくり』明治図書，2018年。
文部科学省『小学校学習指導要領（平成29年告示）解説理科編』東洋館出版社，2018年a。
文部科学省『中学校学習指導要領（平成29年告示）解説理科編』学校図書，2018年b。
佐々木和枝「評価の新しい動向と理科教育の課題」，三輪洋次編『中学校理科の絶対評価規準づくり』明治図書，2002年。

第7章
理科の「生命・地球」区分における学力観と評価

〈この章のポイント〉
　小学校学習指導要領理科の「B 生命・地球」区分では，生物のように環境との関わりの中で生命現象を維持していたり，地層や天体などのように時間，空間の尺度が大きい，という特性を持ったりしている自然の事物・事象が扱われる。本章では，理科で育成を目指す学力像及び評価の在り方を整理し，「B 生命・地球」区分の学習内容の基盤となる学問領域である，生物学及び地学（地球科学）の学問領域の特性を確認した上で，「B 生命・地球」区分で育成を目指す資質・能力及び評価の在り方について解説する。

1 理科の学力観

1 理科の学力の捉え方

　日本の子どもの理科学力については，国内外の様々な学力調査を基に，その実態が把握されている。その中でも特に，国際的に代表的な二つの国際調査である，「国際数学・理科教育動向調査（略称：TIMSS）」と「OECD 生徒の学習到達度調査（略称：PISA）」の結果は，理科の学習指導要領の成果と課題を把握する上で参考とされている（中央教育審議会，2016，145ページ）。まずは，この二つの調査における理科学力の評価の枠組みを見ることで，理科の学力の捉え方に関する国際的な動向を把握しよう。

　TIMSS は，IEA（国際教育到達度評価学会）により，4年ごとに実施されている国際学力調査であり，初等中等教育段階における児童生徒の算数・数学及び理科の教育到達度が国際的な尺度によって測定される。測定される内容領域は，小学校4年生及び中学校2年生が学校の理科で学ぶ物理学，化学，生物学，地学（地球科学）の内容である。また，認知的領域には，児童生徒が理科の内容に取り組んでいるときに示すと期待される行動も含まれており，次のように示されている（国立教育政策研究所，2021，165ページ）。

● 知ること：科学的な事実，情報，概念，道具，手続きといった基盤となる知識に関すること。

▷1　様々な学力調査
国内の学力調査としては，文部科学省，国立教育政策研究所が行っている「学習指導要領実施状況調査」（学習指導要領の改訂に必要なデータ等を得るための，各教科の目標や内容に照らした児童生徒の学習の実現状況についての調査）や「全国学力・学習状況調査」（全国的に子供たちの学力状況を把握する調査）等がある。

- 応用すること：知識や理解している事柄を問題場面に直接応用して，科学的概念や原理に関する情報を解釈したり科学的説明をしたりすること。
- 推論を行うこと：科学的な証拠から結論を導くために科学的概念や原理を適用して推論すること。

以上より，物理学，化学，生物学，地学（地球科学）の4つの内容領域において，知識のみならず，科学的解釈，科学的説明，科学的推論等の認知的側面も理科の学力として捉えられていることがわかる。

もう一方のPISAは，OECD（経済協力開発機構）により，3年ごとに実施されている国際学力調査であり，多くの国で義務教育終了段階にあたる15歳児が持っている知識や技能を，実生活の様々な場面でどれだけ活用できるかを見るものである（国立教育政策研究所，2016，39ページ）。そこで測定される主たる学力分野の一つが科学的リテラシー[2]であり，PISA2015では次のように定義されている（国立教育政策研究所，2016，52ページ）。

> 科学的リテラシーとは，思慮深い市民として，科学的な考えを持ち，科学に関連する諸問題に関与する能力である。科学的リテラシーを身に付けた人は，科学やテクノロジーに関する筋の通った議論に自ら進んで携わり，それには以下の能力（コンピテンシー）を必要とする。
> - 現象を科学的に説明する：自然やテクノロジーの領域にわたり，現象についての説明を認識し，提案し，評価する。
> - 科学的探究を評価して計画する：科学的な調査を説明し，評価し，科学的に問いに取り組む方法を提案する。
> - データと証拠を科学的に解釈する：様々な表現の中で，データ，主張，論（アーギュメント）を分析し，評価し，適切な科学的結論を導き出す（注：アーギュメントとは，事実と理由付けを提示しながら，自らの主張を相手に伝える過程を指す）。

以上より，PISAでは思慮深い市民としての社会的能力を理科の学力に包含していることがわかる。また，認知的側面に関しては，TIMSSで示された科学的解釈，科学的説明，科学的推論の能力に加えて，科学的探究の評価と計画の能力も包含した能力（コンピテンシー[3]）が，理科の学力として具体的に明示されていることがわかる。

このような国際的な動向は，現在の日本の理科の学力の捉え方に影響を与えており，特に認知的側面が共通して重視されている。日本の子どものPISA2015及びTIMSS2015[4]の調査結果は，国際的に見ると高く，上位グループに位置している。他方で，TIMSS2015では，日本の子どもの理科を学ぶことに対する関心・意欲や意義・有用性に対する認識が国際的に低いことが課題として挙げられている（中央教育審議会，2016，145ページ）。このような情意的側

▷2　科学的リテラシー
主としてアメリカにおいて理科教育の目的・目標を表す言葉として使われてきたが，現在は世界的に普及している。大髙（2018）によれば，その意味内容は一様ではなく，［2017年改訂］も含めてこれまでの学習指導要領に示されている小・中・高等学校の目的要素は，科学的能力の育成が中心となっており，社会的能力まで包含する「科学的リテラシー」より，はるかに狭いとのことである。

▷3　コンピテンシー
OECDによれば，コンピテンシー（能力）とは，「単なる知識や技能だけではなく，技能や態度を含む様々な心理的・社会的なリソースを活用して，特定の文脈の中で複雑な要求（課題）に対応することができる力」である。コンピテンシーの中でも主要な能力をキーコンピテンシーとしている。［2017年改訂］の学習指導要領で示された「資質・能力」のあり方を考える際，OECDのキーコンピテンシーを含めた諸外国の資質・能力目標が参考とされ，議論されてきた。

▷4　PISA2015，TIMSS2015
PISA及びTIMSSの調査結果は，2015年以降も報告がなされているが，2016（平成28）年公表の中央教育審議会答申及び［2017年改訂］に即した小学校学習指導要領解説に示された理科の成果と課題，改善の在り方に関しては，PISA2015及びTIMSS2015の調査結果が踏まえられている。

面の課題も含めた，子どもの理科学力の課題への対応の必要性が重視されている。

２ 理科「Ｂ生命・地球」区分の領域の特性

理科は大きく物理学，化学，生物学，地学（地球科学）の４つの学問領域からなる。[2017（平成29）年改訂]の小学校学習指導要領理科では，これまでと同様に，理科の内容が「Ａ物質・エネルギー」，「Ｂ生命・地球」に大きく二区分されている（文部科学省，2018a）。中学校理科ではこの二区分は，第一分野，第二分野と呼ばれ，高等学校では，理科の学問領域ごとに基礎及び発展的な学習項目が設定され，「物理基礎」，「物理」など９科目に細分化される。ここでは，「Ｂ生命・地球」区分の学習内容の基盤となる学問領域である，生物学及び地学（地球科学）の特性を捉えよう。

まず，生物学の特性を見ていこう。地球上の多様な環境で生活する多種多様な生物の体は，共通して細胞からなり，様々な生命現象は細胞や細胞が作る物質の働きで営まれている（畦・林，2009，52ページ）。そして，生物の体全体の構造や機能を，生物体，臓器，細胞のように「全体と部分」という関係で捉えることができる（角屋，2019，40～43ページ）。また，現在見られる生物は全て長い時間における進化の結果であることから，あらゆる生物現象は「時間概念」と強く結びついている。さらに，生物は地球上の様々な場所で生活しているため，環境に支配されて生活しており，この意味で「空間概念」とも密接に関係している（東ほか編，1991，75ページ）。小学校理科の「Ｂ生命・地球」区分の中の柱「生命」は「生物の構造と機能」，「生命の連続性」，「生物と環境の関わり」に細分化されているが（文部科学省，2018b，20～21ページ），それぞれ上記の「全体と部分」，「時間概念」，「空間概念」と密接に関係していると考えられる。

次に，地学（地球科学）の特性を見ていこう。地学的な事象では，宇宙のような果てしない空間的な広がりと，延々と続く時間の流れのもとで，複雑な原因が絡み合って生じた現象を扱う（平賀，2009，58ページ）。そして，「時間概念」と「空間概念」が中心となり，この両概念と「スケール」，「サイクル」，「相対性」の概念が密接に関わる。「スケール」には大地の変化のような大きな時間的スケールや太陽系のような大きな空間的スケールがある。「サイクル」には，地球の自・公転のような時間的サイクルや水の循環のような空間的サイクルがある。「相対性」には，地層を新旧という相対的時間や上下という相対的空間で見る見方がある（東ほか編，1991，75～78ページ）。さらに，火山の噴火という「部分」の現象を，マグマの動きという「全体」で説明するという「全体と部分」の関係で捉えることもできる（角屋，2019，40～43ページ）。小学校理

▷5　柱「生命」
[2017年改訂]に即した小学校学習指導要領解説では，理科の「見方」について，「生命」を柱とする領域では，生命に関する自然の事物・現象を，主として共通性・多様性の視点で捉えることが特徴的な視点であると示されている。これは，小・中・高等学校で共通である。

科の「B生命・地球」区分の中の柱「地球」は「地球の内部と地表面の変動」,「地球の大気と水の循環」,「地球と天体の運動」に細分化されているが（文部科学省, 2018b, 20～21ページ）, 上記の「時間概念」,「空間概念」,「スケール」,「サイクル」,「相対性」,「全体と部分」の6つの概念が相互に関連しつつ, 地学的な事象を多面的に見るという特性があると考えられる。

以上より,「B生命・地球」区分の学習内容の基盤となる学問領域である, 生物学及び地学は,「時間概念」,「空間概念」,「部分と全体」という特性を共通して持っていることがわかる。

2 小学校学習指導要領が目指す理科「B生命・地球」区分で育む学力の姿

1 理科で育成を目指す3つの資質・能力

小学校学習指導要領［2017（平成29）年改訂］では, これまでの学校教育において長年その育成を目指してきた「生きる力」がより具体化され, 教育課程全体を通して育成を目指す資質・能力として,「知識及び技能」,「思考力・判断力・表現力等」,「学びに向かう力・人間性等」の3つの柱に整理された（文部科学省, 2018b, 3ページ）。また, 理科においてはこれまで,「科学的な見方や考え方」を育成することが重要な目標として位置付けられ, 資質・能力を包括するものとして示されてきたが,［2017年改訂］では,「見方・考え方」については, 資質・能力を育成する過程で働く, 物事を捉える視点や考え方として整理された（中央教育審議会, 2016, 146ページ）。

［2017年改訂］に示された小学校理科の目標は, 次の通りである。

> 自然に親しみ, 理科の見方・考え方を働かせ, 見通しをもって観察, 実験を行うことなどを通して, 自然の事物・現象についての問題を科学的に解決するために必要な資質・能力を次のとおり育成することを目指す。
> （1）自然の事物・現象についての理解を図り, 観察, 実験などに関する基本的な技能を身に付けるようにする。
> （2）観察, 実験などを行い, 問題解決の力を養う。
> （3）自然を愛する心情や主体的に問題解決しようとする態度を養う。

（1）には「知識及び技能」を,（2）には「思考力・判断力・表現力等」を,（3）には「学びに向かう力, 人間性等」を示しており（文部科学省, 2018b, 12ページ）, 具体的には表7-1のような資質・能力が挙げられる。

小学校理科では, 自然の事物・事象について科学的に問題解決をおこなうために必要な資質・能力が重視されている。問題解決の力は, 児童が自然の事

第7章　理科の「生命・地球」区分における学力観と評価

表7-1　小学校理科において育成を目指す資質・能力

知識及び技能	思考力・判断力・表現力等	学びに向かう力，人間性等
・自然事象に対する基本的な概念や性質・規則性の理解。 ・理科を学ぶ意義の理解。 ・科学的に問題解決を行うために必要な観察・実験等の基本的な技能（安全への配慮，器具などの操作，測定の方法，データの記録等）。	（各学年で主に育てたい力） 6年：自然事象の変化や働きについてその要因や規則性，関係を多面的に分析し考察して，より妥当な考えをつくりだす力。 5年：予想や仮説などをもとに質的変化や量的変化，時間的変化に着目して解決の方法を発想する力。 4年：見いだした問題について既習事項や生活経験をもとに根拠のある予想や仮説を発想する力。 3年：自然事象の差異点や共通点に気付き問題を見いだす力。	・自然に親しみ，生命を尊重する態度。 ・失敗してもくじけずに挑戦する態度。 ・科学することの面白さ。 ・根拠に基づき判断する態度。 ・問題解決の過程に関してその妥当性を検討する態度。 ・知識・技能を実際の自然事象や日常生活などに適用する態度。 ・多面的，総合的な視点から自分の考えを改善する態度。

出所：中教審，2016，答申別添資料33ページを参考に筆者作成。

　物・現象に親しむ中で興味・関心をもち，そこから問題を見いだし，予想や仮説を基に観察，実験などをおこない，結果を整理し，その結果を基に結論を導き出すといった問題解決の過程の中で育成されるものであるとされている。各学年で主に育てたい問題解決の力は，発達段階を考慮して示されているが，実際の指導にあたっては，他の学年で掲げている問題解決の力の育成についても十分に配慮することや，内容区分や単元の特性によって扱い方が異なることに留意することが示されている（文部科学省，2018b，17～18ページ）。

　小学校理科で育成を目指す問題解決の力は，中学校・高等学校理科では，科学的に探究する力へと発展する。科学的に探究する力は，生徒が自然の事物・現象の中に問題を見いだし，見通しを持って観察，実験などをおこない，得られた結果を分析して解釈するなどの探究の過程の中で育成されるものであることが明示されている（文部科学省，2018c，24ページ，2019，22ページ）。

2　理科「B生命・地球」区分で育成を目指す資質・能力

　「B生命・地球」区分で対象とする自然の事物・現象は，前述した通り，生物のように環境との関わりの中で生命現象を維持していたり，地層や天体などのように時間，空間の尺度が大きいという特性をもったりしているものである。このような特性をもった対象に主体的，計画的に諸感覚を通して働きかけ，追究することにより，対象の成長や働き，環境との関わりなどについての考えを構築することが目指されている（文部科学省，2018b，20～21ページ）。〔2017年改訂〕の小学校理科「B生命・地球」区分の目標を，表7-2に示した。

　各学年の目標は，「B生命・地球」区分で対象とする自然の事物・現象の特性や児童が働かせる「見方・考え方」を考慮し，整理して示されている（文部科学省，2018b，29～93ページ）。

▷6　科学的に探究する力
〔2017年改訂〕では，小学校は「問題解決の過程」，中・高等学校は「探究の過程」と語句を使い分けている。広義の問題解決学習は，子供の身近な生活上の問題，科学的な法則・原理と関係する知的な問題等，様々な問題を主体的に解決する過程を通して学習を進める形態であり，探究学習は，探究能力・科学概念・科学的態度の習得を目指す学習形態で，広義の問題解決学習に包含されるという見方がある（東ほか編，1991，178～181ページ）。問題解決と探究の過程には共通点が多い。

表7-2 小学校理科「B 生命・地球」区分の目標

第3学年	① 身の回りの生物，太陽と地面の様子についての理解を図り，観察，実験などに関する基本的な技能を身に付けるようにする。 ② 身の回りの生物，太陽と地面の様子について追究する中で，主に差異点や共通点を基に，問題を見いだす力を養う。 ③ 身の回りの生物，太陽と地面の様子について追究する中で，生物を愛護する態度や主体的に問題解決しようとする態度を養う。
第4学年	① 人の体のつくりと運動，動物の活動や植物の成長と環境との関わり，雨水の行方と地面の様子，気象現象，月や星についての理解を図り，観察，実験などに関する基本的な技能を身に付けるようにする。 ② 人の体のつくりと運動，動物の活動や植物の成長と環境との関わり，雨水の行方と地面の様子，気象現象，月や星について追究する中で，主に既習の内容や生活経験を基に，根拠のある予想や仮説を発想する力を養う。 ③ 人の体のつくりと運動，動物の活動や植物の成長と環境との関わり，雨水の行方と地面の様子，気象現象，月や星について追究する中で，生物を愛護する態度や主体的に問題解決しようとする態度を養う。
第5学年	① 生命の連続性，流れる水の働き，気象現象の規則性についての理解を図り，観察，実験などに関する基本的な技能を身に付けるようにする。 ② 生命の連続性，流れる水の働き，気象現象の規則性について追究する中で，主に予想や仮説を基に，解決の方法を発想する力を養う。 ③ 生命の連続性，流れる水の働き，気象現象の規則性について追究する中で，生命を尊重する態度や主体的に問題解決しようとする態度を養う。
第6学年	① 生物の体のつくりと働き，生物と環境との関わり，土地のつくりと変化，月の形の見え方と太陽との位置関係についての理解を図り，観察，実験などに関する基本的な技能を身に付けるようにする。 ② 生物の体のつくりと働き，生物と環境との関わり，土地のつくりと変化，月の形の見え方と太陽との位置関係について追究する中で，主にそれらの働きや関わり，変化および関係について，より妥当な考えをつくりだす力を養う。 ③ 生物の体のつくりと働き，生物と環境との関わり，土地のつくりと変化，月の形の見え方と太陽との位置関係について追究する中で，生命を尊重する態度や主体的に問題解決しようとする態度を養う。

出所：文部科学省，2018b，29～93ページを参考に筆者作成。

表7-2の各学年の①は，育成を目指す資質・能力のうち「知識・技能」について示されたものであり，各学年で習得を目指す知識の内容について明記されている。各学年の内容は，「生命」，「地球」に関する基本的な概念に関する知識及び技能の確実な定着を図る観点から，児童の発達段階及び小学校，中学校，高等学校を通じた理科の内容の構造化を踏まえて構成されたものである。

各学年の②は，育成を目指す資質・能力のうち「思考力・判断力・表現力等」について示されたものであり，教科の目標で重視している問題解決の力の育成について明記されている。「差異点や共通点を基に，問題を見いだす力」（第3学年），「既習の内容や生活経験を基に，根拠のある予想や仮説を発想する力」（第4学年），「予想や仮説を基に，解決の方法を発想する力」（第5学年），「より妥当な考えをつくりだす力」（第6学年）など，各学年で重点を置いて育成を目指す問題解決の力が明記されている。

各学年の③は，育成を目指す資質・能力のうち「学びに向かう力・人間性等」について示されたものであり，教科の目標で重視している自然を愛する心情について，特に「B 生命・地球」区分の目標の中に重点的に位置付けていることが明記されている。

▷7 自然を愛する心情
「自然を愛する心情の育成」は，明治期より続く，日本の小学校理科の特徴的な目標要素であり，科学的能力の育成を中心とする小学校理科の目標要素の中でも独自の位置を占めているとのことである（大高，2018，27ページ）。「自然を愛する心情の育成」については，2019年改訂の指導要録の「主体的に学習に取り組む態度」には明記されていないが，「観点別学習状況の評価になじまず，個人内評価等を通じて見取る部分」に含まれるものと捉えられる。

3 小学校学習指導要領における理科「B 生命・地球」区分の評価の在り方

1 小学校学習指導要領にみる理科の評価の観点

　学習指導要領［2017（平成29）年改訂］の下での小学校理科の評価の在り方については，2019（平成31）年3月に改訂された指導要録にその方向性が示されている。指導要録では，観点別学習状況の評価の観点が，各教科等で育成を目指す資質・能力の三つの柱に即して，「知識・技能」「思考・判断・表現」「主体的に学習に取り組む態度」の三観点に整理された。その際，資質・能力の「学びに向かう力，人間性等」については，観点別学習状況の評価にはなじまず，個人内評価等を通じて見取る部分があることに留意する必要があり，「主体的に学習に取り組む態度」として観点別学習状況の評価を通じて見取ることができる部分があることから，「主体的に学習に取り組む態度」の観点が設定されることとなった。表7－3は，指導要録における小学校理科の評価の観点及びその趣旨を示したものである（文部科学省，2019）。

表7－3　指導要録における小学校理科の評価の観点及びその趣旨

観点	知識・技能	思考・判断・表現	主体的に学習に取り組む態度
趣旨	自然の事物・現象についての性質や規則性などについて理解しているとともに，器具や機器などを目的に応じて工夫して扱いながら観察，実験などを行い，それらの過程や得られた結果を適切に記録している。	自然の事物・現象から問題を見いだし，見通しをもって観察，実験などを行い，得られた結果を基に考察し，それらを表現するなどして問題解決している。	自然の事物・現象に進んで関わり，粘り強く，他者と関わりながら問題解決しようとしているとともに，学んだことを学習や生活に生かそうとしている。

出所：文部科学省，2019，11ページ。

　趣旨の内容を見てもわかるように，指導要録の評価の観点「知識・技能」には，小学校理科で育成を目指す資質・能力「知識及び技能」に即した，自然の事物・現象についての科学的理解，そして，観察，実験などの活動に関する技能が示されている。また，評価の観点「思考・判断・表現」には，資質・能力「思考力・判断力・表現力等」に即した，問題解決の過程の中での問題解決の力が示されている。そして，評価の観点「主体的に学習に取り組む態度」には，資質・能力「学びに向かう力，人間性等」における，主体的に問題解決しようとする態度が示されている。知識及び技能を獲得したり，思考力，判断力，表現力等を身に付けたりすることに向けた粘り強い取組の中で，自らの学習を調整しようとしているかどうかを含めて評価することとなっている。

▷8　観察，実験など
「観察，実験など」の「など」には，自然の性質や規則性を適用したものづくりや，栽培，飼育の活動が含まれることが，［2017年改訂］の学習指導要領に明記されている。飼育，栽培に関しては，生活科の「動植物の飼育・栽培」の学習を踏まえることが重要であることが示されている。そして，飼育，栽培の例として，小学校3年生では，「身の回りの生物」項目において，「身の回りの生物（植物や昆虫）について，探したり育てたりする中で，それらの様子や周辺の環境，成長や体の作りに着目して，それらを比較しながら調べる活動」が挙げられている。

以上のような評価の観点は，資質・能力と同様に，児童の発達段階を踏まえて整理されたものである。理科の評価の観点「知識・技能」については，小学校段階で示されている，自然の事物・現象についての性質や規則性などの理解及び器具や機器などを目的に応じて工夫して扱う技能が，中学校段階になると，自然の事物・現象についての基本的な概念や原理・法則などの理解及び科学的に探究するための技能へと発展する。また，評価の観点「思考・判断・表現」については，小学校段階で示されている問題解決の過程が，中学校段階になると，科学的な探究の過程へと発展する。これは，評価の観点「主体的に学習に取り組む態度」についても同様であり，小学校段階で示されている，自然の事物・現象に進んで関わり，問題解決しようとしている態度が，中学校段階になると，科学的に探究しようとしている態度へと発展する（文部科学省, 2019, 11ページ）。

2　小学校学習指導要領にみる理科「B 生命・地球」区分の評価の観点

　学習指導要領［2017（平成29）年改訂］の下での小学校理科「B 生命・地球」区分の評価の在り方についても，2019（平成31）年改訂の指導要録にその方向性が学年ごとに示されている（文部科学省, 2019）。表7－4は，指導要録における小学校理科の学年・分野別の評価の観点及びその趣旨から「B 生命・地球」区分に関連するものを抽出して示したものである。

　評価の観点「知識・技能」及び「主体的に学習に取り組む態度」に関しては，理科の評価の観点及びその趣旨に即して各学年の「B 生命・地球」区分の各学習内容を挙げながら示されている。評価の観点「思考・判断・表現」に関しては，資質・能力「思考力・判断力・表現力等」の育成のために各学年で重点を置いて育成を目指す問題解決の力が明記されている。

　2019年改訂の指導要録にはまた，学習評価についての基本的な考え方の中に，指導と評価の一体化を引き続き重視することが示されている。学習指導要領［2017（平成29）年改訂］で重視している「主体的・対話的で深い学び」の視点からの授業改善を通して，各教科における資質・能力を確実に育成するためには，学習評価が重要な役割を担っていることが示されている（文部科学省, 2019）。

▷9　指導と評価の一体化
「指導と評価の一体化」とは，文部科学省によれば，「学習評価を通じて，学習指導のあり方を見直すことや個に応じた指導の充実を図ること」であり，これまでの学習指導要領においても重視されてきた。教師は常に，子供たちの学習目標の達成状況を確認しながら指導を調整や工夫を行い，授業を行うことが求められている（片平, 2018, 164ページ）。

▷10　学習評価
［2017年改訂］の学習指導要領の中で活用される評価法としてパフォーマンス評価，ポートフォリオ評価等がある。理科においては，「実験や観察の能力」や「操作技能」などのパフォーマンス評価，観察カード，実験レポート，テスト，ビデオ等による記録などを総合したポートフォリオ評価がみられる（片平, 2018, 162～164ページ）。

表7-4 指導要録における小学校理科「B 生命・地球」区分の評価の観点の趣旨

観点	知識・技能	思考・判断・表現	主体的に学習に取り組む態度
第3学年	身の回りの生物及び太陽と地面の様子について理解しているとともに、器具や機器などを正しく扱いながら調べ、それらの過程や得られた結果を分かりやすく記録している。	身の回りの生物及び太陽と地面の様子について、観察、実験などを行い、主に差異点や共通点を基に、問題を見いだし、表現するなどして問題解決している。	身の回りの生物及び太陽と地面の様子についての事物・現象に進んで関わり、他者と関わりながら問題解決しようとしているとともに、学んだことを学習や生活に生かそうとしている。
第4学年	人の体のつくりと運動、動物の活動や植物の成長と環境との関わり、雨水の行方と地面の様子、気象現象及び月や星について理解しているとともに、器具や機器などを正しく扱いながら調べ、それらの過程や得られた結果を分かりやすく記録している。	人の体のつくりと運動、動物の活動や植物の成長と環境との関わり、雨水の行方と地面の様子、気象現象及び月や星について、観察、実験などを行い、主に既習の内容や生活経験を基に、根拠のある予想や仮説を発想し、表現するなどして問題解決している。	人の体のつくりと運動、動物の活動や植物の成長と環境との関わり、雨水の行方と地面の様子、気象現象及び月や星についての事物・現象に進んで関わり、他者と関わりながら問題解決しようとしているとともに、学んだことを学習や生活に生かそうとしている。
第5学年	生命の連続性、流れる水の働き及び気象現象の規則性について理解しているとともに、観察、実験などの目的に応じて、器具や機器などを選択して、正しく扱いながら調べ、それらの過程や得られた結果を適切に記録している。	生命の連続性、流れる水の働き及び気象現象の規則性について、観察、実験などを行い、主に予想や仮説を基に、解決の方法を発想し、表現するなどして問題解決している。	生命の連続性、流れる水の働き及び気象現象の規則性についての事物・現象に進んで関わり、粘り強く、他者と関わりながら問題解決しようとしているとともに、学んだことを学習や生活に生かそうとしている。
第6学年	生物の体のつくりと働き、生物と環境との関わり、土地のつくりと変化及び月の形の見え方と太陽の位置関係について理解しているとともに、観察、実験などの目的に応じて、器具や機器などを選択して、正しく扱いながら調べ、それらの過程や得られた結果を適切に記録している。	生物の体のつくりと働き、生物と環境との関わり、土地のつくりと変化及び月の形の見え方と太陽の位置関係について、観察、実験などを行い、主にそれらの仕組みや性質、規則性、働き、関わり、変化及び関係について、より妥当な考えをつくりだし、表現するなどして問題解決している。	生物の体のつくりと働き、生物と環境との関わり、土地のつくりと変化及び月の形の見え方と太陽の位置関係についての事物・現象に進んで関わり、粘り強く、他者と関わりながら問題解決しようとしているとともに、学んだことを学習や生活に生かそうとしている。

出所:文部科学省,2019,11～12ページを参考に筆者作成。

Exercise

① 現代の諸外国(アメリカ,イギリス等)における理科の学力の捉え方について調べ,日本の捉え方と比較してみよう。

② 小学校理科における問題解決の力を評価する方法について調べてみよう。またその評価方法の利点と問題点について,具体的な例をあげて考えてみよう。

次への一冊

吉田武男監修,大髙泉編著『MINERVA はじめて学ぶ教科教育④ 初等理科教育』ミネルヴァ書房,2018年。

本章の内容に関わる初等理科の目標や評価を含めて，初等理科のカリキュラムの内容，代表的な学習論や学習活動等々について詳しくわかりやすく解説されている。初等理科教育の主要な理論と実践への要点を系統的効率的に学ぶことができる一冊であり，示唆に富む。

引用・参考文献

東洋・大橋秀雄・戸田盛和編『理科教育事典　教育理論編』大日本図書，1991年。

中央教育審議会「幼稚園，小学校，中学校，高等学校及び特別支援学校の学習指導要領等の改善及び必要な方策等について（答申）」及び「別添資料5-1」，2016年。

平賀博之「理科教育の内容　地学領域」角屋重樹・林四郎・石井雅幸編『小学校　理科の学ばせ方・教え方事典　改訂新装版』教育出版，2010年。

角屋重樹『改訂版なぜ，理科を教えるのか－理科教育がわかる教科書－』文溪堂，2019年。

片平克弘「初等理科教育における学習評価」吉田武男監修，大髙泉編著『MINERVAはじめて学ぶ教科教育④　初等理科教育』ミネルヴァ書房，2018年。

国立教育政策研究所編『生きるための知識と技能6　OECD生徒の学習到達度調査（PISA）2015年調査国際結果報告書』明石書店，2016年。

国立教育政策研究所編『TIMSS2019算数・数学教育／理科教育の国際比較－国際数学・理科教育動向調査の2019年調査報告書』明石書店，2021年。

文部科学省『小学校学習指導要領（平成29年告示）』東洋館出版社，2018年a。

文部科学省『小学校学習指導要領（平成29年告示）解説理科編』東洋館出版社，2018年b。

文部科学省『中学校学習指導要領（平成29年告示）解説理科編』学校図書，2018年c。

文部科学省『高等学校学習指導要領（平成30年告示）解説理科編理数編』実教出版株式会社，2019年。

文部科学省「小学校，中学校，高等学校及び特別支援学校等における児童生徒の学習評価及び指導要録の改善等について（通知）」，「〔別紙4〕各教科等・各学年等の評価の観点等及びその趣旨（小学校及び特別支援学校小学部並びに中学校及び特別支援学校中学部）」，2019年。

大髙泉「初等理科教育の目的・目標と科学的リテラシー」吉田武男監修，大髙泉編著『MINERVAはじめて学ぶ教科教育④　初等理科教育』ミネルヴァ書房，2018年。

畦浩二・林靖弘「理科教育の内容　生物領域」角屋重樹・林四郎・石井雅幸編『小学校理科の学ばせ方・教え方事典　改訂新装版』教育出版，2009年。

第8章
生活科における学力観と評価

〈この章のポイント〉
　生活科は，平成の幕開けと同じ年に誕生した比較的新しい教科である。昨今では，スタートカリキュラムの編成・実施の要に位置付けられるなど，小学校低学年教育を担う中心的教科として確固たる地歩を占めている。本章では，創設以来の歩みの中で捉えられてきた生活科がねらう学力像，並びに評価をめぐる基本的な考え方を整理するとともに，現行の学習指導要領や指導要録が目指す生活科で育む学力（資質・能力）及び評価の在り方について解説する。

1　学力観の変遷と生活科の歩み

　すでによく知られているように，「生活科」が新たな教科として産声をあげたのは，［1989（平成元）年改訂］の小学校学習指導要領においてである。以来35年余にわたり，生活科はその独自性を発揮しながら，小学校低学年の教育を担う主要な教科として確かな歩みを進めてきた。そうした歩みの中で，生活科が育成を目指す学力とは，いったいどのように捉えられてきたのであろうか。
　ここでは，生活科がねらいとしてきた学力の姿について，生活科創設以降の学習指導要領改訂時に打ち出された学力観に照らしながら，変遷を辿ってみよう。

1　「新しい学力観」と生活科の創設

　生活科が誕生した［1989年改訂］では，これからの社会において子どもたちが心豊かに，主体的，創造的に生きていくことができる資質や能力を育成することが基本的なねらいとされた。とりわけ，自分の課題を見付け，自ら考え，主体的に判断したり，表現したりして，よりよく解決することができる資質や能力の育成が重視され，その実現のためには，自ら学ぶ意欲や，思考力，判断力，表現力などを学力の基本とする学力観に立って教育を進めることが強調されたのである（文部省，1993a，9ページ）。これがいわゆる「新しい学力観」や「新学力観」と呼ばれる学力の捉え方である。もっとも，「新しい学力観」という言葉自体は，改訂当初からみられたものではなく，その実施をめぐる文部省（現文部科学省）の通知・通達の中で用いられていったとされるが（赤沢，2013，

72ページ），いずれにせよ［1989年改訂］を特徴付けるキーワードとして広く認識されるに至った。そして，この「新しい学力観」を象徴する切り札として登場した新教科，それこそが生活科だったのである（中野，1992，195ページ）。

この創設期に示された生活科がねらいとする学力について，学習指導要領［1989年改訂］の生活科の教科目標を手がかりにして探ってみよう。そこには，生活科の教科目標が次のように掲げられている。

> 具体的な活動や体験を通して，自分と身近な社会や自然とのかかわりに関心をもち，自分自身や自分の生活について考えさせるとともに，その過程において生活上必要な習慣や技能を身に付けさせ，自立への基礎を養う。

構造的にみれば，① 具体的な活動や体験を通すこと，② 自分と身近な社会や自然とのかかわりに関心をもつこと，③ 自分自身や自分の生活について考えること，④ 生活上必要な習慣や技能を身に付けること，という四つの視点があり，これらを押さえることによって，究極的には「自立への基礎を養う」ことが目指される図式となっている（文部省，1989，7ページ）。確かに，各視点＝「学力」とは必ずしも置き換えきれない面があるにせよ，特筆すべきは「自分」を中核に据えた学力が強調されている点にある（文部省，1995，10ページ）。また，各視点についてみれば，上記の「新しい学力観」に通じるような，生活科は頭だけで教科内容の理解を目指したり，社会や自然の事物・現象を客観的に捉えたりすることを主たるねらいとするものではないといった立場から，直接体験を重視して豊かな体験の世界を広げ，深めたり，生活者として主体的に社会や自然に関わる力が求められている。そして，自分自身への「気付き」であったり，日常生活に必要となる基本的な習慣や技能（例えば，安全に気を付けて登下校ができる，など）についてもあわせて求められている。さらに，その先にあるのが「自立への基礎」である。ここでいう「自立」とは，単なる生活習慣上の自立にとどまるものではなく，学習上の自立であり，精神的な自立であり（文部省，1989，10ページ），そうした「自立への基礎」こそが，生活科がねらう児童の姿の要として位置付けられたのであった。

2 「生きる力」と学習指導要領［1998（平成10）年改訂］における生活科

生活科にとって初めての改訂となった［1998年改訂］では，「ゆとり」の中で子供たちに「生きる力」を育むことが基本理念に据えられた。この「生きる力」は，1996（平成8）年公表の中央教育審議会（以下，中教審）「21世紀を展望した我が国の教育の在り方について（第1次答申）」の中で初めて提唱され，構成要素として① 自分で課題を見つけ，自ら学び，自ら考え，主体的に判断

▷1　ゆとり
学校改善課題の重要なキーワードとしてこの言葉が登場したのは，1977（昭和52）年の学習指導要領改訂に向けた教育課程審議会答申においてである。そこでは，「ゆとりあるしかも充実した学校生活の実現」のための「ゆとりと充実の教育」が謳われた。

し，行動し，よりよく問題を解決する資質や能力，②自らを律しつつ，他人とともに協調し，他人を思いやる心や感動する心など，豊かな人間性，③たくましく生きるための健康や体力，が示されたのであった。

むろん生活科も，こうした「生きる力」の育成を念頭に展開が図られたわけであるが，生活科がねらいとする学力像が大きく変化したかというと必ずしもそうではない。[1989年改訂]の生活科の教科目標と見比べると，従前の「自分と身近な社会や自然とのかかわり」から「自分と身近な人々，社会及び自然とのかかわり」へと変更になっただけで，基本的な骨格は維持されている。なお，上記のように「身近な人々」が追加された理由については，児童と人とのつながり，人と人とのつながりが希薄化し，このような社会的課題に正面から取り組み，児童と多様な人々との関わりを重視する必要性を強調するためであったという（高浦・佐々井，2009, 16〜17ページ）。また，教科目標には直接表れていないが，一部に画一的な教育活動がみられたり，単に活動するだけにとどまっている状況が問題視され，「知的な気付き」という表現の下，活動や体験から生まれる気付きの重要性が強調された（文部省，1999, 2〜4ページ）。

③ 「生きる力」の継承と学習指導要領[2008（平成20）年改訂]における生活科

[2008年改訂]では，知識基盤社会▷2の時代を担う子供たちに必要な「生きる力」の育成が一層重視された。[1998年改訂]よりこの間，いわゆるゆとり批判への対応の中で，「確かな学力」▷3という語が登場し，「生きる力」の知の側面として明確に位置付けられた（中教審，2003）。そして，これまでの「生きる力」の理念を継承しながら，「生きる力」を支える「確かな学力」，「豊かな心」，「健やかな体」の調和のとれた育成が重視されたのである（文部科学省，2008b, 3ページ）。とりわけ，「確かな学力」の育成にあっては，基礎的・基本的な知識・技能の習得と思考力・判断力・表現力等の育成のバランスに重きが置かれた（文部科学省，2008b, 3ページ）。

このような全体的方向性がみられる中，生活科がねらいとする学力の骨格は，[1998年改訂]から維持されているとみてよい。というよりはむしろ，教科目標の文言だけをみれば，表現の変更はまったくない。身近な人々や対象と直接的に関わる学習活動を通して，児童が学習や生活において自立することを目指すとともに，豊かな生活を営む生活者としての資質や能力及び態度を育成することが引き続き重視されたのである（文部科学省，2008a, 5〜6ページ）。一方，この生活科改訂時にあって大きな注目を浴びたキーワードが，「気付きの質を高める」であった。そもそも生活科でいう「気付き」とは，対象に対する一人一人の認識であり，児童の主体的な活動によって生まれるものである

▷2 知識基盤社会
新しい知識・情報・技術が，政治・経済・文化をはじめ社会のあらゆる領域での活動の基盤として飛躍的に重要性を増す社会。

▷3 確かな学力
知識や技能に加えて，学ぶ意欲や自分で課題を見付け，自ら学び，主体的に判断し，行動し，よりよく問題解決する資質や能力等まで含めたもの。2002（平成14）年1月に文部科学省が発表した，「確かな学力の向上のための2002アピール『学びのすすめ』」で用いられ，以降「生きる力」の一側面として定着していった。

（文部科学省，2008a，4ページ）。先の［1998年改訂］でも「知的な気付き」が強調されたように，創設以来生活科では気付きが大切にされてきた。後続の評価に関する節でも述べるが，この「気付き」は生活科特有の視点であり，生活科がねらう学力の一端を形成するものとして，重要な位置を占めている。そうした気付きを，無自覚なものから自覚された気付きへ，一つ一つの気付きから関連付けられた気付きへ，そして働きかける対象への気付きだけではなく自分自身への気付きへ，のように活動や体験の中で質的に高めていくことが求められたのであった（文部科学省，2008a，11ページ）。

2　学習指導要領［2017（平成29）年改訂］が目指す生活科で育む学力の姿

1　生活科で育成を目指す三つの資質・能力

　2017（平成29）年3月に告示された学習指導要領にあって，改訂の目玉の一つとなったのが，これからの未来社会を切り拓くために子どもたちに求められる資質・能力の明確化である。具体的には，かねて重視されてきた「生きる力」をより具体化し，育成を目指す資質・能力が①「知識及び技能」，②「思考力，判断力，表現力等」，③「学びに向かう力，人間性等」の三つの柱に整理されたのである。そして，全ての教科等においてこれら三つの柱に沿った目標及び内容の再整理が図られ，生活科の教科目標の示し方もこれまでとは大きく趣を異にすることとなった。

　［2017年改訂］に示された生活科の教科目標は，次の通りである。

> 　具体的な活動や体験を通して，身近な生活に関わる見方・考え方を生かし，自立し生活を豊かにしていくための資質・能力を次のとおり育成することを目指す。
> （1）活動や体験の過程において，自分自身，身近な人々，社会及び自然の特徴やよさ，それらの関わり等に気付くとともに，生活上必要な習慣や技能を身に付けるようにする。
> （2）身近な人々，社会及び自然を自分との関わりで捉え，自分自身や自分の生活について考え，表現することができるようにする。
> （3）身近な人々，社会及び自然に自ら働きかけ，意欲や自信をもって学んだり生活を豊かにしたりしようとする態度を養う。

　（1）～（3）は資質・能力の三つの柱に関する目標であり，（1）では「知識及び技能の基礎」を，（2）では「思考力，判断力，表現力等の基礎」を，（3）では「学びに向かう力，人間性等」を示している。とりわけ，（1）と（2）の末尾に「の基礎」とあるのは，幼児期の学びの特性を踏まえ三つの資

質・能力を截然と分けることができないことによる（文部科学省，2018b，8ページ）。（1）〜（3）について，具体的には表8-1のような資質・能力が示されている。これまで生活科が重視してきた気付きや生活上必要な習慣及び技能，そして思いや願いを実現する過程で働く思考や判断，表現，さらには意欲や自信といった態度的要素を包含しながら，生活科で育成を目指す資質・能力，つまりは生活科で育む学力の姿がより鮮明に映し出されているとみてよい。これらの資質・能力は，生活科の本質である具体的な活動や体験によりながら，また新たに登場した教科の見方・考え方である「身近な生活に関わる見方・考え方」を生かしながら育成されるものだが，目指す先には「自立し生活を豊かにしていく」という生活科における究極的な児童の姿が描かれている。従来の「自立への基礎」という文言こそないものの，その理念は2017年改訂でも受け継がれ（文部科学省，2018b，11ページ），引き続き目指す児童像の根幹をなしている。

▷4 身近な生活に関わる見方・考え方
生活科における見方・考え方として示されたもので，「身近な人々，社会及び自然を自分との関わりで捉え，よりよい生活に向けて思いや願いを実現しようとすること」，とされる。

表8-1 生活科で育成を目指す資質・能力

知識及び技能の基礎	思考力，判断力，表現力等の基礎	学びに向かう力，人間性等
・具体的な活動や体験を通して獲得する，社会事象に関する個別的な気付き ・具体的な活動や体験を通して形成する，社会事象に関する関係的な気付き ・具体的な活動や体験を通して獲得する，自然事象に関する個別的な気付き ・具体的な活動や体験を通して形成する，自然事象に関する関係的な気付き ・具体的な活動や体験を通して獲得する，自分自身に関する個別的な気付き ・具体的な活動や体験を通して形成する，自分自身に関する関係的な気付き ・具体的な活動や体験を通して身に付ける習慣や技能	・身体を通して関わり，対象に直接働きかける力 ・比較したり，分類したり，関連付けたり，視点を変えたりして対象を捉える力 ・違いに気付いたり，よさを生かしたりして他者と関わり合う力 ・試したり，見立てたり，予測したり，見通しを持ったりして創り出す力 ・伝えたり，交流したり，振り返ったりして表現する力	・身近な人々や地域に関わり，集団や社会の一員として適切に行動しようとする態度 ・身近な自然と関わり，自然を大切にしたり，遊びや生活を豊かにしたりしようとする態度 ・自分のよさや可能性を生かして，意欲と自信をもって生活しようとする態度

出所：中教審，2016，41ページを参考に筆者作成。

2 小学校低学年教育の充実に向けた鍵としての生活科の資質・能力

[2017年改訂]では，小学校低学年教育の充実のために果たす生活科の役割が一層重視されている。このことは，総則の中で「（前略）低学年における教育全体において，例えば生活科において育成する自立し生活を豊かにしていくための資質・能力が，他教科等の学習においても生かされるようにするなど，教科等間の関連を積極的に図り，幼児期の教育及び中学年以降の教育との円滑な接続が図られるよう工夫すること（後略）」（文部科学省，2018a，21ページ）と述べられていることにも象徴的に表れている。

とりわけ，ポイントとして指摘しておくべきは，生活科が教科等間の横のつ

ながりと，幼児期からの発達の段階に応じた縦のつながりとの結節点として位置付けられていることである。そうした観点から生活科で育成を目指す資質・能力をみたとき，一方では合科的・関連的な指導の中，生活科で身に付けた資質・能力と他教科等で身に付けた能力が相互に発揮されることで，その育成が確かなものになっていく。また他方では，「幼児期の終わりまでに育ってほしい姿[5]」として示される資質・能力を発揮しながら生活科がねらう資質・能力を育み，そしてそれらを基盤に中学年以降の理科や社会科をはじめとする各教科等での学習，資質・能力の育成につなげていくことで，生活科を中心とした，低学年教育と幼児期及び中学年以降の教育との円滑な接続が期待される。そういった意味では，生活科で育成を目指す資質・能力が，スタートカリキュラム[6]の編成に代表されるような円滑な幼小接続と低学年教育の充実の成否の鍵を握る，そういっても決して過言ではないだろう。

3 生活科における評価観

1 教科特性に応じた生活科の評価の特色

　子供たちの学習の成果を見取り，指導の改善につなげていく評価が，いずれの教科の教育活動においても不可欠であることは言を俟たない。生活科とてそれは同じであり，他教科における評価の在り方との共通項も多分にある。しかしながら一方で，生活科の評価には，その教科特性に応じた他教科とは一線を画する特色がいくつか存在する。生活科創設期に刊行された『小学校生活指導資料　新しい学力観に立つ生活科の学習指導の創造』では，生活科の評価の特色として次の三点が端的に示されている（文部省，1993b，40～45ページ）。

　第一に，「具体的な活動や体験の広がりや深まりを評価すること」である。具体的な活動や体験を通して総合的な学習活動を展開する生活科にあっては，児童の主体的な学習活動が重視されなければならない。児童の考え方や行動がどのように広がり，深まっていったか，またその中で児童がどんなことに気付いたり疑問をもったりしたかなどを評価することが大切になる。

　第二に，「一人一人に即して評価すること」である。自分と身近な社会や自然との関わり，自分への気付きを重視する生活科にあっては，一人一人の児童に即し，その子なりの関心，意欲，態度や気付きなどがどのように発揮され，表れているかを評価するとともに，それを指導に生かす工夫が大切になる。

　第三に，「実践的な態度の評価を重視すること」である。児童が日常生活の中でどのように考え，工夫し，行動するようになったかということを重視する生活科にあっては，関心や意欲，態度などについての評価が重視されなければ

▷5　幼児期の終わりまでに育ってほしい姿
2017年3月告示の幼稚園教育要領の中で，ねらい及び内容に基づく活動全体を通して資質・能力が育まれている幼児の幼稚園修了時の具体的な姿として示された。具体的には，①健康な心と体，②自立心，③協同性，④道徳性・規範意識の芽生え，⑤社会生活との関わり，⑥思考力の芽生え，⑦自然との関わり・生命尊重，⑧数量や図形，標識や文字などへの関心・感覚，⑨言葉による伝え合い，⑩豊かな感性と表現，という10の姿からなる。

▷6　スタートカリキュラム
幼児期の教育と小学校教育との連携・接続を意識して実施される，第1学年入学当初のカリキュラム。

ならない。そこでは，1単位時間あるいは1単元という短時間の評価ではなく，長期間に渡ってその変容を捉えることが必要になる。

これら諸点は，現在においてもなお，色褪せることなく生活科の評価の根本にある考え方を示しているといえる。

2　生活科の評価の観点と方法

ことさら生活科に限ったことではないが，評価をおこなう際に考えなければならないのは，「何を」「どのようにして」評価するか，ということである。前者は評価の観点，後者は評価の方法，と言い換えることもできよう。特に，評価の観点は目標と密接に関わって明確にされるものであり，前述の育成を目指す学力とは表裏一体の関係にあるといえる。では，これまでの生活科における評価の観点と方法各々について，具体的にみてみよう。

まず，評価の観点についてである。生活科創設後の1991（平成3）年に改訂された指導要録において，観点別学習状況の評価に関する生活科の評価の観点が初めて示された。それはすなわち，「生活への関心・意欲・態度」「活動や体験についての思考・表現」「身近な環境や自分についての気付き」の三観点である。各教科を通じて「関心・意欲・態度」が評価の観点の最初に置かれたことは，「新しい学力観」の特色を示すものであり，生活の知恵を身に付け自立への基礎を養う生活科にあっては，当該観点がひときわ重要視された（文部省，1993b，51ページ）。また，生活科特有の観点として目をひくのが「気付き」である。当時の指導資料では，「気付き」を他教科でいう「知識・理解」に近いものとしつつ，あえて「気付き」とした理由について，「生活科にあっては，教えられて受動的に分かるということではなく，自ら主体的に環境とかかわり，その中で気付き・分かることを大切にしたい」（文部省，1993b，51ページ）と解説している。以上，生活科の評価の三観点は，基本的に2010（平成22）年改訂の指導要録まで引き続き設定されていくこととなった。

次に，評価の方法についてである。上記のような観点に基づく評価を実施するにあたり，生活科では多様な評価方法の活用がこれまでも求められてきた。とりわけ，長期的，継続的に児童の変容を見取り，それを次の活動や指導に生かすことが必要な生活科にあっては，知識・理解中心になりがちなペーパーテストよりも，その他の評価方法がポイントとなる。例えば，児童の発言（授業時間中のつぶやき，会話，報告など）を見取ったり，児童の行動や態度，状態などを観察し，チェックリストを用いて捉えたり，児童が製作した作品（絵，作文，日記，メモなど）をその製作過程や日常生活での様子を背景にしながら分析したり，自己評価や相互評価をおこなったり，等々である。むろん，これらの方法間に絶対的な優劣が存在するわけではない。実際には，評価のねらいや場

▷7　観点別学習状況の評価
教科を内容ごとに細分化したり，そこで求められる能力や技能に分けて，部分（観点）ごとに数値，記号あるいは評語で成績を示す評価。

面に応じて各々の方法を組み合わせて用いながら，計画的，組織的な評価活動を展開していくことが重要となる。

4　学習指導要領［2017（平成29）年改訂］における生活科の評価の在り方

1　資質・能力の育成と生活科の評価の方向性

　先にも述べたように，［2017年改訂］では育成を目指す資質・能力が三つの柱，生活科に至っては「知識及び技能の基礎」，「思考力，判断力，表現力等の基礎」，「学びに向かう力，人間性等」に整理，明確化された。したがって，評価の在り方もこうした資質・能力との密接な関連の下で方向付けられることはいうまでもない。

　生活科の評価に関しては，解説の中で「特定の知識や技能を取り出して指導するのではなく，児童が具体的な活動や体験を通す中で，あるいはその前後を含む学習の過程において，文脈に即して学んでいくことから，評価は，結果よりも活動や体験そのもの，すなわち結果に至るまでの過程を重視して行われる」（文部科学省，2018b, 92ページ）とされ，三つの資質・能力を評価し，指導と評価の一体化をおこなっていくことが求められている。もっとも，この指導と評価の一体化は従前より重視されてきた視点であるのだが，児童生徒の学習改善や教師の指導改善につながる評価の在り方が一層強調される方向性に鑑みると，「資質・能力育成のための評価」という色合いがより濃く表れているといえる。評価に際してのポイントをいくつかあげておけば，「量的な面」だけでなく「質的な面」からの評価を充実させること，行動観察や作品・発言分析等の他に様々な立場から評価資料を収集し，児童の姿を多面的に評価すること，単元全体を通した長期的な評価をおこなったり，授業時間外における児童の姿の変容にも目を向けること，などである（文部科学省，2018b, 92～93ページ）。

2　2019年改訂指導要録にみる生活科の評価の観点

　2019（平成31）年3月に改訂された指導要録では，育成を目指す資質・能力の三つの柱に即して，観点別学習状況の評価の観点が，各教科「知識・技能」「思考・判断・表現」「主体的に学習に取り組む態度」の三観点に整理された。生活科も例外ではなく，「関心・意欲・態度」「思考・表現」「気付き」の三観点に代わる形で，上記の観点が設定されるに至っている。とはいえ，これまで生活科が大切にしてきた観点が総入れ替えされたかというと，決してそうでは

ない。表8-2は，指導要録における生活科の評価の観点及びその趣旨を示したものである。趣旨の内容をみてもわかるように，生活科特有の「気付き」の見取りをはじめ，従来の評価の観点を形作ってきた要素を多分に含みながら，新たな構成がなされている。

表8-2 2019年改訂指導要録における生活科の評価の観点及びその趣旨

観点	知識・技能	思考・判断・表現	主体的に学習に取り組む態度
趣旨	活動や体験の過程において，自分自身，身近な人々，社会及び自然の特徴やよさ，それらの関わり等に気付いているとともに，生活上必要な習慣や技能を身に付けている。	身近な人々，社会及び自然を自分との関わりで捉え，自分自身や自分の生活について考え，表現している。	身近な人々，社会及び自然に自ら働きかけ，意欲や自信をもって学ぼうとしたり，生活を豊かにしようとしている。

出所：文部科学省, 2019, 13ページ。

また，これら生活科における評価の観点の趣旨を捉えるにあたり，観点ごと，次のような事項を踏まえることが重要とされる。すなわち，「知識・技能」については，「気付きが諸感覚を通して自覚された個別の事実であるとともに，それらが相互に関連付けられたり，既存の経験などと組み合わされたりして，各教科等の学習や実生活の中で生きて働くものとなっていくこと」，「思考・判断・表現」については，「具体的に考えたり表現したりすることや，それを繰り返すことによって，自分自身や自分の生活について考え，表現できるようになっていくこと」，「主体的に学習に取り組む態度」については，「思いや願いを実現する過程において子供は，繰り返し対象に関わる中で手応えを確かめながら粘り強く取り組んだり，対象から働き返されることをもとに，活動を振り返りよりよく工夫したりしていくこと，また，協働的な学習活動を通して互いの思いや願いを尊重しつつ活動の方向を見直し，活動を創り出したりしていくこと」，である（渋谷, 2019, 75～76ページ）。そして実際の評価活動に向けては，こうした観点の趣旨に沿いながら，内容のまとまり，単元レベルでの評価規準の具体化が求められるところである。

生活科という教科の本質，独自性を今一度顧みてそれに根差しつつ，児童の中で育まれた資質・能力を見取り，さらにそれを伸長させることに資するような，実りある評価の実現を目指したい。

▷8 評価規準
何が達成されたかという質的な評価の根拠を示すもの。それらがどこまで（どの程度）達成されたかという量的な評価の根拠を示す「評価基準」とは区別される。

Exercise

① 生活科で育む学力と幼児期及び小学校中学年以降の理科や社会科で育む学力とを比較し，その連続性について考え，話し合ってみよう。
② 生活科で用い得る評価方法について，具体的な活用事例を調べてみよう。それを基に，当該評価方法の利点と問題点について考え，話し合ってみよう。

📖次への一冊

吉田武男監修，片平克弘・唐木清志編著『MINERVAはじめて学ぶ教科教育⑩　初等生活科教育』ミネルヴァ書房，2018年。
　本章と深く関係する目標や評価といった事項をはじめ，生活科教育の全体像を把握できる一冊。豊富な実践例は，これからの生活科授業づくりへの示唆に富む。

引用・参考文献

赤沢早人「学習指導要領と学力」田中耕治・井ノ口淳三編著『学力を育てる教育学（第2版）』八千代出版，2013年，55～79ページ。
中央教育審議会「21世紀を展望した我が国の教育の在り方について（第1次答申）」，1996年。
中央教育審議会「初等中等教育における当面の教育課程及び指導の充実・改善方策について（答申）」，2003年。
中央教育審議会「幼稚園，小学校，中学校，高等学校及び特別支援学校の学習指導要領等の改善及び必要な方策等について（答申）別添資料（2/3）」，2016年。
国立教育政策研究所「学習指導要領データベース」https://www.nier.go.jp/guideline/
　本文中の学習指導要領の引用は，本データベースに基づく。
文部科学省『小学校学習指導要領解説生活編』日本文教出版，2008年 a。
文部科学省『小学校学習指導要領解説総則編』東洋館出版社，2008年 b。
文部科学省『小学校学習指導要領（平成29年告示）』東洋館出版社，2018年 a。
文部科学省『小学校学習指導要領（平成29年告示）解説生活編』東洋館出版社，2018年 b。
文部科学省「小学校，中学校，高等学校及び特別支援学校等における児童生徒の学習評価及び指導要録の改善等について（通知）〔別紙4〕各教科等・各学年等の評価の観点等及びその趣旨（小学校及び特別支援学校小学部並びに中学校及び特別支援学校中学部）」，2019年。
文部省『小学校指導書生活編』教育出版，1989年。
文部省『小学校教育課程一般指導資料　新しい学力観に立つ教育課程の創造と展開』東洋館出版社，1993年 a。
文部省『小学校生活指導資料　新しい学力観に立つ生活科の学習指導の創造』東洋館出版社，1993年 b。
文部省『小学校生活指導資料　新しい学力観に立つ生活科の授業の工夫』大日本図書，1995年。
文部省『小学校学習指導要領解説生活編』日本文教出版，1999年。
中野重人『新訂生活科教育の理論と方法』東洋館出版社，1992年。
渋谷一典「生活科における学習評価の改善のポイント」『初等教育資料』No.981，東洋館出版社，2019年，74～76ページ。
高浦勝義・佐々井利夫『平成20年学習指導要領対応生活科の授業づくりと評価』黎明書房，2009年。

第9章
図画工作科における学力観と評価

〈この章のポイント〉
　本章では，図画工作科教育における学力観と評価の基本的な考え方や実践との関わりについて学ぶ。まず，広く美術教育思潮における目的観の歴史的変遷を概観した上で，現在の図画工作科教育における学力観を考える。特に，新学習指導要領で目指す資質・能力の育成や，造形的な見方・考え方を理解しつつ，指導上の課題を検討する。その上で，図画工作科教育の特質を生かした評価とはどのようなものかを考え，評価方法と実践上の留意点を学ぶ。

1　図画工作科教育における学力観の背景

1　美術教育思潮にみる目的観の歴史的変遷

　現代の図画工作科教育にいたるまでの広い意味での美術教育を俯瞰すると，「美術の教育」から「美術による教育」へという目的観の大きな歴史的変遷をみることができる。19世紀後半に学校に取り入れられた美術教育は，正確な描写力と技術の習得に重点が置かれた「美術の教育」の視点であった。その「美術の教育」は，美術そのものの専門能力を習得することを最優先の目的とし，専門家を養成する当時の専門教育で重視された視点に基づいたものといえる。一方，「美術による教育」では，あくまでも人間形成を最優先の目的として重視し，美術活動をその媒介と考える視点であり，美術教育を通して育む能力は個性や創造力，豊かな情操などに焦点が当てられた。この「美術による教育」の視点は，当時の学校での美術教育が子どもの発達を無視し模写などによる技能習得を中心としたものであることへの批判から，20世紀になって次第に広がったものである。そして，子どもの個性や創造性に着目し，創造的自己表現を通した人間形成としての美術教育が，チゼックやリード，ローウェンフェルドなどの先駆者によって主張されてきた。美術教育の実践は，「美術の教育」と「美術による教育」のどちらの視点を重視するかということで，美術教育を通して目指す学力観は大きく異なってくる。今日の普通教育としての初等図画工作科教育で目指す学力観は，「美術による教育」の視点に基づくところが大きい。

▷1　フランツ・チゼック（Franz Cizek, 1865-1946）オーストリアの美術教育者。20世紀初頭にウィーンの青少年美術教室で創造的自己表現を重視した美術教育を実践し，美術教育のパイオニアと称された。チゼックの思想と実践は，戦後日本の創造美育運動に大きな影響を与え，その運動やヴィオラ著『チィゼックの美術教育』を通して広く知られるようになった。

▷2　ハーバート・リード（Herbert Read, 1893-1968）イギリスの文芸評論家，美術批評家，美術教育思想家。芸術を教育の基礎として感性と知性の統合を唱え，芸術教育の振興に思想的側面から大きく貢献した。邦訳本に『芸術による教育』などがある。

▷3　ヴィクター・ローウェンフェルド（Victor Lowenfeld, 1903-1960）アメリカの美術教育研究者，ペンシルベニア州立大学教授。子どもの造形活動の発達的研究をふまえた創

造性を重視した美術教育論や，子どもの精神発達に寄与する美術教育の意義を主張した。また，思春期の造形表現における視覚型，触覚型のタイプ論を提起した。邦訳本には『美術による人間形成』などがある。

▷4 PISA
PISA（Program for International Student Assessment）は，経済協力開発機構（OECD）が2000年から3年ごとに世界各国の15歳を対象に実施する国際学習到達度調査。出題は読解リテラシー，数学的リテラシー，科学的リテラシーの3分野。

▷5 コンピテンシー
経済協力開発機構（OECD）が提唱するコンピテンシーの概念は，ある文脈での複雑な要求に対し，心理的・社会的に必要なもの（認知的側面・非認知的側面の両方）を活用してうまく対応する力とされている。（ライチェン＆サルガニク，2006，65ページ）

2 学習指導要領における図画工作科教育の学力観

　1980年代までの図画工作科教育では，表現と鑑賞の活動は表裏一体の関係であるとされ，その後も表現と鑑賞の指導は関連させておこなうこととされてきた。表現と鑑賞の調和的な能力の育成は，図画工作科教育において目指す学力観の象徴的な視点の一つといえるが，実際は表現中心の学習活動による造形的表現力の育成に偏重していたことは否めない。しかし，1980年代から鑑賞指導の充実が図られ，各地に多くの美術館が建設されたこともあり，美術館での教育普及活動や学校との連携が模索され始めた。また，小学校では鑑賞の指導を独立しておこなえる学年がすべての学年に拡充されるなど，その後も鑑賞指導の一層の充実が図られ，表現と鑑賞の調和的な能力の育成が推進されている。

　一方，1990年代以降の日本社会は，高度情報化，国際化，価値観の多様化，少子高齢化などが急速に進展し，それらの変化に対応する教育改革が求められてきた。その一端は学習指導要領改訂の特徴にも現れ，例えば「生きる力」重視の学習指導を目指した1998（平成10）年改訂や2008（平成20）年改訂では，時代に対応した新しい学力の育成が問われ続けてきた。

　2000年以降の教育改革では，PISAの影響も見逃せない。特にPISA2003における日本の読解リテラシー（Reading Literacy）のランクの大幅な低下は，教育界に大きなショックを与え，それを契機に文部科学省は「読解力向上プログラム」を策定し，図画工作科や音楽科を含めたすべての教科等で言語活動を重視する政策を展開させ，2008（平成20）年改訂の学習指導要領に影響した。図画工作科において思考力・判断力・表現力等を育成するために言語活動の充実が推進されてきた動向は，現在に引き継がれている。そして，2017（平成29）年改訂では，何ができるようになるかという視点から資質・能力が強調され，包括的な活用能力としてのコンピテンシーの視点から図画工作科教育における学力観の再定義が模索されている。

2　図画工作科教育における新しい学力観

1 学習指導要領における図画工作科の資質・能力

　2017（平成29）年改訂の学習指導要領では，上述したように何ができるようになるかという視点から資質・能力が一層強調されて教科横断的な汎用的スキルを育むことが目指され，世界の動向と呼応したコンピテンシーとしての資質・能力が求められた。今回の学習指導要領の改訂に際し，育成を目指す資質・能力が次の三つの柱に整理された（中央教育審議会，2016，28～31ページ）。

① 「何を理解しているか，何ができるか」（生きて働く「知識・技能」の習得）
② 「理解していること・できることをどう使うか」（未知の状況にも対応できる「思考力・判断力・表現力等」の育成）
③ 「どのように社会・世界と関わり，よりよい人生を送るか」（学びを人生や社会に生かそうとする「学びに向かう力・人間性等」の涵養）

この答申を受けて教科の目標と内容は，「知識及び技能」「思考力，判断力，表現力等」「学びに向かう力，人間性等」の三つの柱で示されている。

図画工作科の目標では，生活や社会の中の形や色などと豊かに関わる資質・能力を育成することが一層重視され，「造形的な見方・考え方」を働かせ，表現及び鑑賞に関する資質・能力を相互に関連させながら育成するための改善と充実が図られた。教科の目標は，「表現及び鑑賞の活動を通して，造形的な見方・考え方を働かせ，生活や社会の中の形や色などと豊かに関わる資質・能力」である。また，今回の改訂では，従前までのような大綱的な記述だけでなく，育成を目指す資質・能力が上述した三つの柱の観点から示され，それぞれに「創造」が位置づけられて，図画工作科の学習が造形的な創造活動を目指していることが示されている。つまり，「知識及び技能」に関する目標は，「(1)対象や事象を捉える造形的な視点について自分の感覚や行為を通して理解するとともに，材料や用具を使い，表し方などを工夫して，創造的につくったり表したりすることができるようにする」であり，前半部分は「知識」に関するものであり，後半部分は「技能」に関するものとなっている。「思考力，判断力，表現力等」に関する目標は，「(2)造形的なよさや美しさ，表したいこと，表し方などについて考え，創造的に発想や構想をしたり，作品などに対する自分の見方や感じ方を深めたりすることができるようにする」である。そして，「学びに向かう力，人間性等」に関する目標は，「(3)つくりだす喜びを味わうとともに，感性を育み，楽しく豊かな生活を創造しようとする態度を養い，豊かな情操を培う」となっている（文部科学省，2018）。

前回2008（平成20）年の学習指導要領改訂の際に，図画工作科では表現と鑑賞の活動で共通して必要となる資質・能力が［共通事項］として新設されたが，今回の改訂でも継承されている。ただし，［共通事項］の二つの事項の位置づけが変わり，一つが「知識」に関する資質・能力，もう一つが「思考力，判断力，表現力等」に関する資質・能力として位置づけられ，三つの柱の観点に関わる記載となっている。前者は，「自分の感覚や行為を基に，形や色などの造形的な特徴を理解すること」，後者は「形や色などの造形的な特徴を基に，自分のイメージをもつこと」と示されている（文部科学省，2018）。

▷6 感性
感性の定義については，様々な視点があるため統一的な定義を示すことは難しいが，『小学校学習指導要領（平成29年告示）解説図画工作編』において「感性は，様々な対象や事象を心に感じ取る働きであるとともに，知性と一体化して創造性を育む重要なものである」（文部科学省，2018，15ページ）と記されている。

2　図画工作科における造形的な見方・考え方

今回の改訂では「主体的・対話的で深い学び」の実現に向けた授業改善が推進され，その鍵として「見方・考え方」を働かせることが重要とされている。「見方・考え方」とは，「どのような視点で物事を捉え，どのような考え方で思考していくのか」という，教科学習の本質的な意義の中核をなすものとされている。そのため，児童が学習や人生において「見方・考え方」を自在に働かせることができるようにする指導が，教師の専門性として求められている。

図画工作科における「造形的な見方・考え方」は，「感性や想像力を働かせ，対象や事象を，形や色などの造形的な視点で捉え，自分のイメージを持ちながら意味や価値をつくりだすこと」と示され，次のような特徴が指摘されている（中央教育審議会答申，2016，168〜169ページ）。

一つは，「知性と感性の両方を働かせて対象や事象を捉える」としている点である。また，感性の働きへの重視は芸術教科に共通する特徴である。

二つ目は，「知性だけでは捉えられないことを，身体を通して，知性と感性を融合させながら捉えていくことが，他教科以上に芸術系教科・科目が担っている学び」としている点である。

三つ目は，「個別性の重視による多様性の包容，多様な価値を認める柔軟な発想や他者との協働，自己表現とともに自己を形成していくこと，自分の感情のメタ認知なども含まれており，そこにも，芸術系教科・科目を学ぶ意義や必要性がある」としている点である。このような非認知的能力の育成に向けた図画工作科教育の役割は大きいといえよう。

上述したような「造形的な見方・考え方」をふまえつつ図画工作科における学力観は，認知的能力と非認知的能力を含めた包括的な活用能力，つまりコンピテンシーを育成する視点から再定義されているといえる。では，「造形的な見方・考え方」をふまえた教育実践を構想するためには，どのようにすればよいだろうか。その具体化の難しさを克服するためには，教師にも柔軟で創造的な見方・考え方が求められている。

3　図画工作科教育における指導上の課題

新しい時代に対応する能力としてのコンピテンシーを育成するためには，知識やスキルなどの認知的側面と，直観や創造，感情などの非認知的側面との包括的な相互作用が重要であり，それは図画工作科での深い学びと重なるものである。また，困難と思える課題を柔軟に解決していく力が一層求められる中で，図画工作科教育を通して既成概念にとらわれない柔軟な思考を促し，コンピテンシーとなり得る力を育むことの意義は大きい。その上で図画工作科の指

導において「主体的・対話的で深い学び」の実現に向けた授業改善をいかに推進し，児童が「造形的な見方・考え方」を働かせるように工夫するかが課題となる。特に図画工作科教育において育む資質・能力を「主体的・対話的で深い学び」（アクティブ・ラーニング）という視点からどのような指導過程や指導方法を考案し評価していくかが重要であり，同時に学校全体として教育活動の質を向上させ，学習の効果の最大化を図るカリキュラム・マネジメントが求められている。

これまでも図画工作科を指導する多くの教師は児童の主体的な活動を重視した実践を試みているが，表現や鑑賞の活動に関わるグループワークやロールプレイ，討論などで，様々な価値や問題を複眼的に思考するように促す工夫がこれまで以上に必要とされる。そして，芸術に関わる分野だけではなく，文化や歴史，規範，経済などの様々な観点や価値につなげて多様な見方と考え方から対話を促す図画工作科の指導は，教科横断的な汎用的スキルの形成に貢献する挑戦的な試みになっていくと期待される。

一方，新しい学力観において知識を活用する力が重視される中で，活用する知識そのものの体系性や深さが軽視され，学校が担ってきた知識やスキルの深い学習と新しい活用能力をどうバランスよく育むかが課題であるとの指摘もある（松下，2010）。図画工作科教育の場合も，体系的な知識とともに活用能力の育成をバランスよく実現させる必要がある。ただし，図画工作科において多様な意味や価値を生成するプロセスでは，芸術のもつ複雑さや曖昧さに対する児童の寛容で柔軟な資質が関わるといえよう。そのプロセスでは，意欲や主体性，動機づけなどの情意的資質の多様な関与が重要であり，図画工作科の学習での感動体験はそうした情意的資質を促す経験として大切であることを強調したい。

3　図画工作科教育の特質を生かした評価

1　評価の目的，目標，評価規準

評価とは，よりよい教育を子どもに届けるためにおこなうものである。子どもの評価を通して，教師は自らの作成した学習指導案，教室環境や教材，説明，指示，助言，授業展開の方法などが適切であったかなどを振り返り，それに応じた指導方法の修正や工夫を継続的におこなう。また，過度な負担にならない範囲で，題材の終了時に加えて授業の過程においても評価をおこない，その子どもに応じた指導助言をおこなっていくことが望ましい。

図画工作科の授業では，多様性や創造性を尊重するため，統一的な評価をお

こなうことは必ずしも容易ではない。教科における評価の信頼性を確保し，学習指導の改善に生かしていくためには，その題材によって児童のどのような学力を育てるのか，具体的な姿を思い描きながら，できる限り明確な目標を記述し，目標に基づいて評価をおこなうための観点や目指す水準などを記述することが必須である。学校教育では，学習指導要領に基づく目標設定，ならびに指導要録と関連した観点別学習状況の評価が制度上求められる。観点別学習状況の評価では，題材の内容に即して評価の観点別に評価規準を各学校が作成する。ここでいう評価規準とは，題材における子どもの学習が「おおむね満足できる」水準を評価の観点ごとに記述したものである。

図画工作科においても，新学習指導要領に対応する評価は，「知識・技能」「思考・判断・表現」「主体的に学習に取り組む態度」の3観点に沿って，表9-1のようにその趣旨が提示されている。

▷7 なお，中学校美術科における評価の観点及び趣旨については下記のように示されている。

観点	趣旨
知識・技能	・対象や事象を捉える造形的な視点について理解している。 ・表現方法を創意工夫し，創造的に表している。
思考・判断・表現	造形的なよさや美しさ，表現の意図と工夫，美術の働きなどについて考えるとともに，主題を生み出し豊かに発想し構想を練ったり，美術や美術文化に対する見方や感じ方を深めたりしている。
主体的に学習に取り組む態度	美術の創造活動の喜びを味わい主体的に表現及び鑑賞の幅広い学習活動に取り組もうとしている。

出所：文部科学省初等中等局（2019）「各教科等・各学年等の評価の観点等及びその趣旨」より抜粋。

表9-1 小学校 図画工作科における評価の観点及び趣旨

観点	趣旨
知識・技能	・対象や事象を捉える造形的な視点について自分の感覚や行為を通して理解している。 ・材料や用具を使い，表し方などを工夫して，創造的につくったり表したりしている。
思考・判断・表現	形や色などの造形的な特徴を基に，自分のイメージをもちながら，造形的なよさや美しさ，表したいこと，表し方などについて考えるとともに，創造的に発想や構想をしたり，作品などに対する自分の見方や感じ方を深めたりしている。
主体的に学習に取り組む態度	つくりだす喜びを味わい主体的に表現及び鑑賞の学習活動に取り組もうとしている。

出所：文部科学省初等中等局（2019）「各教科等・各学年等の評価の観点等及びその趣旨」より抜粋。

2 評価の方法と実践上の留意点

第一に，教師個人の好みで子どもの作品を判断することのないよう，題材の目標と評価規準に基づき，子どもが達成した学習状況を評価し，指導に生かすという原則を忘れないようにしよう。

第二に，授業の中で子どもが見せる姿に注意を向け，学習の観点からその行為の意味を解釈するように心がけよう。子どもが自らの想像力を生かして生き生きと活動する図画工作の授業では，学習過程における一人ひとりの行動や表情，他の子どもたちとのやり取り，そして作品に現れる試行錯誤の中に，それぞれの成長や変化の兆しを読み取る機会が豊富にもたらされる。机間巡視の際に子どもと対話したり，メモや座席表などに気づいた点を記入したり，映像で記録したり，工夫を組み合わせて学習状況をより的確に把握することを目指そう。

第三に，発想から作品の完成，鑑賞に至る流れをスケッチブックに記録したり，それらを集めてポートフォリオとしてまとめたりするなど，記録作成が過重にならない範囲で子どもが自らの学習を振り返り，自己評価しながら学ぶことを促そう。また，ワークシートなどを作成する場合は，単に感想を書かせるだけではなく，学習の過程で気づいてほしいことや考えてほしいことに適切なタイミングで目を向けさせる工夫をしよう。

　第四に，子どもへの励ましや助言を与えることを見通した評価を心がけよう。表現の学習に取り組む子どもは，自信をもって活動に没入したり，不安をもって迷ったりなど，様々な表情を見せる。教師からの承認や励ましによって学習を深めさせたり，学習上のつまずきを他の子どもと一緒に考えさせたり，教師が技術上の助言や参考を示したりするなど，評価を生かす授業実践を心がけよう。

4　図画工作科教育における評価の実践

　以下に，第2学年で実施した題材と児童の学習を，新しい評価の観点に即してまとめた例を紹介する。新学習指導要領に基づく学習評価の実践は今後の課題であり，この事例をもとに実際の現場で評価のあり方を積極的に工夫していくことが望まれる。

　この題材は，音を想像しながら浮かんだイメージを色と形で表す学習で，絵の具や筆に親しみ，児童が自分らしく伸びやかに表現活動を楽しむことを目指している。評価規準の「知識・技能」の観点では，知識として色や形などの造形的特徴に気づくこと，技能として材料や用具に親しみ，工夫して表していることなどを設定した。「思考・判断・表現」の観点では，A表現として色や形をめぐる発想の広がり，B鑑賞として，イメージと造形的な特徴や美しさなどについて，自分の見方や感じ方をもつことを設定した。「主体的に学習に取り組む態度」では，つくり出す楽しさと主体的な取り組みなどを設定している。

　実際には，学習活動の進展に沿って，どのように評価をおこない学習に生かしていくかが重要である。この事例では，児童が描いている過程で，教師が児童と対話しながら，その表現の意図や学習の質について理解し，肯定的な励ましとともに，必要に応じて助言をしていく役割を重視した。

表 9-2　第 2 学年における題材と評価の実践例

学年	第 2 学年	
題材名	えのぐから聞こえる音	
目標	音を想像しながら，絵の具で様々な色をつくりだし，様々な筆使いを試すなどの表現を工夫し，造形的な効果を楽しみながら絵に表す。	
材料・用具等	画用紙，絵の具，水入れ，筆，パレット又は皿など，雑巾，参考作品，振り返りカード，記録用デジタルカメラ（教師），他	
評価規準の例	知識・技能	［知識］色や形などの造形的特徴について，描くときの感覚を通して気づいている。 ［技能］絵の具と筆に親しみ，表したい色や形などを工夫している。
	思考・判断・表現	［A 表現］自分が表したい音の想像から発想して色や形をイメージし，また描いた色や形から豊かな発想を広げている。 ［B 鑑賞］自分たちが描いた作品を見て，表したいイメージと造形的な特徴や美しさなどについて，自分の見方や感じ方をもつことができる。
	主体的に学習に取り組む態度	つくり出す楽しさを味わい，音の想像から絵の具で表す活動に主体的に取り組もうとしている。
主な評価方法	学習活動の観察と対話（教師による記録写真を含む），児童が記入した振り返りカード，児童作品	
学習活動と評価の過程 （45分×2授業時間）	1．参考作品を鑑賞し，どんな音が聞こえてくるか話し合う。 2．教師が用意した様々な音源を聞き，色と形の想像を広げる。 3．絵の具と筆を用いて，想像をもとに絵に描く。 　教師による評価と指導：観察と対話 　　児童が表現に取り組んでいる態度を肯定し，励ます。 　　児童がどんな音から想像しているのかを理解する。 　　児童が工夫している点や挑戦している点を理解する。 　　児童が課題に感じている点を把握する。 　　助言や問いかけを通して学習の深まりを促す。 4．振り返りカードに記入し，互いの作品を鑑賞する。 　教師による評価と指導：自分や他の児童の作品について，表したいイメージと造形的な特徴について気づいているかを評価する。教師からのコメントで，児童の学習成果を認め，励ます。	
児童の学習例	児童による作品題名	なみの音
	児童による振り返り	さわやかにきれいにできた。
	教師による児童へのコメント	きれいな水が，あちらでもこちらでもなみの音をたてていますね。
	学習活動の観察から 図 8-1　児童作品「なみの音」	この児童は，「歩く足音」をイメージして描き始めたが，淡い水色や緑色，ピンクや黄色など，本人独特の柔らかい色調を混色して作り出し，水を加えて濃さを変え，様々なタッチで塗り拡げていくうちに，水の動きが生み出す波の音のイメージが湧き出してきた。これらの活動と作品から，材料に親しみ，表現の工夫を行っていることや，豊かな発想を広げていることを見て取れる。振り返りカードに「さわやかにきれいに」と書いたのは，混色や筆使いの工夫によって表される造形的な効果への認識を示すものと考えられる。描いている途中の色や形によって触発され，足音から波音へとイメージをつなげたことは，表現の過程を楽しみながら思考と判断を行っている現れであると評価した。

Exercise

① 図画工作科で育成する資質・能力を三つの観点から説明してみよう。
② 図画工作科における「造形的な見方・考え方」を具体的な造形活動を例示しながら説明してみよう。
③ 図画工作科の評価を通して児童の感性や表現力を養うための工夫を考えてみよう。

📖次への一冊

石﨑和宏『フランツ・チゼックの美術教育論とその方法に関する研究』建帛社，1992年。
　美術教育のパイオニアとして創造的自己表現を重視したチゼックの教育理念と方法を概観でき，「美術による教育」の考え方に基づく学力観の原点を理解できる。

OECD教育研究革新センター，篠原康正・篠原真子・袰岩晶訳『アートの教育学――革新社会を拓く学びの技』明石書店，2016年。
　アートを通してどんな能力を育成するのか，なぜ子どもにとってアートが重要なのか，について問題提起し，私たちに対話と根拠に基づいた議論を促す。

松下佳代編『〈新しい能力〉は教育を変えるか――学力・リテラシー・コンピテンシー』ミネルヴァ書房，2010年。
　新しい能力観としてのコンピテンシーをどのように捉えるかをその原理や背景，歴史から多面的に理解することができる。

リード，H., 宮脇理・直江俊雄・岩崎清訳『芸術による教育』フィルムアート社，2011年。
　教育の目的を個人の特性の発達の促進と，社会との有機的な調和とし，芸術を教育の基礎として感性と知性の統合を唱えた芸術教育論の名著である。

ローウェンフェルド，V., 竹内清・堀内敏・武井勝雄訳『美術による人間形成』黎明書房，1963年。
　子どもの造形活動を創造性と精神発達の視点から体系的に概観することができ，子どもの人間形成に寄与する美術教育の意義について理解することができる。

吉田武男（監修），石﨑和宏・直江俊雄編著『初等図画工作科教育』ミネルヴァ書房，2018年。
　第5章「図画工作科における評価」で，評価の考え方や実践例を詳しく述べている。

引用・参考文献

中央教育審議会「幼稚園，小学校，中学校，高等学校及び特別支援学校の学習指導要領等の改善及び必要な方策等について（答申）」2016年12月21日。
中央教育審議会初等中等教育分科会教育課程部会「児童生徒の学習評価の在り方について（報告）」2019年1月21日。

松下佳代編『〈新しい能力〉は教育を変えるか——学力・リテラシー・コンピテンシー』ミネルヴァ書房，2010年。

文部科学省『小学校学習指導要領（平成29年告示）解説図画工作編』日本教出版，2018年。

文部科学省初等中等局「小学校，中学校，高等学校及び特別支援学校等における児童生徒の学習評価及び指導要録の改善等について（通知）」2019年3月29日。
別紙「各教科等・各学年等の評価の観点等及びその趣旨」2019年。
https://www.mext.go.jp/b_menu/hakusho/nc/1415169.htm（2020年2月27日閲覧）

ライチェン，D.S. & サルガニク，L.H.，立田慶裕監訳『キー・コンピテンシー——国際標準の学力をめざして』明石書店，2006年。

第10章
音楽科における学力観と評価

〈この章のポイント〉

　本章では，音楽科教育が，これまでのどのように「学力」を捉えてきたのか，そして現在は，どのような「学力観」を有しているのか，主に戦後の「学習指導要領」の変遷を中心に検討する。それを踏まえて，現在の音楽科教育の「学力観」を，2017年改訂「学習指導要領」ならびに2019年改訂「指導要録」から考察するとともに，音楽科の評価について検討する。音楽科の「学力」と「評価」は，鳴り響く「音響」と身体的律動から子どもの「質的」変容をうながす教科の特質という点において，常に一対の問いとして問い続けられるべき課題といえる。

1　音楽科における学力観の変遷

　これまでの音楽科教育は，どのように「学力」を捉えてきたのか，本節では，戦後の音楽科の「学力観」の変遷について検討する。

　音楽科教育においては，従来「学力」について，「音楽的能力」「基礎・基本」などの多様な用語で論じられてきた。そうした中で「学力」を中心に据えた研究は多くない。本節では，戦後の音楽科が「学力」をどのように捉えてきたのか，主に「学習指導要領」の変遷を中心に，その改訂に影響を与えた実験学校，研究指定学校の研究成果や民間教育研究運動の動向も踏まえて検討する。

▷1　日本音楽教育学会編『日本音楽教育事典』（音楽之友社，2004年）によれば，「学力」は，「学校教育において学習を通して得られた能力」と定義されている。

⃞1⃞　「芸術としての音楽」教育への転換：1947年版「試案」

　戦後の音楽科教育は，それまでの音楽教育の反省からはじまったとされる。「1947年版学習指導要領　音楽編（試案）」にみられる理念的な特徴は，徳育の手段や「国民的情操の醇化」の手段であった戦前，戦中の「手段としての音楽」教育から「芸術としての音楽」教育への転換であった。中心的な編纂者となったのは，作曲家諸井三郎であったが，諸井は，戦時下の国民学校期における音楽教育とは一線を画す「音楽美の教育」を打ち出し，「芸術としての音楽の本質」を追究する教育への転換を示した。「音楽美の理解・感得」によって「高い美的情操と豊かな人間性とを養う」ことを目標に，「歌唱」「器楽」「創作」「鑑賞」の4領域の内容が示された。

▷2　「音楽教育において学力という言葉が使われなかったのは，教科の特質によるところが大きい」のであって，「知より技を，学力より感性を追究しようとする傾向がある音楽科では，あえて学力という用語を使うことを避けてきた」という指摘もある（島崎，2007，33ページ）。また，他方『情操』の衣を纏うことによって何を『学力』とするかということの吟味を曖昧にしてきた歴史的背景」があることも指摘されている（菅，2006，221ページ）。

47年「試案」は、全体的には、社会科の成立を契機に、経験主義教育の特徴が指摘されるが、音楽科では「異なるスタンス」がとられていたといえ、経験主義の傾向はほとんどみることができない。そこでは、「芸術としての音楽の本質」について、リズム、旋律、和声の動きや、音楽の形式の重要性が解説され、音楽の「形式美」を客観的に理解することが強調されている。その特質をまとめれば、「伝統的な西洋音楽文化」が強調され、西洋音楽の形式的理解とともに「読譜力や階名の歌い方を重視」する傾向がみられる（小山, 2017, 142ページ）。すなわち、西洋音楽を学習するための「階名・視唱能力や読譜能力などの音楽的能力」を「学力」として重視していたといえる（菅, 2006, 222ページ）。

2 経験主義的傾向：1951年版「試案」

1951年版「学習指導要領　音楽編（試案）」においては、「芸術としての音楽」の考え方が受け継がれつつ、経験主義的な特徴がみられる[3]。それは、47年版「試案」で示された4領域に加え、新たに小学校では「創造的表現」「リズム反応」が示されたことに認められる。この2領域は、47年版「試案」の4領域にみられる音楽の活動形態による設定とは異なる次元のもので、子どもの音楽経験の立場から設定された領域として考えられる。すなわち、47年版の「音楽美の理解・感得」とは対照的に、「子どもの創造性や能動性に目を向ける理論を基盤とする」（小山, 2017年, 143ページ）音楽科の「学力観」が示されたといえよう。

他教科においては経験主義教育の不備が指摘されはじめたが、音楽科では、こうした学力低下論争の中で「学力」問題が論じられることはなかったといわれ、経験主義的な思想の中でとりいれられた「創造的表現」「リズム反応」も、「芸術としての音楽」教育において、必要な読譜や視唱の音楽的能力を獲得する文脈の中で設定された。

51年版「試案」の今ひとつの特徴は、CI&E（民間情報教育局）の指導によって、実験学校において児童の基礎的な音楽能力の実態把握と指導法の研究がおこなわれたことである。客観的データに基づく音楽指導のあり方を提示する必要があるとの指摘を受けて、横浜国立大学学芸学部附属小学校では、「読譜能力の発達について」の研究が実施された[4]。実験学校の研究からは、「読譜」能力に象徴される「基礎的な音楽能力」が「学力」として重視されていたことが看取され、音楽科の「学力」として、西洋音楽を演奏したり、鑑賞できる音楽的能力が重視されていたといえる。

▷3　経験主義的思想のもと「生活のための音楽」をおしすすめたマーセル（Mursell, J. L.）の著作に基いて示唆がなされたといわれる（菅, 1999）。マーセルの著作として、ジェームスL.マーセル著、美田節子訳『音楽教育と人間形成』（音楽之友社, 1967年）がある。

▷4　1950年には「リズムおよび階名素読」、1951年には「新曲階名唱」の調査が行われ、「3年から本格的読譜にはいる」ことと報告された。（文部省『初等教育研究資料第Ⅴ集　音楽科実験学校の研究報告(1)』音楽之友社, 1953年, 88-90ページ）。

3 系統主義への転換：1958年版「学習指導要領」

「告示」として法的拘束力をもつようになった1958年版「学習指導要領」は，経験主義から系統主義へと転換がみられ，音楽科においても教科の系統性が色濃く打ち出された。音楽科においては，「鑑賞」と「表現（歌唱・器楽・創作）」の2領域とされ，各学年で理解する読譜・記譜に関わる音符や休符，音楽記号が具体的に明示された。また58年版「学習指導要領」の大きな特徴は，「共通教材」が指定されたことである。教育内容に先だって「教材」が指定されることは，他教科に例をみない音楽科の特徴といえる。

58年版「学習指導要領」に反映された文部省実験学校の成果の一つとして，1952～54年に実施された宮城県仙台市立南材木町小学校「児童発声の実験的研究」がある。この研究の特徴は，科学データを含めて頭声発声の内実を明らかにしたこととされ，頭声的発声が示され，「基礎的な音楽能力＝学力をすべての子どもたちに保障する」という理念が示された（菅，2006，223ページ）。

「告示」によって法的拘束力をもつとされた「学習指導要領」は，国家による教育の統制という側面をもつことから，現場の教師たちを中心に批判もひろがった。1955年から，日本教育職員組合教育研究集会では，音楽教育も取り上げられるようになり，1957年には「音楽教育の会」が結成された。同研究会では，これまでの音楽科教育が，技術主義，洋楽偏重であり，子ども不在の教育だったと批判し，すべての子どもを歌えるようにする「生命力を育てる音楽教育」を目指して，「わらべうたを出発点とする音楽教育」を打ち出した。

また同時期に発足した「音楽統合学習全国連盟」は，「統合学習」の原理と実践を展開した。ここで「統合学習」とは，音楽の諸要素を軸に，「歌唱」「器楽」「創作」「鑑賞」の領域を統合的に扱う学習のあり方のことで，「楽曲は要素の統合体」と定義し，「領域の関連のもとに，要素を軸とした」音楽学習が目指された。この「統合学習」は，1968年版「学習指導要領」に影響を与えた。

「統合」をキーワードにした教科内容組織化の試みは，実験学校においてもみられたものであり，官民ともに，音楽科の「学力」として，音楽の基礎的な諸要素の系統性を追求した点に共通性がみられる。系統性をもった学習によって，音楽的能力の獲得を追求した時代であったとみることができる。

4 「基礎」領域の設定：1968年版「学習指導要領」

1960年代の高度経済成長時代に入ると，経済・産業界における科学技術分野の要請から，「能力主義」が提起されるようになった。1968年に改訂された「学習指導要領」（中学校は，1969年）では，産業界に必要なハイタレント養成を

▷5 1950年代の朝鮮戦争を契機に，平和主義を掲げてきた対日政策は転換し，教育政策においても影響がみられた。「愛国心」の再興，「道徳」の特設への動きが進められ，58年版「学習指導要領」では，「道徳教育の徹底」とともに，「基礎学力の充実」「科学技術教育の向上」を主眼にした改訂方針が示された。

▷6 発声法の指導法を，低学年，中学年，高学年別に示した他，「発声が苦手とされた男児，嗄声児，音感異常児などあらゆる児童を対象に」提示したことが明示されている。文部省『初等教育研究資料第ⅩⅣ集 音楽科実験学校の研究報告(2)』音楽之友社，1956年。

▷7 「音楽教育の会」の研究は，わらべうたの音組織を基本に，音楽のリズムや拍子，音程といった系統的な基礎学習と，表現の学習を平行して行う教材の「二本立て」の発想を有し，多様な「二本立て」案が構想された。

▷8 1959～60年に大和淳二を中心に実施された東京学芸大学附属世田谷小学校の「音楽科における統合的指導法」の研究では，階名視唱から階名合唱への連続的発展などの一貫した目標が設定された。
また1960～61年に，浅井昇を中心に実施された横浜国立大学学芸学部附属鎌倉小学の「音楽の基本的要素を身に付けさせるための効果

一つの根拠として，教育内容の「現代化」がスローガンとして掲げられ，教育内容に最新の科学・技術・文化の成果を取り入れることが目指された。

この時期の音楽科の「学力」論に関わる特徴は，次の2点にあるとされる。第一は，文部省による全国学力調査（1958〜66年）の一環となる音楽科学力テストの実施である（1958，1966年）。第二は，1960年代に全国的に波紋を投じた「ふしづくりの教育」の実践である。それは音楽の教科内容の系統性から，創作指導を実践し，児童一人ひとりの音楽的能力＝「学力」の獲得を研究の俎上にのせた画期的実践であった。1965〜66年におこなわれた岐阜県池田町立温知小学校の研究，「創作指導における日本旋法の取り扱いをどうしたらよいか」は，児童一人ひとりの「学力」形成を具体化するものとして，1960年代を象徴するものであった（菅，2006，225ページ）[▷9]。それは，音楽的な訓練を受けていない，学級担任であっても，計画通りにすすめれば，子どもたちに音楽の基礎的な能力を身に付けさせることができる，というプログラムの開発に主眼がおかれたものである点に特徴がある。

この成果は，系統主義が色濃くみられる1968年告示「学習指導要領」に取り入れられ，音楽科では，「リズムに関する事項」「旋律に関する事項」「和声に関する事項」「音符，休符，記号等の呼び方や意味」の4項目が新たに「基礎」領域として設定された。音楽科の「領域」は，「基礎」「鑑賞」「歌唱」「器楽」「創作」の5領域となったが，「基礎」領域は，経験領域とは異なって，教科内容の系統性を示すものであった。

ここにみられる音楽科の「学力観」は，音楽の諸要素を「基礎（的能力）」とした音楽的能力といえ，その特徴は，諸要素を各領域と統合させる教育方法である。いずれの「領域」，すなわち音楽活動にも必要な音楽の諸要素を，「系統的」に保障しようとした点に特徴がある。

5　系統主義からの転換：1977年版「学習指導要領」

1970年に，斎藤喜博[▷10]が指導した群馬県の境小学校と島小学校の子どもによる合唱のレコードが発売された[▷11]。そのレコードの名前から，「風と川と子どもの歌」論争と呼ばれる議論が起こった。論争の口火をきった作曲家，中田喜直は，子どもの歌声に基礎的な発声の技術が欠けており，これは合唱ではなく，「雑唱」であると批判し[▷12]，論争は，「歌う喜びか技術か」が論点となった。ここでは批判する側の音楽科の「学力観」には，西洋近代芸術音楽における「基礎的」な技術，「正しい音程によるハーモニーと頭声的発声による歌声」の技能が根底にあり，一方で斎藤自身に代表される組には，子どもの自由な表現の発露に意味を見出した「学力観」を有していたといえる（小山，2017，148ページ）。斎藤は，「身体全体を使って歌う境小・島小独自の頭声発声で歌ってい

的な指導法」の研究では，音楽の「要素」について学年ごとの段階が設計された。（文部省『初等教育実験学校報告書3　小学校音楽の指導法に関する二つの実験研究』東京教育図書，1963年）

▷9　池田町立温知小学校の研究は，1966，67年度岐阜県音楽教育研究指定校であった古川町立古川小学校の「ふしづくり一本道の実践」とともに，全国に大きな反響を呼んだ。「ふしづくりの教育」は，子どもたちが様々な旋法で作曲できるなどの成果を上げ，全国の1万人以上の教師たちが，実践を参観したといわれる。

▷10　斎藤喜博（1911〜81）戦前から戦後にかけての優れた授業実践家として知られる。民間教育研究団体に大きな影響を与えた。

▷11

レコード「風と川と子どもの歌」（筑摩書房，レコード制作・東芝音楽工業）盤面

▷12　読売新聞，1970年11月25日「教育」欄。「この先生は音楽を教える資格がない」と厳しく批判した。

る」として,「彼らの合唱は生命力をもつ」と述べた。すなわち斎藤は,「音楽」という客体よりも,「音楽する」主体である子どもに着目した,独自の技術観や人間形成観をもっていた。西洋近代の芸術音楽に限定されない音楽観は,日本旋法をとりいれた「ふしづくりの教育」にもみられたものであるが,西洋近代の芸術音楽をベースに発展した音楽学の学問知とは異なった,新たな「学力観」を示したものと考えられる。

1977年改訂の「学習指導要領」では,「ゆとりあるしかも充実した学校生活」が打ち出され,「人間性」や「ゆとり」といった言葉が掲げられた。これを受けて,音楽科では,「音楽を愛好する心情」の育成が重視され,「領域」は,「表現」と「鑑賞」の2領域に統合された。この1977年改訂「学習指導要領」において,「学力」の観点から特筆されるのは,従来主流であった「楽曲による題材構成」から,「主題による題材構成」が推奨されたことである。この「主題による題材構成」への転換は,1970年代より活発化した「到達度評価研究」(本書,序章参照)の成果であったといわれる。

作曲家,三善晃は,この「学習指導要領」について,学年ごとに示された要素を教えていけば全体になるという「要素連合主義」であると批判し,「主題による題材構成」は,教科内容を効率よく消化するもので,子どもたちの「内的現実」は問題にされないことを指摘した。1977年版「学習指導要領」が「到達度評価研究」の成果を受け,ともすると客体としての音楽を構成する要素や技術を「学力」とみなし,その効率的な積み上げこそが有効であるという「学力観」を有していたのに対し,三善は,子どもの「内的現実」から,「難易の階段」を昇ることでなく,体験の意味の深まりこそが大切であるとして,一人ひとりの内的な営みとの関わりに基軸をおいた音楽の「学力観」を示したといえる。

この議論は,音楽科の「学力」において,三善が「要素連合主義」と呼ぶ「要素」を軸とした「学力観」と,「体験の意味の深まり」,すなわち子ども自身との関わりにおいて音楽科の「学力」を規定しようとする「学力観」とが対立的構図になっている点が注目される。先の斎藤喜博の「風と川と子どもの歌」論争も,つまるところこの両者の学力観の論争であった。

この象徴的な議論の他,1970年代の音楽科の「学力」論に関わる特徴は,研究指定校において第一に,「統合・総合」化の学習のあり方が複数みられることである。第二に,自主的な学習やグループ学習など子ども自身の学習のあり方を追求する研究が出現したことである。この中で,鹿児島市立田上小学校の研究は,現在の「学習指導要領」に通じる「音楽的見方」「音楽的考え方」「音楽的態度」が独自に定義されている点で,示唆的である。

▷13 斎藤自身の見解は,斎藤喜博『子どもの歌と表現』一莖書房,1955年参照。

▷14 このことは1980年に改訂された「指導要録」においても反映され,絶対評価を加味した相対評価を基準とする第5次指導要録(音楽科)においては,それまでの「基礎」「鑑賞」「歌唱」「器楽」「創作」という経験領域から,「表現の能力」「鑑賞の能力」「音楽に関する関心・態度」という能力概念による区分に転換された(島崎,2007,37ページ)。

▷15 例えば,1975〜76年に行われた新潟県上越市立大手町小学校の研究では,「歌唱・器楽および創作の統合的な指導について」と題して,「指導内容が,系統的に示されているため,系統的に音楽をとらえようとする傾向が強くなり,このことから学習内容の増大を招き,ひいては活動の画一化,形式化をもたらした」として,「指導内容の整理統合と学習指導の組織化」を追求している。(真篠編,1986,601ページ)

▷16 1973〜74年,静岡県浜松市立芳川小学校「音楽の美しさを感じとり豊かに表現する能力を育てる指導——少人数によるアンサンブルをとおして」,1975〜76年,鹿児島県鹿児島市立田上小学校「子ども自ら音楽の楽しさ美しさを感じとり表現する力を伸ばす学習指導は,どうあればよいのか——統合の考え方を生かして」など。

6 「新学力観」の提起：1989年版・1998年版「学習指導要領」

1989年版「学習指導要領」は，「新学力観」が提起され，音楽科においては，「つくって表現する活動」（小学校）[17]が導入され，「創造的音楽学習」の「実践化」に着手された（菅，2006，229ページ）。「創造的音楽学習」[18]は，1990年代の音楽科教育に大きな影響を与えた音楽教育思想である。この学習は，子どもたちが多様な音素材を用いて，「経験創作」を基本とした即興的表現による音楽づくりの学習のことをさす。1940年代以降の読譜・階名唱，発声法など機能和声に基づく音楽学習を前提とした音楽的能力（学力）ではなく，現代音楽や環境音など音楽概念を拡大し，子どもの表現の可能性を拡大しようとする「広義の」音楽的能力（学力）が提示された。

1998年版「学習指導要領」では，「創造的音楽学習」の活動は，「一層の充実」がはかられた。同時に「文化と伝統の尊重と国際理解の推進」の方針を受け，民族音楽や和楽器を含む諸外国の音楽を取り扱うことが定められた。ここで注目されることは，西洋近代の芸術音楽を中心とした音楽の習得という戦後の音楽科教育からの脱却がみられる点である。[19]1990年代から2000年にかけて，音楽学の研究の成果から，西洋音楽を「中心」とするのでなく，すべての音楽を「同等に」扱う音楽文化観への転換が促され，それによって音楽科の「学力」も西洋音楽の学習を中心とした諸概念や技術の習得という音楽能力から大きく拡大，転換されていったといえよう。

7 「確かな学力」による〔共通事項〕の提示：2008年版「学習指導要領」

2001年の「指導要録」改訂によって，「評定」欄が相対評価から目標に準拠した評価へ転換されたことを契機に，音楽科においても学力と評価に関する議論が高まった（小山，2017，155ページ）。[20]音楽科の「学力」の観点からみた，2008年版「学習指導要領」における際立った特徴は，〔共通事項〕の新設である。

「確かな学力」の育成が掲げられて，「思考力・判断力・表現力」の育成が強調された2008年版「学習指導要領」では，「表現」「鑑賞」領域の活動の支えとなる内容として〔共通事項〕が示された。[21]小山（2017）は，「この〔共通事項〕新設の意図は，『知覚』と『感受』[22]によって，『思考・判断する力の育成を一層重視すること』にある」とし，「音楽の諸要素やその関連の『知覚』と『感受』が，音楽科において知識や技能を活用する思考・判断の力として位置づけられた」（156ページ）と述べる。小山は，「知覚」と「感受」が「思考・判断・

▷17 中学校では「自由な発想による即興的な表現や創作」活動として位置づけられた。

▷18 日本では，山本文茂，坪能由紀子らによって推進された。詳しくは，本シリーズ7巻笹野恵理子編著『初等音楽科教育』223ページ参照。

▷19 1998年版「学習指導要領」においては，非西洋の少数民族の音楽をさして「民族音楽」という言葉をつかう姿勢を反省し，「西洋音楽を含んだ地球上のすべての伝統音楽」を含む「世界の諸民族の音楽」という記述に改められた。また，「頭声的発声」から「自然で無理のない声」「曲種に応じた発声」を求めることとなった。

▷20 日本音楽教育学会，日本学校音楽教育実践学会では，それぞれ2004～05年，2003～05年に学力と評価に関するプロジェクト研究が企画され発足している。

▷21 小学校では，以下のように示されている。
「(1)「A表現」「B鑑賞」の指導を通して，次の事項を指導する。
ア　音楽を形づくっている要素のうち次の（ア）及び（イ）を聴き取り，それらの働きが生み出すよさや面白さ，美しさを感じ取ること。
（ア）音色，リズム，速度，旋律，強弱，拍の流れやフレーズなどの音楽を特徴付けている要素
（イ）反復，問いと答えなどの音楽の仕組み
イ　身近な音符，休符，記号や音楽にかかわる用語に

表現」と結びつき〔共通事項〕に明記され，学力として明確化されたと指摘する。

小山（2017）が述べるとおり，2000年以降の音楽科においては，音楽の諸要素の「知覚」とそれらが生み出す特質や雰囲気の「感受」を基盤とする音楽学習が強調された。これを「学力」という観点からみれば，音楽を客観的な「対象」とみなし，それを学習する「能力」としての「学力」観から，「主体」との関わりにおいて捉える「学力」観への転換とみることができよう。◁23

2 2017年告示「学習指導要領」にみる学力観

以上の変遷を踏まえ，2017年告示「学習指導要領」における音楽科の「学力観」について検討してみよう。

2017年改訂「学習指導要領」は，なぜ教科等を学ぶのか，教科等の学びを通じてどういった力が身に付くのかという，教科等を学ぶ意義を明確にしたことが特徴である。それは，各教科等の目標に端的に現れている。

音楽科の目標の柱書には，音楽科が「生活や社会の中の音や音楽と豊かに関わる資質・能力」を育成する教科であることが明記された。この「生活や社会の中の音や音楽と豊かに関わる資質・能力」は，「教科の目標」の(1)から(3)に示されている。すなわち，(1)は，「知識及び技能」の習得，(2)は，「思考力，判断力，表現力等」の育成，(3)は，「学びに向かう力，人間性等」の涵養に関するものである。そして，このような「資質・能力」を育成するためには，「音楽的な見方・考え方」を働かせることが必要であることが，示されている。◁26

「音楽的な見方・考え方」に示される「音や音楽を，音楽を形づくっている要素とその働きの視点で捉え」とは，音や音楽を「音響」として捉えることである（津田，2018，7ページ）。すなわち，「音や音楽は，鳴り響く音や音楽を対象として，音楽がどのように形づくられているか，また音楽をどのように感じ取るかを明らかにしていく過程において捉えることができる」（津田，同上。傍点，引用者）。そして「音響としての音や音楽は，『自己のイメージや感情』『生活や文化』などとの関わりにおいて，意味あるものとして存在して」おり，したがって「音や音楽とそれらによって喚起される自己のイメージや感情との関わり，音や音楽と人々の生活や文化などの音楽の背景との関わりについて関連づけて考えることが大切である」（津田，同上）。

ここにみる音楽科の「学力観」とは，2000年以降音楽科の「学力」の議論が「知覚」と「感受」というキーワードで論じられてきた経緯にみるとおり，次のような特質を指摘できる。それは，「音楽を外部世界における音楽表現の生

ついて，音楽活動を通して理解すること。」（「身近な」は小学校第1・2学年のみ）

▷22 「中学校学習指導要領解説音楽編」（2017年）によれば，「音楽を形づくっている要素が脳に伝わることを『知覚』，その結果としてイメージが生み出されることを『感受』」という用語で説明している。（本シリーズ7巻『初等音楽科教育』第12章参照）

▷23 よって，「知覚」と「感受」が音楽の諸要素を学習するという枠組みにおいてのみ手段化され，またそれ自体が目的化されれば，本来的な意味を失うことに留意する必要があろう。

▷24 教科の目標〔柱書〕
「表現及び鑑賞の活動を通して，<u>音楽的な見方・考え方を働かせ，生活や社会の中の音や音楽と豊かに関わる資質・能力</u>を次のとおり育成することを目指す。」（下線，引用者）

▷25 教科の目標(1)～(3)
(1)「知識及び技能」
曲想と音楽の構造などとの関わりについて理解するとともに，表したい音楽表現をするために必要な技能を身に付けるようにする。
(2)「思考力，判断力，表現力等」
音楽表現を工夫することや，音楽を味わって聴くことができるようにする。
(3)「学びに向かう力，人間性等」
音楽活動の楽しさを体験することを通して，音楽を愛好する心情と音楽に対する感性を育むとともに，音楽に親しむ態度を養い，豊かな情操を培う。
（「 」は引用者）

111

成と，その過程における内部世界の経験の生成ととらえ，音楽の諸要素の学習にも子どもの内的な表現にも偏ることのない，音楽の諸要素の『知覚』とそれらが生み出す特質や雰囲気の『感受』を基盤とする音楽学習」（小山，2017，157ページ）によって，児童生徒自身の生活や感性から「音楽を捉える」こと，が音楽科の「学力」として示された点である。

戦後の音楽科の「学力観」は，「客体としての音楽と，音楽する主体の創造的行為という軸のうえで，その焦点が前者の極から徐々に後者の極へと移動し，そして両者の統合へと至ったあゆみ」（小山，同上）としてみることができるだろう。2017年改訂「学習指導要領」が，「音楽的な見方・考え方」を働かせた学習活動によって，生活や社会の中の音や音楽と豊かに関わる「資質・能力」の育成を示した点は，「生活」と「科学」の結合といった伝統的な教育課題について，大きな意味があったといえる。それは，量的に測定可能な「知識・技能」の獲得のみならず，「興味・関心」の次元を超えて，児童生徒が「自分」との関わりの中で新たな意味や価値を創造していく過程において質的な変容を期待するものとして，「学力観」が示された点にあるといえる。

▷26 音楽的な見方・考え方
「小学校学習指導要領音楽編解説」（2017）において，次のように説明されている。音楽に対する感性を働かせ，音や音楽を，音楽を形づくっている要素とその働きの視点で捉え，自己のイメージや感情，生活や文化などと関連付けること。

3 音楽科の「評価」

以上のような「学力」観の変遷を踏まえたうえで，本節では，音楽科の「評価」について検討してみたい。

2019年改訂の「指導要録」においては，従来の4観点から3観点に改められた。「目標に準拠する評価」として設定される「評価規準」は，「知識・技能」（「鑑賞」領域は「知識」のみ）「思考・判断・表現」「主体的に学習に取り組む態度」の3観点である（表10-1）。

表10-1　小学校　音楽科における評価の観点及び趣旨

観点	趣旨
知識・技能	・曲想と音楽の構造などとの関わりについて理解している。 ・表したい音楽表現をするために必要な技能を身に付け，歌ったり，演奏したり，音楽をつくったりしている。
思考・判断・表現	音楽を形づくっている要素を聴き取り，それらの働きが生み出すよさや面白さ，美しさを感じ取りながら，聴き取ったことと感じ取ったこととの関わりについて考え，どのように表すかについて思いや意図をもったり，曲や演奏のよさなどを見いだし，音楽を味わって聴いたりしている。
主体的に学習に取り組む態度	音や音楽に親しむことができるよう，音楽活動を楽しみながら主体的・協働的に表現及び鑑賞の学習活動に取り組もうとしている。

これら3観点は，2017年改訂「学習指導要領」における「資質・能力」の3つの柱に対応したものであるが，以下，小山（2017）によって，それぞれの観

点について要約しておこう。

「知識・技能」の観点における「知識」は，単に音楽の諸要素や用語等を覚えるというだけではなく，「曲想と音楽の構造などとの関わりについて」の理解を意味する。一方，「技能」は，あくまで「表したい音楽表現をするために必要な技能」であるため，どのような思いや意図をもって表現するかという「思考・判断・表現」の能力との関連を意識してみとる必要がある。

「思考・判断・表現」の観点は，「音楽を形づくっている要素を聴き取り，それらの働きが生み出すよさや面白さ，美しさを感じ取りながら，聴き取ったことと感じ取ったこととの関わりについて考えること」（〔共通事項〕「ア」の内容）を支えとして，「どのように表すかについて思いや意図を」もつこと，および「曲や演奏のよさなどを見いだし，音楽を味わって」聴くことに関する観点である。この「思考・判断・表現」は，「知識」や「技能」を「得たり生かしたりしながら」発揮されるものであることに留意する必要がある。

「主体的に学習に取り組む態度」には，「粘り強い取組をおこなおうとする」側面と，「自らの学習を調整しようとする」側面が含まれる。メタ認知に関わる「主体的」な取り組みや，他者との対話を通した「協働的」な取り組みは，音楽の表現と鑑賞の活動をより深める学習の質を示すものであり，あくまで他の2つの観点との関連において見取るべき観点である。

これら3つの観点の特徴の一つは，個別の知識や技能の習得だけではなく，それらを生かして音楽を表現したり味わったりすること，またその際，自己調整しながら主体的，協働的に学習に取り組むこと，といった高次の能力を含むという点である。もう一つは，これらの3つの観点は，互いに深く関連しているという点である。重要な点は，音楽科において育成すべき「資質・能力」のうち，「学びに向かう力，人間性等」には，観点別学習状況における評価には示しきれないものがあることである。[27] 音楽科の目標に示された「音楽を愛好する心情」や「音楽に対する感性」などは，厳密な評価規準に照らして評価しきれない性質をもつ。それは，これまでの「学力観」の変遷においてみてきたとおり，音楽という「客体」をどう学習するか，という「学力観」にかわって，児童生徒が自己との関わりにおいて音楽を「主体」的にどう捉えるか，という「学力観」が明確に示されたことと無関係ではない。子ども一人ひとりの感性や価値は，「観点」には示しきれない側面をもち，同時に音楽科の学習において重要な部分に位置づくものである。

日本の学校は，「学習指導要領」を超えた多様な学びを提供している。日本の学校には豊かな学校音楽文化が存在しており，子どもたちは教科学習の積み上げだけでなく，学校生活全体で音楽の学びを紡いでいる（笹野，2023，10ページ）。すなわち，音楽科の評価は，「学習指導要領」における「資質・能力」か

▷27 2019年改訂の「指導要録」においては，観点別学習状況の評価や評定には示しきれない感性などについては個人内評価を行うことが強調されている（中央教育審議会初等中等教育分科会教育課程部会「児童生徒の学習評価の在り方について（報告）」，2019，6ページ）。

ら目標を明確化し，標準化した「教授−学習」過程を設定し，成果を「観点別」に評価する「目標に準拠した評価」だけではカバーしきれない側面をもつ。[28]

近年の音楽（文化）研究からは，「音楽」という一つの「正しい姿」が客体として一義的に「ある」とする捉え方や，「音楽そのもの」のうちに美的価値が内在していると私たちに感じられる感性や感覚は，近代的な制度の中で社会文化的に構成された（つくりだされた）ものであることが論じられている。そうであるなら，〔共通事項〕に示される「音楽を形作っている要素」は，音楽の「一つの」属性であり，それが普遍的価値をもつものであるかは問い直される必要がある。それゆえ，〔共通事項〕に示される「音楽の諸要素」の学習の積み上げが，「音楽」を文脈から切り離したところでおこなわれ，同時に文脈から切り離したところの「音楽の諸要素」を評価するに留まれば，「音楽」の本質を理解し，認識できているのか，という素朴な問いを含みもつ。「評価」が形骸化すれば，音楽学習も形骸化する。音楽科において，どのような「学力」を追求すべきか，その「学力」の「評価」は，どうあるべきか，は常に一対の問いとして，問い続ける必要がある課題であるといえよう。

▷28 笹野（2023）においては，そのため音楽科においては，「目標に準拠した評価」とゴールフリー評価（目標自由型評価）を併用する必要性が述べられている（12ページ）。

Exercise

① 音楽科の「学力」について，どのような「学力」が考えられるか，これまでの変遷をたどりながら議論してみよう。
② 「学習指導要領」の「音楽科の見方・考え方」で重視される「学力」とは何か，考えてみよう。

📖 次への一冊

菅道子「音楽科の『学力』論の底流」音楽教育史学会編『戦後音楽教育60年』開成出版，2006年。
　　音楽科の学力について歴史的変遷を踏まえてその性質を捉えようとした基本的な1冊。
小山英恵「音楽科教育の変遷——音楽文化とはなにか」田中耕治編著『戦後日本教育方法論史』ミネルヴァ書房，2017年。
　　戦後の音楽教育方法を時代の特徴とともにたどった文献。
吉田武男監修，笹野恵理子編著『初等音楽科教育』ミネルヴァ書房，2018年。
　　第6章において，現行「学習指導要領」と対応した評価が論じられている。

引用・参考文献

菅道子「音楽科の『学力』論の底流」音楽教育史学会編『戦後音楽教育60年』開成出版，2006年。

小山英恵「音楽科教育の変遷――音楽文化とはなにか」田中耕治編著『戦後日本教育方法論史』ミネルヴァ書房，2017年。

真篠将『音楽教育四十年史』東洋館出版社，1986年。

三善晃「音楽――内的現実を素材として」東洋他編『美の享受と創造（岩波講座　教育の方法7）』岩波書店，1988年。

斎藤喜博『子どもの歌と表現』一莖書房，1955年。

笹野恵理子「教育課程の基準（学習指導要領）を教科教育学としていかに分析・評価するか　――『カリキュラム経験』研究の視角」『教科教育学コンソーシアムジャーナル』1(1)，2023年。

島崎篤子「音楽教育における学力」『教育学部紀要』文教大学教育学部，第41集，2007年。

津田正之「初等音楽科教育の意義」吉田武男監修，笹野恵理子編著『初等音楽科教育』ミネルヴァ書房，2018年。

第11章
家庭科における学力観と評価

〈この章のポイント〉

　家庭科では自立した生活人となることを目指して，生活に関わる知識，技能を実践的・体験的に学ぶ。その際に重視したいのは生活を科学的に認識すること，その人に活用されやすい技能を身につけること，他者とともに協働すること，未来の生活を設計することである。また，家庭科の題材は多岐にわたることから，評価についても様々な方法を工夫しておこなう。

　意欲をどのように評価し，その後の学習につないでいくのか，技能の評価をどのようにするのか等，具体的事例をもとに考えよう。

1　家庭科で培う能力

1　家庭科で培う4つの能力

　家庭科は生活について学ぶ教科である。第二次世界大戦前に，家事科，裁縫科という家庭科の前身ともいえる教科があり女子のみが学んでいた。戦後，学習内容の一部を引き継ぎながら，男女が共に家庭建設について学ぶ新しい教科として家庭科は誕生した。小学校の家庭科の学習は1947年以降の存置の議論をへて，1951年より一貫して男女が共に生活技術を学ぶ教科として存続してきた。その後約70年にわたり，小学校の家庭科をふくめて家庭科の授業実践事例は数多く蓄積され，現在も変化の激しい生活を対象としながら，実践的・体験的な学習をおこなっている。家庭科の学習内容が多岐にわたることから家庭科で培う能力も幅広い生活を営む能力と認められるが，近年ではこれらを以下の4点に整理することが試みられている（日本家庭科教育学会，2019）。

① 　生活の科学的認識

　家庭科で学んだ内容は有用であると家庭科を学んだ社会人は認めている（日本家庭科教育学会，2019）。これは自らの生活を認識すること，特に科学的に認識することからはじまる。身のまわりの問題を解決する際にも生活を科学的に見つめ，その問題解決のための方法を選択することは，家庭内では得られない学校教育の家庭科で学ぶべき内容として設定する必要がある。

▷1　1947年に小学校5年生から男女で共に学ぶ学習指導要領が発表されて以降，小学校家庭科を廃止するか存置するかの議論が行われるようになった。当時CIEと文部省によって家庭科のカリキュラムについての議論がおこなわれる中で，家庭科という教科ではなく社会科等の他教科内で教えることも含めて考えられた。一方新しい家庭の建設には家庭科という教科が必要であるという家庭科関係者の意見もあった。1950年には小学校の第5・6学年で家庭科（家庭生活の手引き）が教えられることになった。

② 生活に関わる技能技術の習得

　家庭科の学びの中でも，学習者が記憶しやすいのは，生活に関わる技能の習得である。戦前の女子のための技能の教育（裁縫科）や，1960～80年代の中学校，高等学校における女子のみ必修の家庭科の学習では，学習者が技能を習得することを目標とした。しかし，現在では技能の習得に十分な時間が確保されず，技能を習得することそのものが目標とはなりにくい。さらに技術革新が進む現代社会においては技能技術が必ずしも必要とされない状況にある。ただし，個々の学習者が技能の習得を目指して学ぶこと，学習の中で体験することは自己肯定感や達成感の獲得という意味で重要である。

　現在から未来へ続く人生の中で有用な具体的な能力の一つとして，生活に関わる技能の習得を考えたい。

③ 他者との協力，協働，共生

　家庭科では他者と協力しながら協働して自立することを目標の一つとしている。日々の当たり前の生活の営みとともに，自己から他者へと関わりを広げ，人間関係を形成するというわかりやすさが家庭科の学びの特徴である。このことは社会をよりよく変革するための力を個人が獲得するということにもつながる。よりよい暮らしを追究するという際には，個人が幸せであればよいというだけではなく，社会全体が幸せになる方法を皆で考えて実践することが重要になる。

④ 未来を見通した設計

　1989年に告示された学習指導要領から，小学校から高等学校まで家庭科は男女で学ぶ教科となった。以降，多様な社会問題や地域の問題を身近な事柄から考え，解決するという学びを大切にしてきている。さらに家庭科の学びは，最終的に学習者が現在から未来へと続く個人の生活を考え創ることにつながっている。学んでいる時点のよりよい暮らしを創り出すとともに，未来に向けてどのように生きるかということを考え，そこに向けて実践するために学ぶのである。毎日の生活を主体的・積極的に営み，豊かに暮らすこと，さらにそのことが個人のみならずよりよい社会の実現にも貢献するように学んでいきたい。

2　具体的に私のこととして学ぶ

　以上の4つの観点は，個々の学習内容が何を目指して構想されるのかということを整理したものである。つまり，家庭科の授業をつくる際に，最終目標として上記4つのいずれかを目指すことを考えて構想したいということである。

　さらに，忘れてはならないのは個々の学習が子どもたちにとって，生活に還元されること，すなわち，「私の生活」を考え具体的に「私のこととして学ぶ」ことを重視することである。本来生活を対象とする学びは，私の問題から

はじまり，私の生活に戻って解決を図る道筋をとるものである。ところが，科学技術の進歩によって生活は便利になり，様々な便利な器具も利用可能となり，生活の事象の起源やプロセスが見えにくくなっている。このような現代の社会において，子どもたちは生活から切り離されて過ごすことも多い。例えば，汚れた衣服は脱いで洗濯機に入れておくだけで，親がきれいにして自室まで届けてくれる。食事は料理の過程を知らずとも毎日定時に用意されて食卓に着くことができるといった状態の児童が多くいる。一方，衣服や食事の十分な手当てを受けずに生活する児童もあるが，自分でどうにかする状態には置かれていないことが多い。つまり，このように生活から切り離され，その状況が多様である児童たちにとって学校の家庭科で学んだことがすぐに家庭で活用されるという学習は容易ではないことがわかる。教師は子どもたちの生活実態を把握し，直面している様々な問題を理解し，そこに迫りうる学習題材を精選することが必要とされるであろう。

また，様々な技能に関わる学習や実験実習については，物事の成り立ちを知る，モノができる過程を理解するなど，目標設定から十分に吟味する必要があるだろう。私のこととして学ぶということは，個々の児童が自分の生活を振り返り，問題を見つめる過程を経る必要がある。そのためプライバシーへの配慮やこまやかな個別の指導など，手間のかかる学習にならざるを得ない。家庭科は，受験科目として設定されることもほとんどないこともあって，その評価についても担当教員に任されることが多く，身につけてほしい力も個々の児童の状況に合わせたものであることから測りにくいという特徴もある。

2　何を評価するのか

1　家庭科の評価で悩むこと

小学校の5年生では裁縫箱を個人で購入または準備して手縫いの授業からはじめる。玉止め，玉結びを学び，名前の縫い取りなどをおこなって，生活に役に立つ布で作る小物を製作することになる。この作品の製作をとおして何をどのように評価すればよいだろうか。実際に手縫いで作品を製作した大学生が考えた結果を表11-1に示した。

ここでは便宜上，数値化できるもの（測定可能な力）とそうでないもの（測定不可能な力）に分けて示した。この表にあるように意欲や関心のような，情意に関わるものは測りにくいとされた。それは，外から観察しただけではわかりにくいために何らかの手立てを工夫する必要があるということであろう。また，測定可能な力についても，事前に児童がその評価基準を理解しておかない

表11-1 評価を考える
生活に役立つ小物の評価

測定可能な力	測定不可能な力
縫い目の美しさ	器用不器用のレベル
縫い目が均等か	どれだけ時間かけたか
寸法の正しさ	宿題にした場合の作業
縫い目の幅	針に糸を通すのに要した時間
縫い方の知識	授業外での頑張り
糸の始末のきれいさ	どのくらい一生懸命製作に打ち込んだか
三つ折りの間隔	最終提出までに何回縫い直したか
縫い方が正しいか	もとの能力からの努力点
左右のバランス（全体のバランス）	作品構想がしっかりしているか
使いやすさを考えた創意工夫	自分でつくるものを決めるときにアイディアをだしたか
装飾によるきれいさ	
縫うのに要した時間	

と到達できないということがわかる。評価基準はその学習の目標と表裏一体になっているべきもので，学習者は知っておくべきものなのである。

　さらに，この表には十分に示されていないが，もともと有する能力が違う児童の出来上がった作品を評価基準をもとに評価して同程度の作品であった場合，その成果物だけで評価してよいのかという問題がある。もともとの能力が低い児童は大変な努力を重ねて完成させているわけで，そのことを評価に反映させることは必要ないのか，という問題である。

　このように，家庭科では作品の製作や実験実習の成果について評価する場合，① 測りにくいものをどのようにはかるか，② もともとの能力差を考慮しなくてよいのかという大きく二つの悩みがある。

　そこでまず，家庭科の評価の観点はどのように示されて用いられているのかということから考えてみよう。

2　家庭科の学習の評価の観点

　2020年から施行された学習指導要領に示された内容については，学習目標に照らして三つの評価のための観点「知識及び技能」「思考力・判断力・表現力等」「主体的に学習に取り組む態度」が示されている。それぞれの観点について家庭科の学習での評価規準や具体的な評価の対象・方法について表11-2に整理した。

　表11-2を見てわかるように，家庭科の学習では知識や技能を身につけるだけでは十分ではなく，習得した知識や技能を場面に応じて選択し，生活上の課題に対する解決に用いることができるようになることが求められている。その際に，自分の生活を見つめ，自らその解決に取り組む意欲をもっていること，試行錯誤しながら積極的に取り組もうとする態度が必要とされるのである。

　さらに，2020年施行の学習指導要領では，「主体的・対話的で深い学び」の

第11章 家庭科における学力観と評価

表11-2 家庭科学習の評価の観点，評価規準および，評価対象とその方法

観点	趣旨*	具体的評価対象・方法
知識・技能	日常生活に必要な家族や家庭，衣食住，消費や環境などについて理解しているとともに，それらに係る技能を身に付けている。	事実的知識，概念的知識を問うペーパーテスト。知識や技能を生活で用いる場面を設定し，文章での説明，実際にやってみる等（パフォーマンス評価）。
思考・判断・表現等	日常生活上の中から問題を見いだして課題を設定し，様々な解決方法を考え，実践を評価・改善し，考えたことを表現するなどして課題を解決する力を身に付けている。	課題解決する方法についての論述，レポート，発表。グループでの話し合い，調べ学習，作品などについての成果物。成果物を記録したポートフォリオ。
主体的に学習に取り組む態度	家庭の一員として，生活をよりよくしようと，課題の解決に主体的に取り組んだり，振り返って改善したりして，生活を工夫し，実践しようとしている。評定にはなじまない。	取り組みの様子を見取る。学習者が取り組みの様子を振り返り作文する。学習の前後の変化等の個人内評価を用いる。

＊平成31年3月29日付け　31文科初第1845号「小学校，中学校，高等学校及び特別支援学校等における児童生徒の学習評価及び指導要録の改善等について」（通知）による。

実現が提唱されている。それぞれについての説明を家庭科の学習に即して試みるとすれば以下のようになる。

　主体的・対話的で深い学びとは，ともすれば情緒的な印象を与える提案であるが，先の3つの観点を目指した学びの様相を言い換えたものとみることもできる。

表11-3 家庭科における主体的・対話的で深い学び

主体的な学び	日常生活の課題の発見や解決への取り組み，粘り強い取り組み，新たな課題発見への主体的な取り組み
対話的な学び	児童の協働，意見共有による相互の考えの深め合い，対話を通した考えの明確化
深い学び	学習過程において課題解決に向けて自分なりに考え，表現する等しての知識・技能の定着　例：事実的知識　→　概念的知識

　家庭科の学習は本来，個々の児童が自分の生活を見つめ，課題に向き合い解決できるように取り組まれてきた。その際に必要な生活に関わる知識や技能は，不変のものもあるが，一定程度時代とともに変化したものもある。そのことは，例えば約10年毎に改定（改訂）される学習指導要領の内容に示されている（表11-4参照）。

　また，実際に子どもたちの生活の状況や問題を把握して，その子どもたちに合った題材を工夫し開発してきた実践事例も数多くある。私たちは，目の前の子どもの生活をより把握する努力を続ける一方で，これまでの実践に学びながら，子どもの生活の変化，時代の変化をよく理解してヒントをもらい，家庭科

▷2　例えば，家庭科教育研究者連盟が発行している雑誌「月刊家庭科研究」には，発刊以降数多くの授業実践事例が掲載されている。

表11-4　小学校家庭学習指導要領における調理実習題材の変化（1989年発行以降）

発行年	食生活学習に関する目標	調理実習の題材
1989年 (平成元)	第5学年及び第6学年　1　目標　(2)簡単な調理ができるようにするとともに，日常食の栄養的なとり方や会食の意義を理解し，食事を工夫して整えることができるようにする。	野菜や卵を用いて簡単な調理　米飯　みそ汁　じゃがいも料理 魚や肉の加工品を使った料理　サンドイッチ　飲み物などの調理
1998年 (平成10)	(2)製作や調理など日常生活に必要な基礎的な技能を身に付け，自分の身の回りの生活に活用できるようにする。	米飯　みそ汁
2008年 (平成20)	(2)日常生活に必要な基礎的・基本的な知識及び技能を身に付け，身近な生活に活用できるようにする。	米飯　みそ汁
2017年 (平成29)	(1)家族や家庭，衣食住，消費や環境などについて，日常生活に必要な基礎的な理解を図るとともに，それらに係る技能を身に付けるようにする。	ゆでる調理 (青菜・じゃがいも) 米飯　みそ汁

＊1989年の小学校家庭科の学習指導要領でこまかく指定されていた調理の題材が，その後は米飯，みそ汁のみとなり，地域や学校・子どもの実態に合わせて学校ごとに決めるということになった。ただし，子どもたちの技能の低下や家庭間の格差が開きつつある現状から，2017年にはゆでる調理の題材として青菜・じゃがいもが指定されるようになった。

の学習を創造していきたいものである。

3　具体的な評価対象と評価方法

　先の評価の観点を用いて，どのように評価すればよいのか，具体的な方法を示してみたい。

① 知識・技能をはかるテスト

　従来，おこなわれてきたペーパーテストでは，学習者が習得した知識を測ることが可能である。技能についても，例えば，野菜をいためる順番や火加減など知識として理解すべき内容をペーパーテストで測ることは可能である。その場合に文章で判断するという方法ではなく，図11-1のように図示して解答を求める等，技能を想起しやすい方法を工夫することも大切である。

②包丁を持つ反対の手の使い方として正しいものを一つ選んでください。

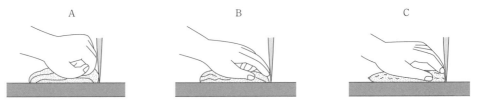

図11-1　野菜をいためる調理の技能に関する知識を問う図示例

② 調べ学習の成果物（レポート，発表など）

　学習対象について児童が自ら資料やインターネット検索を用いて調べるという学習活動は，近年よくとられる方法である。この場合，グループで取り組ま

れることも多いが，個々の児童の担当する調査対象を明確にする必要がある。

さらに，調べたことはレポートする，クラスやグループのメンバーの前で発表するという方法がよくとられる。レポートにまとめる際には，レポートの構成（書く内容）を示し，書式を提示することが必要であろう。さらに発表の際も発表用原稿のフォーマットを提示することが望ましい。これらのフォーマットは，評価の対象としても利用できる。

```
(1) 調査項目タイトル
(2) 調査の目的
(3) 調べる方法
(4) 調べた結果
(5) わかったこと
(6) 使った資料・インターネット
    のサイト
```
図11-2　レポート構成例

```
(1) 調査項目タイトル
(2) 調査の目的
(3) 調査方法（使った資料等）
(4) わかったこと：3～4点に整理
```
図11-3　発表原稿フォーマット例

③　製作作品の評価

〈1〉作品の評価：評価の観点（できれば評価基準）をあらかじめ児童に提示しておく。作品製作の目標を明確にして，評価基準を作成しておくと採点がおこないやすい。

〈2〉製作過程についての評価：主体的に学習に取り組む態度については評定になじまないが，何らかの方法でその努力や姿勢を評価し，児童に還元したい。そのためには，以下のような製作過程の記録をとることを作品の製作学習の中に組み込むとよい。

日付	作業内容（今日やったこと）	取り組んだ感想	今後やること

＊作業内容（今日やったこと）は図示させるのも効果的である。
＊この他に，家庭に持ち帰って作業をおこなったときにはその内容や所要時間の記録もとる。

④　調理実習の評価

作品とは異なり，完成した調理については試食してしまうことから，料理の写真を撮るなどの工夫が必要である。さらに，調理実習中の意欲や態度（主体的に学習に取り組む態度）については，以下のような項目を立て実習を振り返って本人に記録させることが有用である。実習の振り返りは，細かい問いを立てることが有効である。この記録は評価に用いることができる。

今日の調理実習で	(1) 私がやったこと
	(2) 難しかったこと
	(3) 身についたこと
	(4) わかったこと・知ったこと
	(5) 考えたこと　　資料：調理実習の振り返り記録の例

⑤　家庭科におけるパフォーマンス課題とその評価

　家庭科の学習は最終的に生活上の課題を解決できるようにするということである。このことから考えると，その達成の度合いをパフォーマンス課題への取り組みによって評価するということは大変有効な手立てであると言える。ただし，パフォーマンス課題は作成し，評価することが容易ではない。そのため，単元のまとめに用いる，学習内容の確実な定着を目指して指導計画の中に組み込むなど，適切に用いるようにしたい。

　パフォーマンス課題のシナリオには「目的，役割，相手，状況，作品，観点」の6要素が織り込まれていることとされている（香川大学教育学部附属高松小学校，2010）。食生活学習のパフォーマンス課題の一例を挙げる。

パフォーマンス課題	ルーブリック
土曜日の朝食を家族のために作ります。栄養バランス，家族の好みを考え，ご飯とみそ汁と野菜を使った副菜一品の献立を計画しましょう。手早く調理できることも考えてください。	A: 栄養のバランスを考え，家族の好み，調理時間を考慮してみそ汁，野菜料理を計画できる。 B: 栄養のバランスは考えられているが，家族の好みや調理時間が十分に考慮されていない。 C: みそ汁，野菜料理の献立に既習事項が活かされていない。

　ここにあるようにパフォーマンス課題およびそのルーブリックを作成することは難しい。知識として知っていることと身体的技能を用いて遂行できることに開きがあることもある。上記のパフォーマンス課題の場合は，ABCのルーブリックの違いを見極めるために❶❷のような表を用いて段階的に考えさせるなど解答を導く方法を工夫するとよいだろう。

❶ 家族の状態と好みを知る

家族	必要な栄養 （年代・身体状況）	好きな食べ物	嫌いな食べ物	アレルギーのある食べ物
父				
母				
妹				

❷ 献立の栄養バランスと調理法

	用いる食材			調理法（詳しく）	味付け
	エネルギーになる	身体をつくる	身体の調子を整える		
みそ汁					白みそ or 赤みそなど
野菜料理					

4 評価規準から評価基準をつくる

　パフォーマンス課題のルーブリックと同様に，授業で用いる評価基準についても作成は容易ではない。評価したいものが知識の定着なのか，技能の習得なのか等評価の対象を明らかにする必要がある。そのために，まず評価規準を明確にするとよい。その後にABCの段階を分けて評価基準を考えるとどうだろうか。実際には表11-5のような書き方，具体例を参考にするとよい。

表11-5　家庭科学習の評価規準の例

	知識及び技能	思考・判断・表現等	主体的に取り組む態度
書き方例	○○を理解している ○○の知識を身につけている ○○することができる ○○の技能を身につけている	○○の見方や考え方を用いて探究することを通じて考えたり判断している ○○の見方や考え方を用いて探究することを通じて表現できている	主体的に知識・技能を身につけようとしている 主体的に○○について考えようとしている
評価規準具体例	献立作成において考える栄養バランスのとり方を理解している 玉止めをする技能を身につけている	環境にやさしい見方や考え方を用いて商品の購入を判断している	主体的にグループ調理に参加しようとしている

3　家庭科の評価の意義

　家庭科の指導法を学ぶ学生たちに納得のいかない評価のエピソードを挙げてもらったところ，その特徴は以下の4点に集約できた。
　① 評価のプロセスがわからない
　② 評価の観点がわからない
　③ 他者と比べて不公平である
　④ 評価の観点が一つで多面的に評価されていない
　これらは家庭科の学習にのみに起こる問題ではないが，とくに家庭科の学習

においてこのような問題を避けるためには次のような取り組みが有用である。

　まず，評価の観点や方法は学習がはじまる際に児童に明らかにしておくことである。学習の目標を提示するとともにその目標との関連から評価の観点を明らかにするのである。さらに学習の最後だけに評価をおこなうのではなく，途中の過程に評価活動を組み込むことも有効である。例えば授業ごとに学習の記録を取るようにして，その記録を評価の対象にするということにしてはどうだろう。これは児童の学習到達度を把握するという点からも有効な方法である。この場合，記録する内容は学習の目標に合わせて設定する必要がある。とくに布で作る小物の製作のように，教師が一人一人の児童のすべての学習過程を見届けることが不可能な学習活動では，記録を取って児童も教師も確認しながら，次の活動にすすむとよい。また評価を児童同士でおこなうことや，記録を通して教師が働きかけることを通して教師と児童のコミュニケーションも可能になる。

　先に問題となった①測りにくいものをどのようにはかるか②もともとの能力差を考慮しなくてよいのか，という点については，評定は評価基準をもとに客観的に採点する。ただし，数値では表しにくい成果や児童が努力している部分については，声かけやコメントで補うなど丁寧に評価する必要があるだろう。ともすれば，評価は数値で示すものと児童も誤解しているが，重要なのは自分のできたこと，できなかったことを認識してその後の学習に向けての意欲をもって取り組む助けとなることである。評価は教師と児童のコミュニケーションである。家庭科は実験や実習など体験的な学習を多く含む。そのため児童が単元の学習を振り返り，その到達度を自己評価・相互評価して，その後の学習に積極的に取り組むようにエンカレッジすることは，評価の本質的な意義であり，教師が学習活動の適切な場面を捉えておこなうことが求められる。

Exercise

① 家庭科で培う力4点について簡潔に説明し，それぞれの具体的な学習例を挙げてください。
② 布を用いた小物製作の学習を終えた児童に対してパフォーマンス評価をおこないます。パフォーマンス課題とルーブリックをつくってみよう。

📖 次への一冊（推薦図書）

山下綾子・高橋容史子・河村美穂「主体的な学習活動を促すための評価に関する実践研

究—ルーブリックを用いた調理実習評価の実践事例分析をもとに」埼玉大学教育学部附属教育実践総合センター紀要，10巻，2011年，91-96ページ。

　調理実習を含めた学習事例において，ルーブリックを作成した結果，学習内容，過程によって必要とされるルーブリックに特徴があることを見出した。具体例をもとにルーブリックについて考えることができる。

引用・参考文献等

香川大学教育学部附属高松小学校『活用する力を育むパフォーマンス評価――パフォーマンス課題とルーブリックを生かした単元モデル』明治図書，2010年。

日本家庭科教育学会編『未来の生活をつくる――家庭科で育む生活リテラシー』明治図書，2019年。

第12章
体育科における学力観と評価

〈この章のポイント〉
　今日では，生涯にわたり健康で豊かなスポーツライフを営むために必要な技能や知識，問題解決能力，愛好的態度や社会的能力の基礎を培うことが体育科教育の目標であるとの認識が一般的になっている。しかし，愛好的態度や社会的能力を含めたバランスの良い学力保証を求められる点で，体育授業のデザインは難度が高い。また，これらが実際に学習されたか否かの評価は，それを評価する方法論にも左右される。そのため体育科の学力の評価に向けては，多様な評価法が開発され続けている。

1　体育の授業の成果に対する評価

1　体育の授業の成果は体力テストで評価する？

　体育の授業においても指導と評価の一体化が求められてきた。しかし，それがいかに求められようとも，現実には指導内容と評価法の間にはずれが派生し続けている。体力テストの結果が重視されることは，その例である。
　実際，子どもの体力テストの結果を見て泣きたくなったという指摘がある。何をすれば体力テストの結果を改善できるのか，わからないためである。ここには，体育は意図的，計画的な学習を通して学力を習得していく教科であるという認識がみられない。
　とはいえ，体力テストの結果の与える社会的影響力は大きい。例えば，2018年の全国体力・運動能力，運動習慣等調査報告は，1985年と比較できるテスト項目では，小学校5年生の反復横跳び及び中学校2年生男子の50m走を除き，児童生徒の半数以上が1985年の平均値を下回っていること，ボール投げが特に低く，2010年以降，小学校5年生及び中学校2年生のいずれにおいてもそれが低下傾向であると報告している（スポーツ庁，2018a）。
　しかし，投能力の低下が常に問題にされ続けているが，オーバーハンドスローの技能は学習の影響が大きいことも指摘されてきた（高本ほか，2004，322ページ）。したがって，指摘されている問題点の改善に向けて問題になるのは，体力・運動能力テストの結果ではなく，学習すべき知識や技能であり，それらの学習可能性やそれを可能にする条件整備であろう。また，指導内容と評価方

法並びに学習指導方略の一貫性である。

2　学習指導要領実施状況調査からみる学力像

　もっとも，体育の授業の成果は，体力テストの結果のみで評価されてきたわけではない。新学習指導要領の改訂に先立ち実施された平成25年度学習指導要領実施状況調査　教科等別分析と改善点（小学校　体育（運動領域））（国立教育政策研究所教育課程研究センター，2018）は，この点を端的に示している。

　同調査では学習指導要領に記された指導内容に即して，技能や知識，態度，思考力，判断力の習得状況が調査され，その結果を踏まえて新学習指導要領改訂が進められたのである。その結果，中央教育審議会は，運動やスポーツが好きな児童生徒の割合が高まったこと，体力の低下傾向に歯止めがかかったこと，「する，みる，支える」のスポーツとの多様な関わりの必要性や公正，責任，健康・安全等，態度の内容が身に付いていること，子どもたちの健康の大切さへの認識や健康・安全に関する基礎的な内容が身についていることなど，一定の成果が見られると報告している。他方で，習得した知識や技能を活用して課題を解決することや，学習したことを相手にわかりやすく伝えること等に課題があること，運動する子どもとそうでない子どもの二極化傾向が見られること，子どもの体力について，体力水準が高かった1985年ごろと比較すると，依然として低い状況が見られることなどが指摘されている（中央教育審議会，2016，186ページ）。

2　体育における学力論

1　体育の学力論をめぐる論議

　しかし，体育の学力とは何かという問いに対する解答は，学習指導要領のみ記されている訳ではない。実際，体育の学力論が検討されたのは，1970年代後半であったといわれる（岩田，2017，53-54ページ）。また，学会レベルで体育の学力が論議されたのは，1981年の日本体育学会であり，1980年代前半には，体育科教育関連の専門書・研究書にも学力に関する記述が散見されるようになっていく（岩田，2017，56ページ）。

　例えば中村は，体育の授業の評価・評定に関連して技能重視の傾向がみられたことを指摘するとともに（中村，1983，5-6ページ），授業で生徒が何を学習しているのかを明確にできていないことや，体力を養うことが体育であるという考え方のもとでは学力が問題にされることはないことを題点として指摘していた（中村，1983，94ページ）。そのため中村は，このような状況打破に向け，

運動文化に関する科学的研究の成果と方法を教えることが体育実践であると指摘した（中村，1983，108ページ）。

しかし，そこでの論議がそのまますべて学習指導要領に示される学力観に反映されるわけではない。

2 日本の学習指導要領にみる体育の学力観

第二次大戦後の体育の目標は，運動による教育を志向した学習指導要領（1947，1949，1953年）から体力づくりを重視したそれ（1958，1968年）へ，さらには楽しさを重視したそれ（1977，1988，2008年）へと移行してきたと言われる（高橋他，2010，31-33ページ）。

しかし，この特徴付けは，重視される目標や成果を強調したものであり，体力や楽しさのみが体育の授業の目標とされてきたわけではない。技能の習得や体力の向上に関わる運動領域，知識の理解や課題解決能力に関わる認識領域，愛好的態度や自己評価に関わる情意的領域並びに人間関係や社会的規範に関わる社会的領域という4つの学習成果が戦後一貫して常に記されてきたといえる。しかし，運動を通しての教育という考え方のもとでは，体育科に固有の指導内容があったと考えられていた訳ではない。体育は一般的な教育目標達成のための手段であり，それ自体が目的ではないと指摘されていたのである（竹之下，1949，26ページ）。

しかし，この発想のもとでは，体育の学力が問題にされることはありえない。具体的な指導内容がない以上，それらの学習成果を問うことができないためである。そのため，学習指導要領の改訂過程では，教科で指導すべき内容が知識や技能，態度といった観点から検討されてきた。その結果，スポーツ科学の成果や技術，スポーツの価値や儀式，社会的スキル等，生涯にわたりスポーツを営むために必要な知識や技能を発達の段階を踏まえ，学校教育が担うべき課題と関連させて，意図的，計画的な学習指導を通して生徒に豊かに保証していく教科が体育であるとの認識が今日，学習指導要領上でも示されるようになってきた。高等学校学習指導要領にみる科目体育の次の目標記述は，その例である。

> 体育の見方・考え方を働かせ，課題を発見し，合理的，計画的な解決に向けた学習過程を通して，心と体を一体として捉え，生涯にわたって豊かなスポーツライフを継続するとともに，自己の状況に応じて体力の向上を図るための資質・能力を次のとおり育成することを目指す。
> (1) 運動の合理的，計画的な実践を通して，運動の楽しさや喜びを深く味わい，生涯にわたって運動を豊かに継続することができるようにするため，運動の多様性や体力の必要性について理解するとともに，それらの技能を身に付けるようにする。

> (2) 生涯にわたって運動を豊かに継続するための課題を発見し，合理的，計画的な解決に向けて思考し判断するとともに，自己や仲間の考えたことを他者に伝える力を養う。
> (3) 運動における競争や協働の経験を通して，公正に取り組む，互いに協力する，自己の責任を果たす，参画する，一人一人の違いを大切にしようとするなどの意欲を育てるとともに，健康・安全を確保して，生涯にわたって継続して運動に親しむ態度を養う。
>
> （文部科学省，2019，29-30ページ）

　ここで言われる生涯にわたって豊かなスポーツライフを実現するための資質・能力は，次のように説明されている。

> 生涯にわたって豊かなスポーツライフを継続するための資質・能力とは，それぞれの運動が有する特性や魅力に応じて，その楽しさや喜びを深く味わおうとすることに主体的に取り組む資質・能力を示している。これは，公正に取り組む，互いに協力する，自己の責任を果たす，参画する，一人一人の違いを大切にしようとするなどへの意欲や健康・安全への態度，運動を合理的，計画的に実践するための運動の知識や技能，それらを運動実践に応用したり活用したりするなどの思考力，判断力，表現力等をバランスよく育むことで，その基盤が培われるものである。
>
> （文部科学省，2019，24ページ）

　さらに，体育の見方・考え方は，「生涯にわたる豊かなスポーツライフを実現する観点を踏まえ，『運動やスポーツを，その価値や特性に着目して，楽しさや喜びとともに体力の向上に果たす役割の視点から捉え，自己の適性等に応じた『する・みる・支える・知る』の多様な関わり方と関連付けること』」（文部科学省，2019，22ページ）と記されている。

　ここからは，体育の授業で獲得させたい学力はスポーツができるようになるために必要な能力に限定されていないことは明らかである。それに加え，みる，支える，知るというスポーツに対する幅広い関わり方を想定している。このような幅広い関わり方を可能にしていくために，上記高等学校の科目体育の目標に示された(1) 知識及び技能，(2) 思考力，判断力，表現力等，並びに(3) 学びに向かう力，人間性等に関わる指導内容が設定されている。また，それらを意図的，計画的な学習指導を通して，発達の段階に即して身につけた状態が，体育の学力といえる。

3　国外における体育の学力論

　体育の授業をめぐる複数の価値観が混在することが指摘されてきた（Ennis, 2003, pp.111-114）。その中で今日，国際的に支持されている学力観が良質の体育（Quality Physical Education）であろう。2015年に示されたユネスコの文書で

は，それは次のように定義されている。

> 良質の体育は，幼年期から中等教育に至るカリキュラムの一部として計画的かつ進歩的でインクルーシブな学習経験をもたらす。このような観点からみて良質の体育は，生涯にわたる身体活動並びにスポーツに親しむ基礎を培うものである。体育の授業を通して提供される学習経験は，発達の段階を踏まえ，児童や若者が積極的に身体活動を営むことを可能にする運動技能，知的理解，社会的スキルと情意的スキルを習得していくことを支援するものである。　　　　（UNCESCO, 2015, 9ページ）

　このような提案の背景には，国際的な体育の危機への対応措置が存在した。そしてこのような状況改善に向け，オランダではすでに1980年代には，体育で次の3点を保証していくことが提案されていた。

　　1) 運動の技術と戦術に関わる諸問題を解決する能力を形成していくこと。
　　2) スポーツをする場面や運動をしている際にみられる自分自身の状態や人間関係に関連する諸問題を解決する能力を形成していくこと。
　　3) 運動やスポーツをおこなう様々な場面で派生する技術，戦術並びに人間関係に関わる諸問題を解決していくために必要な洞察力や知識を豊かなものにしていくこと。　　　　（Phüse, 2005, p.464）

　同じく1980年代にアメリカで提案されていくスポーツ教育論は，有能で，教養があり，情熱的なスポーツ人の育成をその目的として掲げてきた（シーデントップ，2003, 16-17ページ）。それは，スポーツをすることのできる技能や戦術を身につけることや知識の習得を求めるとともに，スポーツの伝統を理解する，賢い消費者になることを求めた。また，スポーツを文化として維持，発展させることに貢献できる人材になることを求めるものであった。我が国でいえば，する，みる，支える，知るという多様なスポーツへの関わり方を保証しようとする試みであったといえる。

　また，学校教育内での教科としての地位確保という観点から，他教科が用いているリテラシーを用いて体育の学力を表現する試みもみられるようになる。身体的リテラシー（Physical Literacy）という概念は，2001年の国際女子体育連盟大会（Congress of the International Association of Physical Education and Sport for Girls and Women）における Margaret Whitehead の提案に起因している。その Whitehead は，身体的リテラシーを「個人の才能に相応しく，身体的リテラシーは，生涯にわたり身体活動を営むために必要な動機，自信，身体的コンピテンシー，知識並びに理解であるといえる」（Whitehead, 2010, p.5）と定義している。

　もっとも，期待している学習成果を保証できたかどうかの評価は，簡便かつ信頼できる評価法の開発やその活用の仕方によって異なる。そのため以下では，体育の授業で用いられている評価に関する論議を確認したい。

3 期待する成果に対応した多様な評価法

1 体育の授業における真正の評価導入に向けた取り組み

　ゲーム中の状況判断や創造性を向上させるトレーニングは，実際にフィールド上でおこなうことが重要になると言われる。フィールドで下される判断と受動的に下される判断の間にはギャップが存在するためである（Dicks and Upton, 2017, p.260）。そして，この認識は，体育の授業においても重要である。

　かつてイギリスで提案された戦術学習論（Teaching Games for Understanding）においては，技能を学習しているにもかかわらずゲームができないことや評価結果に客観性が求められる結果，評価しやすいテスト法が重視され，スキルテストによる評価がおこなわれていたことが問題にされていた。ここでは，効果的な動きの発揮には，自身の体の状態や環境条件に関する複雑な状況判断が不可欠であり，そのような状況判断を支えるのはいつ，どのような状況で何をすべきかに関わる知識やそれを実際に活用できる能力であることの確認が重要である。このことは，同時に，指導したことを評価する適切な評価を授業の文脈に即しておこなうことが必要であるとの認識を生み出すことになる。代替的な評価（alternative assessment）と呼ばれるこの提案（NASPE, 1995, pp.106-124）は，ルーブリックや生徒のレポート，父兄からの報告，インタビュー，筆記テスト等，多様な評価法の提案を生み出すことになる。また，自己評価や仲間への評価も提案されてきた。それらの特徴は，次のように指摘されていた。

1) 教師が測定したいと考えている行動を直接評価する課題を設定している。
2) パフォーマンスの結果と質に焦点化されている。
3) 目標準拠の得点システムとなっている。
4) 最終成果物の獲得に向け，生徒が評価項目の開発に参加するとともに，それにオーナーシップをもつ。
5) 評価規準は事前に生徒に提示される。(NASPE, 1995, p.107)

　このような手続きは，学習成果の評価（assessment of learning）ではなく，形成的に実施される学習改善に向けた評価（Assessment for learning）が求められるようになったことを示している。確かな学習成果を保証していくために学習改善に向けた評価が求められたといえる。そこでは，1）学習の意図を生徒と共有すること，2）成功と判断する規準を共有すること並びに3）設定した成功の判断基準に即したフィードバックを提供することが求められている（Tannehill et al., 2015, p.213）。

このような知見は，授業実施に先立ち期待する学習成果と評価法を設定し，学習指導方略を検討し，それらの間の一貫性を担保していくという逆向き設定（Tannehill et al., 2015, p.162）に基づくものであり，我が国の新学習指導要領に対応して示された学習評価改善の基本的な方向性（中央教育審議会，2019，5ページ）にも即したアイデアともいえる。

このような評価の観点やそれに対応した真正の評価の提案は，何をどこまで学習することを求めるのかという問いを生み出すことになる。英語圏におけるスタンダードづくりにおいて，指導する内容を示す内容のスタンダードと期待する学習成果のレベルを示すパフォーマンススタンダードの存在が示されたこと（NASPE, 1995, p.vi）はその例である。

このような二つのスタンダードの違いは，我が国の学習指導要領の記述からは読み取りにくい。しかし，学習指導要領の記述や例示事項に基づく観点別評価の観点やその趣旨に関する説明は，多くの児童が概ね達成できる内容を示したものと考えることができる。その意味では，多くの生徒に達成が期待される内容のスタンダードとパフォーマンスのスタンダードを組み合わせた表現ともいえる。表12-1は，我が国の学習指導要領に即した評価の観点並びにその趣旨を示している。

以上を踏まえ，以下では4つの内容領域の評価法の例を確認したい。

表12-1 小学校体育の評価の観点及びその趣旨

	知識・技能	思考・判断・表現	主体的に学習に取り組む態度
小学校	各種の運動の行い方について理解しているとともに，基本的な動きや技能を身に付けている。また，身近な生活における健康・安全について実践的に理解しているとともに，基本的な技能を身に付けている。	自己の運動の課題を見付け，その解決のための活動を工夫しているとともに，それらを他者に伝えている。また，身近な生活における健康に関する課題を見付け，その解決を目指して思考し判断しているとともに，それらを他者に伝えている。	運動の楽しさや喜びを味わうことができるよう，運動に進んで取り組もうとしている。また，健康を大切にし，自己の健康の保持増進についての学習に進んで取り組もうとしている。

出所：文部科学省，2019，19-20ページ。

2 運動領域の学習評価

技能の評価といえば，スキルテストがイメージされることが多い。しかし，このテストはボール操作を評価することができても，ゲーム中の判断やボールを持たない時の動きを評価することはできない。このような状況を回避するには，指導内容に対応してゲーム中に解決すべき課題が鮮明な，工夫されたゲームを用い，そこで発揮されているパフォーマンスを評価することも考えられる。

3 認識領域の学習評価

技能は第三者がそれを見て評価することが可能である。しかし，生徒の理解度や課題，課題の解決方法をどのようにして見つけたのを知ることは，難しい。この点を知る手がかりは，生徒が記した文書や授業中の発言内容，さらには，知識テストの結果であろう。また，知識テストは，紙ベースで技術的な課題を説明させる方法もあれば，映像と組み合わせることも可能である。

4 情意的領域の学習評価

体育の場合，技能の指導内容に楽しく取り組むことが示されている（中央教育審議会，2019，11ページ）。このような主体的に学ぶ態度は，一方では教師の観察により確認していくことが可能である。他方で，学習を調整しているという側面は，単発的な観察では確認できないことが多い。この点を補足する方法は，生徒による自己評価や生徒間の相互評価である。質問紙を配布し，関連する項目に解答させることもその例である。

5 社会的領域の学習評価

体育の授業の人間性に関する指導内容は，心がけの問題ではない。そのため，指導内容に対応した評価に際しては，例えば，協力を意図した学習では協力が必要になる課題を設定することや授業中に自分たちの取り組みを振り返る時間を意図的に設定することが必要になる。また，その場での行動観察や自己評価，他者評価が考えられる。

授業の指導内容や期待する成果の達成度に即した適切な評価法を工夫するとともに，それを用いて形成的に授業の成果を評価し，その結果を生徒と教師が共有しながら授業改善に取り組む。このような取り組みが，今後，一層求められる。

Exercise

① 新学習指導要領で示された生涯にわたり豊かにスポーツを営むための資質・能力の3つの柱について説明しなさい。
② 体育の見方・考え方で示されたスポーツに対する多様な関わり方について説明しなさい。
③ 観点別評価で示された体育の授業の成果を評価する3つの観点について説明しなさい。

📖次への一冊

シーデントップ，D. 著，高橋健夫監訳『新しい体育授業の創造』大修館書店，2003年。
　出版年はさかのぼるが，スポーツ教育論の基本的な考え方と実践モデルが日本語で確認できる点で貴重である。

岡出美則編著『初等科体育科教育』ミネルヴァ書房，2018年。
　新学習指導要領のもとで求められる授業のデザインの仕方や学習指導モデルの考え方を新学習指導要領の記述を踏まえて紹介している。

引用・参考文献

Bunker, D. and Thorpe, R. A., Model for the Teaching of Games in Secondary Schools. *Bulletin of Physical Education*, 18(1)：5-8, 1982.

中央教育審議会「幼稚園，小学校，中学校，高等学校及び特別支援学校の学習指導要領等の改善及び必要な方策等について（答申）」2016年。
　http://www.mext.go.jp/b_menu/shingi/chukyo/chukyo0/toushin/1380731.htm （2016年12月30日参照）

中央教育審議会初等中等教育分科会教育課程部会「児童生徒の学習評価の在り方について（報告）」2019年。
　http://www.mext.go.jp/b_menu/shingi/chukyo/chukyo3/004/gaiyou/__icsFiles/afieldfile/2019/01/23/1412838_1_1.pdf（2019年9月30日参照）

Dicks, M. and Upton, M., "Integrating decision-making into training," Thewell, R., Harwood, C. and Greenlees, I. (eds.) *The Psychology of Sport Coaching*, Routledge, pp.249-264, 2017.

Ennis C. D., "Using Curriculum to enhance Student Learning," Silverman, S. J. and Ennis, C. D. (eds.), *Student Learning in Physical Education: Applying Research to Enhance Instruction*, Human Kinetics, pp.109-127, 2003.

岩田靖『体育科教育における教材論』明和出版，2017年。

国立教育政策研究所教育課程研究センター　平成25年度学習指導要領実施状況調査　教科等別分析と改善点（小学校体育（運動領域））．2018年。
　http://www.nier.go.jp/kaihatsu/shido_h24/01h24_25/11h25bunseki_undou.pdf_ （2019年9月30日参照）

文部科学省「高等学校学習指導要領（平成30年告示）解説保健体育編体育編　平成30年7月」東山書房，2019年。

文部科学省「別紙4 各教科等・各学年等の評価の観点等及びその趣旨（小学校及び特別支援学校小学部並びに中学校及び特別支援学校中学部）」2019年。
　http://www.mext.go.jp/component/b_menu/nc/__icsFiles/afieldfile/2019/04/09/1415196_4_1_2.pdf．（2019年9月30日参照）．

中村敏雄『体育実践の見かた・考え方』大修館書店，1983年。

中村敏雄編『民主体育の探究』創文企画，1997年。

NASPE, *Moving into The Future National Standards for Physical Education*, WCB Mc-Graw-Hill, 1995.

Phüse, U. and Geber, M. (Eds.) *International Comparison of Physical Education*, Meyer & Meyer Sport, 2005.

シーデントップ，D., 高橋健夫監訳『新しい体育授業の創造』大修館書店，2003年。

スポーツ庁「平成30年度全国体力・運動能力，運動習慣等調査報告書」
http://www.mext.go.jp/prev_sports/comp/b_menu/other/__icsFiles/afieldfile/2018/12/21/1411922_001-008.pdf（2019年9月29日参照）2018年。

スポーツ庁「平成30年度全国体力・運動能力，運動習慣等調査結果について」
http://www.mext.go.jp/prev_sports/comp/b_menu/other/__icsFiles/afieldfile/2018/12/20/1411921_00_gaiyo.pdf（2019年9月29日参照）2018年 a。

高橋健夫・岡出美則・友添秀則・岩田靖『新版体育科教育学入門』大修館書店，2010年。

高本恵美・出井雄二・尾縣貢「児童の投運動学習効果に影響を及ぼす要因」『体育学研究』49：321-333，2004年。

竹之下休蔵『体育のカリキュラム』再版，誠文堂書店，1949年。

Tannehill, D., van der Mars, H., and MacPhail, A., *Building Effective Physical Education Program*, Jones & Bartlett Learning, 2015.

UNCESCO, Quality Physical Education Guidelines for Policy-Makers, 2015.
http://unesdoc.unesco.org/images/0023/002311/231101E.pdf（2019.9.29参照）

Whitehead, M. (ed.), *Physical Literacy*, Routledge, 2010.

第13章
外国語科における学力観と評価

〈この章のポイント〉

　2017年・2018年公示の学習指導要領の記述に基づくと，小学校から高等学校まで続く外国語科教育では，外国語によるコミュニケーション能力の育成が大きな目標となっている。また，そのような能力を評価するために，現状の評価方法やテストにおいては様々な工夫がなされている。一方で，小学校における外国語の教科化に伴う児童の英語力の評価，外国語能力指標の利用，外国語能力を効率的・正確に評価するためのテクノロジーの活用など，近年の外国語科教育の進展とともに生じている課題もあり，それらについて十分に理解することが重要である。

1　外国語科教育の目標と評価

1　小中高を通じた外国語科教育の目標

　まず，小学校，中学校，高等学校を通じた外国語科教育によってどのような力の育成が求められているのかを，学習指導要領の目標をもとに確認したい。以下は，2017年・2018年公示の学習指導要領における小学校外国語活動（中学年）・外国語科（高学年），中学校，高等学校の外国語科における目標の柱書である。

表13-1　2017年・2018年公示の学習指導要領の目標における柱書

小学校外国語活動（中学年）	<u>外国語によるコミュニケーションにおける見方・考え方</u>を働かせ，外国語による聞くこと，話すことの言語活動を通して，<u>コミュニケーションを図る素地となる資質・能力</u>を次のとおり育成することを目指す。
小学校外国語科（高学年）	<u>外国語によるコミュニケーションにおける見方・考え方</u>を働かせ，外国語による聞くこと，読むこと，話すこと，書くことの言語活動を通して，<u>コミュニケーションを図る基礎となる資質・能力</u>を次のとおり育成することを目指す。
中学校外国語科	<u>外国語によるコミュニケーションにおける見方・考え方</u>を働かせ，外国語による聞くこと，読むこと，話すこと，書くことの言語活動を通して，簡単な情報や考えなどを理解したり表現したり伝え合ったりする<u>コミュニケーションを図る資質・能力</u>を次のとおり育成することを目指す。
高等学校外国語科	<u>外国語によるコミュニケーションにおける見方・考え方</u>を働かせ，外国語による聞くこと，読むこと，話すこと，書くことの言語活動及びこれらを結び付けた統合的な言語活動を通して，情報や考えなどを的確に理解したり適切に表現したり伝え合ったりする<u>コミュニケーションを図る資質・能力</u>を次のとおり育成することを目指す。

出所：学習指導要領の記述をもとに筆者作成。下線は筆者による。

▷1 外国語科における見方・考え方
学習指導要領では，外国語科における見方・考え方について以下のように述べられている：「外国語で表現し伝え合うため，外国語やその背景にある文化を，社会や世界，他者との関わりに着目して捉え，コミュニケーションを行う目的や場面，状況等に応じて，情報を整理しながら考えなどを形成し，再構築すること」（2017年公示小学校学習指導要領解説外国語編，9ページ）

▷2 コミュニケーション能力
学習指導要領で述べられる「コミュニケーション能力」はその曖昧さに加え，目的達成のための手段に特化した偏狭なものになっており，合理的な教育観を促しかねないという批判もある（仲，2017）。

▷3 大学入学共通テスト
2020年1月の試験を最後にこれまで行われてきた大学入試センター試験は廃止され，代わって2021年1月から大学入学共通テストが開始された。大学入学共通テストの実施に先立ち，2018年の2月・11月の2回にわたって一部の高等学校を対象にその試行調査が行われた。

目標の下線部に着目すると，全ての校種において「外国語によるコミュニケーションにおける見方・考え方を働かせ」が共通していることがわかる。また，「コミュニケーションを図る資質・能力」の育成が共通の目標となっており，その素地を小学校中学年で，基礎を高学年で養い，中学・高学においてそれをさらに発展させていくという流れが理解できる。これらを踏まえれば，現在の小学校から高等学校までを通じた外国語科教育では，外国語によるコミュニケーション能力の育成が主たる目標であるといえる。

育成されるコミュニケーション能力はさらに，「知識・技能」「思考力・判断力・表現力等」「学びに向かう力・人間性等」という3つの資質能力の観点から整理される。「知識・技能」では外国語の音声や語彙・表現に関する知識，および聞くこと・話すこと・読むこと・書くことにおいて活用する技能を身に付けること，「思考力・判断力・表現力等」ではコミュニケーションをおこなう目的や場面，状況などに応じて日常的・社会的な話題についてやり取りできること，「学びに向かう力・人間性等」については外国の文化に対する理解を深め，相手や他者に配慮しながら主体的にコミュニケーションを図ろうとする態度を養うことが求められている。

外国語活動及び外国語科においては，さらに言語「英語」の目標が「聞くこと」「読むこと」「話すこと［やり取り］」「話すこと［発表］」「書くこと」の5つの領域において示されている（外国語活動は「読むこと」「書くこと」を除く3領域）。実際の指導では，これら5つの領域の目標それぞれを3つの資質・能力別に整理し，各授業や単元における領域ごとの目標及び評価規準を作成することとなる。これらの目標や評価規準についても，外国語によるコミュニケーションを主軸とし「外国語を使って何ができるか」という観点が中心となる。

上記のような学力観は，1980年代後半の学習指導要領改訂によって「コミュニケーション」という用語が外国語科の目標に含まれてから30年以上大きく変わっていない。しかしながら，渡部（2011）はこのような学力観に対し，「テスト研究の観点から見た構成概念の定義をおこなうための材料はかなり出揃っている」としつつも，それらの要素が「どのような過程を経て運用に至るのかという英語運用能力の定義，及び各要素を関係づけるための理論がない」とし，「コミュニケーション能力と言われる能力を，どのようにして具体化して測定可能な定義を行うか」（12ページ）が課題としている。

2 目的や場面，状況に応じたコミュニケーション能力の評価

このような小中高を通じた外国語科教育の学力観は，近年の学力テスト等にも表れている。図13-1は，大学入試センター試験の後継として開始された大学入学共通テストにおいて2022年の外国語科で出題されたリスニング問題の一

部である。この問題では，従来のように流れてくる英語の音声を単に聞き取って問いに答えるのではなく，与えられた状況（読書会で読む本を決めるためにメンバーの話を聞く）を踏まえたうえで音声を聞き取り，その中から条件（本の長さ，出版時期，内容）に合うものを判断することが求められている。また，同テストのリーディング第4問でも，「大学生になって1人暮らしをする際に必要となる家電をどこで買うべきかを決める」という状況が冒頭に設定され，複数の販売店における家電の値段，割引，保証，中古・新品などの条件を文章から読み取り，判断することが求められている。

　このように，大学入学共通テストではコミュニケーションの目的や場面，状況を明示し，それに応じて聞いたり，読んだりする能力を測定しようとする意図が見て取れる。しかしながら，このような評価方法が小中高を通じて育成さ

B　第4問Bは問26の1問です。話を聞き，示された条件に最も合うものを，四つの選択肢（①〜④）のうちから一つ選びなさい。後の表を参考にしてメモを取ってもかまいません。**状況と条件を読む時間が与えられた後，音声が流れます。**

状況
　あなたは，来月の読書会で読む本を一冊決めるために，四人のメンバーが推薦する本の説明を聞いています。

あなたが考えている条件
　A．長さが250ページを超えないこと
　B．過去1年以内に出版されていること
　C．ノンフィクションで，実在の人物を扱っていること

Book titles	Condition A	Condition B	Condition C
① Exploring Space and Beyond			
② Farming as a Family			
③ My Life as a Pop Star			
④ Winning at the Olympics			

問26　[26]　is the book you are most likely to choose.

図13-1　2022年大学入学共通テスト外国語英語（リスニング）第4問Bの一部
出所：https://www.dnc.ac.jp/kyotsu/kakomondai/r4/r4_honshiken_mondai.html

れる外国語能力の測定として適切であるかについては，渡部（2011）が指摘するようにその能力の理論的基盤や評価方法の妥当性の観点を含めて，継続して議論がなされるべきであろう。

2　外国語科教育における評価の方法

　大学入学共通テストのような大規模テストでは筆記テストが最も典型的な評価方法となるが，教室場面ではインタヴュー（面接），スピーチ，作文などのパフォーマンス評価，コミュニケーション活動における観察評価，ポートフォリオ評価，振り返りシート[14]やCan-doリスト[15]による自己評価等，多様な評価方法が外国語科教育では用いられる。評価したい技能や知識，児童・生徒の実態などによってこれらの評価方法を使い分けることになるが，1つの評価方法にこだわることなく，それらを組み合わせて多面的に学習者の能力を評価することが重要である。

　また，特に中学校・高等学校では4技能を統合した指導が求められるため，それらの技能を統合した評価も必要になる。2019年におこなわれた全国学力・学習状況調査[16]における中学校の英語でも，技能統合型の評価が導入されている。表13-2に示す指示文はその一部であるが，それぞれ「聞くこと」「読むこと」の評価として出題されているものの，聞いてあるいは読んで理解した内容に基づいて書くという「聞くこと／読むこと」と「書くこと」の技能を統合した評価となっている。

▷4　振り返りシート
主に小学校で用いられるもので，授業の終わりに自身の授業への取り組み，目標の達成度合いなどを数値（選択式）によって評価したり，学んだことを簡単に記述するためのシート。

▷5　Can-doリスト
「説明的な文章を読んで必要な情報を得ることができる」「興味・関心のあることについて自分の考えを話すことができる」など言語によって何ができるかを記述したリストで，単元の目標設定や評価のために用いられる。

▷6　全国学力・学習状況調査
小学6年と中学3年を対象にした文部科学省が行う全国学力テスト。2019年度は初めて中学校で英語が導入され，聞くこと，読むこと，話すこと，書くことの4技能が評価された。

表13-2　2019年度全国学力・学習状況調査における技能統合型評価の指示文

〈英語4　聞いた内容について適切に応じる〉
英語の授業で，来日予定の留学生からの音声メッセージを聞くところです。メッセージの内容を踏まえて，あなたのアドバイスを英語で簡潔に書きなさい。
〈英語8　読んだ内容について適切に応じる〉
英語の授業で，次のような資料が配られました。これを読んで，文中の問いかけに対するあなたの考えを英語で簡潔に書きなさい。

出所：2019年度全国学力・学習状況調査報告書【中学校／英語】をもとに筆者作成。
（https://www.nier.go.jp/19chousakekkahoukoku/report/19middle/19meng/）

　その他にも，英語民間試験であるTOEFL（Test Of English as a Foreign Language）のライティングタスクでは，ある文章を読んだあとに，その内容に関連した講義を聞き，それらから得た情報を照合・比較しながら内容をまとめるというリーディング，リスニング，ライティングの3つの技能を統合した評価がおこなわれている。

3 外国語科教育における評価の課題

本節では，近年の外国語科教育改革の中で生じている評価に関する課題を述べる。実際には多種多様な課題があるものの，本節では特に対応の必要性が高いと思われる以下の3つの課題に焦点を当てて述べる。

1 小学生の英語力の評価

2017年公示の学習指導要領により，2020年度から小学校高学年でそれまで領域としておこなわれていた外国語が教科化され，英語の知識・技能の定着及びその評価が求められるようになった。また，従来の文章記述による評価に代わり，他の教科と同様の数値による評価もおこなわれるようになった。それに伴い，これまでは教師による観察評価や児童による自己評価が中心であった小学校で，知識や技能の定着を評価するための筆記テストやパフォーマンステストもおこなわれるようになった。2020年に発行された「学習評価に関する参考資料」（国立教育政策研究所教育課程研究センター，2020）では，小学校外国語科では5領域を3つの資質・能力を観点として評価することや，その評価規準の実例などが示されているものの，どのように児童の成績をつけるかという観点ではなく，児童が身につけた英語の知識や技能をどのようにして正確かつ妥当に評価できるかという観点での議論はこれまで十分になされていないように思える。

年少者の英語力を正確に評価するためには，大人の英語学習者とは異なる様々な面を考慮しなければならない。以下では，Wolf and Butler（2017）の議論に基づきながら，日本の小学生の英語力を評価する際に配慮が必要と思われる点について述べていく。

（1）英語の学習環境と能力

日本のように英語が外国語環境の場合，児童が英語を使用する場面は，学校（主に教室）内で児童間あるいは教員とやり取りをする場面がほとんどである。このような学習環境を踏まえると，「学校・教室場面において児童が英語を使ってどのようなことができるか」ということが評価の中心となるべきで，そこから逸脱することは評価の妥当性を低めることになりうる。

また，第1節で述べた通り，小学校外国語教育においてもコミュニケーション能力の育成が主たる目標となるが，年少者では英語による産出能力よりも受容能力（特にリスニング）のほうが早く発達する。そのため，コミュニケーション能力の評価を求めるばかり，アウトプット（特にスピーキング）重視の評価に

▷7 外国語環境
日本のように教室以外の日常生活で英語を使用する機会がない場合，英語を「外国語」として学ぶ環境（English as a Foreign Language；EFL）であるという。一方，母語に加えて教室以外でも英語を使用する国・地域や，英語圏の国に移住して親の言語とは異なる言語である英語を家庭外で使用する場合などは，英語を「第二言語」として学ぶ環境（English as a Second Language；ESL）であるという。

ならないように注意する必要がある。

（2）認知的発達

　小学生は認知的に大きく発達している途上である。当然，認知発達は言語能力の発達とも深く関連しており，小学生の段階では母語であっても抽象的な概念を言葉によって把握したり，産出したりすることが難しい場合がある。そのため，英語力の評価においても抽象的な概念がテスト項目や言語活動の中に含まれないようにし，代わって具体的な事物等を含めるなどの配慮が必要である。また，評価における課題の指示についても明確かつ具体的にし，児童にとって理解しやすいものにしなければならない。

　さらに，中高生と比べると小学生は課題に対して注意を向けられる時間が短いと考えられる。Wolf and Butler（2017）は年少英語学習者が1つの課題に対して注意を向けられるのは10～15分と述べているものの，外国語環境である日本の小学生ではさらにその時間は短くなる可能性がある。そのため，小学生の英語力の評価では，評価（テスト）の長さも慎重に検討する必要がある。

（3）情意的要因

　動機づけ，態度，自尊心といった情意的要因は，大人の学習者よりも子どもの学習者の評価においてその影響が大きくなる。また，子どもの学習者は評価・テスト環境によって，大人の学習者よりも不安を感じやすくなる。そのため，評価場面において教師は児童が安心できる雰囲気づくりに努め，場合によっては最初に日本語で話をしたり，励ましの言葉を掛けたりするなどして，児童の不安感を減少させ，課題に対する動機づけが高まるようにする必要がある。

　また，児童に対する英語力の評価はその後の英語学習に大きな影響を与え得ることを，指導者・評価者は十分に理解しておく必要がある。自身の英語力に対して肯定的・好意的な評価を小学生のうちに経験することができれば，中学校・高等学校へと続くその後の英語学習の動機づけも高まり，より積極的な学習を促すことになる。反対に評価において否定的な経験をしてしまうと，英語嫌いを増やし，その後の英語学習を阻害してしまう可能性もある。

2　CEFR と評価への活用

　近年の日本の外国語科教育に大きな影響を与えたものの1つに，The Common European Framework of Reference for Languages（CEFR：ヨーロッパ言語共通参照枠）がある。2017年・2018年公示の学習指導要領においても，英語の領域別の目標やその言語活動がCEFRを参考にして設定されたことが述べ

第13章 外国語科における学力観と評価

られている。現代の外国語科教育における学力観と評価を語るうえで，CEFRは極めて重要な存在である。その一方で，CEFRを外国語能力の評価に用いることについては，様々な背景を理解したうえで十分に留意する必要がある。

CEFRは欧州評議会（Council of Europe）によって開発され，コミュニケーションにおいて言語を使用するためにどのようなことを学習者が学ぶ必要があるのかを包括的に記述した，ヨーロッパ全土における言語学習のシラバス，試験，教科書等の共通基盤となる枠組みである。CEFRには言語学習や教授，評価に関する様々な情報が含まれているが，最もよく知られているのは言語熟達度に関する6つのレベル（A1，A2，B1，B2，C1，C2）であろう。この6つのレベルそれぞれにおいて，言語を使って学習者がどのようなことができるかに関する記述が含まれている。国内でもCEFRに準拠した日本独自の枠組み（CEFR-J）[8]が開発されたり（投野，2013），その枠組みに沿って難易度がラベル付けされた学習教材が多く出版されるなど，近年の英語学習や教材にも大きく影響を与えている。

また，CEFRは近年の日本の大学入試制度とも関わっている。実際には頓挫したものの，2020年度以降の大学入試において英語民間試験の活用が検討されていたことを記憶している人も多いだろう。この制度では，入試に活用される複数の英語民間試験におけるスコア・成績がCEFRの6つのレベルと対応付けられ，いずれかの試験において特定のCEFRレベルに該当するスコア・成績を取得することを大学の受験出願要件とする，あるいはCEFRレベルに応じて共通テストの英語得点に加点するといった形での利用が想定されていた。しかしながら，この制度に対しては様々な問題点や懸念点が指摘され（南風原ほか，2018），現実には導入に至らなかった。その中には，CEFRの基準を入試に使用することへの懸念も含まれていたのである。

CEFRを開発した欧州評議会は，特定の試験をCEFRのレベルに対応づけるための手順を詳細に記したマニュアルを発行している（Council of Europe, 2009）。しかしながら，そのマニュアルの冒頭部分において，マニュアル通りに試験をCEFRに対応付けたとしても，異なる試験を同一とみなすことはできないと述べられている。各試験はその内容，難易度，スタイル，開発の背景等が異なり，CEFRの1つのレベルが包含する言語習熟度の範囲も広いため，異なる試験で同じCEFRのレベルが示されていたとしても，そのレベルに該当する受験者の実際の能力は大きく異なり得るためである。そのため，どれだけ精緻な対応付けの手順を踏んだとしても，複数の試験をCEFRの枠組みの中で統一的に比較し，同一のレベルとみなすことは難しい。また，CEFRは本来，ヨーロッパの多様な教育システムのために比較が困難であった言語習熟度を統一の枠組みで比較することを目的として作られたものである。そのため，

▷8　CEFR-J
日本の英語教育での利用を目的に構築された英語能力の到達度指標。CEFRに基づきつつ，日本人の大多数が属するA1レベルからB1レベルを細分化するなど（Pre-A1, A1.1, A1.2, A1.3, A2.1, A2.2, B1.1, B1.2, B2.1, B2.2），日本人英語学習者の実態を踏まえた工夫・変更がなされている。

必ずしもテスト設計や開発に特化して作られたものではなく，CEFRを評価や試験に活用しようとする際にはこれらの点を十分に理解しておかなければならない。

3 テクノロジーを活用した評価のあり方

　近年の技術革新により，外国語科教育や評価においてもテクノロジーの貢献が大いに期待されている。例えば，近年では多くの大規模テストはコンピューターを用いて受験するもの（computer-based test：CBT）になり，教室では1人1台端末が利用できる環境が整ったことで，学習者のスピーチや英作文をコンピューターによって記録することが容易になった。このような場面で活用が期待されるのが，自動採点の技術である。英語による産出能力を評価するには，あるトピックに対して学習者が発話したり，作文したりしたものを指導者や専門の評価者が採点することが従来の方法であったが，その評価には多大な時間と労力を要していた。自動採点技術により，そのような指導者・評価者の負担を大きく減らすことが可能になる。自動採点の基本的な考え方は，自然言語処理（Natural Language Processing）▷9の技術によって学習者の発話・作文データをコンピューターで解析し，文法や用法の誤りの他，語彙，文構造の複雑さ，文章の一貫性といった言語的特徴を評価し，どの程度言語的に洗練されたものであるかを自動的に判断するというものである。現在多くの英語民間試験で自動採点と専門家による採点が併用されており，英語学習者向けの自動採点技術の向上を目指した研究も国内外で急増している（石井・近藤，2020；Kyle et al., 2018；Crossley et al., 2019）。今後，評価の効率性・正確性を高めるための自動採点技術がさらに発展していくことが期待される。

　さらに，テクノロジーの発展によって現在の日常生活が十数年前と様変わりしたように，教育の在り方も近い将来にはテクノロジーによって大きく変わる可能性がある。典型的な外国語の使用場面や教室での教育方法が変われば，当然それらに合わせて評価の在り方も変わっていく。外国語による会話をオンラインでおこなうことが増えれば，リスニングやスピーキングのテストはオンライン上で相手の顔や表情を読み取りながら双方向的なやり取りの中で評価されるようになるかもしれない。また，単に活字だけで外国語を読むことが減少し，ウェブ上の記事のように写真や動画とともに読むことが増えれば，文字だけの文章を読み解くような純粋なリーディングテストは今後少なくなっていくかもしれない。このように，遠くない将来に外国語能力の評価はマルチモーダル（multimodal）なものへと移行していくことも考えられる。

▷9　**自然言語処理**
人間が扱う言語（自然語）をコンピューターによって自動的に解析する技術，およびその技術によって言語の仕組みや特徴を解明する学問分野。形態素解析，構文解析，意味解析，照応解析などの技術を基盤として，発話や文章が持つ言語的特徴を評価・抽出する。

Exercise

① 各校種における特定の単元を題材として，英語の5領域の評価規準を分析あるいは作成しなさい。
② 自身に馴染みのある英語試験を対象として，それらにおける技能別の評価及び技能統合型の評価がどのようにおこなわれているのかを分析しなさい。
③ 児童向けの英語試験を対象として，それらにおいて年少学習者に対する配慮がどのようになされているのかを分析しなさい。

次への一冊

大学英語教育学会監修，石川祥一・西田正・斉田智里編『テスティングと評価――4技能の測定から大学入試まで』大修館書店，2011年。
　英語教育における評価・測定に関する理論を広く，仔細にカバーした1冊。特に第1章では，英語学力及び評価についてその歴史的変遷が体系的にまとめられている。

Mikyung Kim Wolf, Yuko Goto Butler, *English Language Proficiency Assessments for Young Learners*, Routledge, 2017.
　年少英語学習者に対する評価の問題を議論した1冊。年少者向けの評価やテスト開発において留意すべき点を，理論と実践の両面から述べている。

引用・参考文献

石井雄隆・近藤悠介編『英語教育における自動採点――現状と課題』ひつじ書房，2020年。

国立教育政策研究所教育課程研究センター『「指導と評価の一体化」のための学習評価に関する参考資料　小学校外国語・外国語活動』2020年。
　https://www.nier.go.jp/kaihatsu/pdf/hyouka/r020326_pri_gaikokg.pdf

投野由紀夫編『CAN-DOリスト作成・活用　英語到達度指標CEFR-Jガイドブック』大修館書店，2013年。

仲潔「期待外れの学習指導要領」藤原康弘・仲潔・寺沢拓敬編『これからの英語教育の話をしよう』ひつじ書房，2017年，101-136ページ。

南風原朝和編『検証　迷走する英語入試――スピーキング導入と民間委託』岩波ブックレット，2018年。

渡部良典「英語学力評価論」石川祥一・西田正・斉田智里編『英語教育学体系第13巻テスティングと評価――4技能の測定から大学入試まで』大修館書店，2011年，173-187ページ。

Mikyung Kim Wolf, Yuko Goto Butler, *English Language Proficiency Assessments for Young Learners*, Routledge, 2017.

Kyle, K., Crossley, S. A., & Berger, C. "The tool for the analysis of lexical sophistication

(TAALES): Version 2.0." *Behavior Research Methods*, 50, 1030-1046, 2018.

Crossley, S. A., Kyle, K., & Dascalu, M. "The tool for the automatic analysis of cohesion 2.0: Integrating semantic similarity and text overlap." *Behavior Research Methods*, 51, 14-27, 2019.

Council of Europe "Relating language examinations to the Common European Framework of Reference for Languages: Learning, teaching, assessment. A manual, 2009. https://rm.coe.int/CoERMPublicCommonSearchServices/DisplayDCTMContent?documentId=0900001680667a2d

第14章
「特別の教科　道徳」における学力観と評価

〈この章のポイント〉
　本章では，「道徳科」における学力観と評価について，小学校学習指導要領に記された目標に焦点を当てて考察する。まず，「道徳教育」と「道徳科」の違いについて確認したうえで，小学校学習指導要領の記述を中心にして「道徳科」における目標と評価の変遷について説明し，次にその目標と評価の現状について解説する。最後に，「道徳科」における学力観と評価に関する課題と展望について考察する。

1　「道徳教育」と「特別の教科である道徳」

　学校における道徳教育は，学校の教育活動全体を通じておこなわれる機能であるが，2017年に小中学校の学習指導要領の改訂によって出現した「特別の教科である道徳」（「特別の教科　道徳」，あるいは略して「道徳科」と表されるが，本章においては「道徳科」という用語を基本的に使用する）は，学校における道徳教育の「要」（かなめ）としておこなわれる領域である。両者の概念はしばしば混同されがちであるが，本章で主に考察するのは，あくまでも後者の領域としておこなわれる，「道徳科」の授業における学力観と評価である。
　特に，「道徳科」において学力を中心に据えた学術的な研究は，少しネット検索してみれば気づくことであるが，きわめて少ない状況である。そもそも学力という概念それ自体が不安定であるだけでなく，そのような研究状況も影響して，「道徳科」における学力についての共通理解は，教育現場において十分にできていない。それゆえに，現時点では，学習指導要領に記された「道徳科」における目標の記述内容に注目することが，「道徳科」における学力と評価を理解する意味で，効果的な1つの方法になると考えられる。なぜなら，一般的に学校教育においては，どのような目標を立てるかは，どのような学力を形成するかに依存し，またその学力は教育活動の評価を規定するからである。
　そこで，まず，学校の教育活動全体を通じておこなわれる道徳教育も視野に入れながらも，学習指導要領に記された「道徳科」における目標と評価の変遷と現状を確認し，次に「道徳科」における目標と評価の現状について解説したうえで，「道徳科」における学力観と評価に関する課題と展望について考察する。なお，その際には，紙幅の関係もあり，また煩雑になるために，以下で

は，対象を小学校に絞り，しかも主に目標および学力，そして評価に焦点を当てて論述する。

2 「道徳科」における目標と評価の変遷

「道徳科」の前身である「道徳の時間」は，激しい反対意見が出されるなかで，1958年の小学校学習指導要領（以下，特に断らない限り，学習指導要領と略する）の改訂によって，教育課程上に特設された領域である。その学習指導要領の「第1章 総則」において，道徳教育の目標は，次のように述べられた。

> 道徳教育の目標は，教育基本法および学校教育法に定められた教育の根本精神に基く。すなわち，人間尊重の精神を一貫して失わず，この精神を，家庭，学校，その他各自がその一員であるそれぞれの社会の具体的な生活の中に生かし，個性豊かな文化の創造と民主的な国家および社会の発展に努め，進んで平和的な国際社会に貢献できる日本人を育成することを目標とする。　　　　　　　　　　　　（原文ママ）

その記述に続けて，「道徳の時間」に関しては，「各教科，特別教育活動および学校行事等における道徳教育と密接な関連を保ちながら，これを補充し，深化し，統合し，またはこれとの交流を図り，児童の望ましい道徳的習慣，心情，判断力を養い，社会における個人のあり方についての自覚を主体的に深め，道徳的実践力の向上を図るように指導するものとする」と記されている。この記述では，「道徳の時間の目標」という明確なフレーズは見られないが，実質的には，その目標は，「児童の望ましい道徳的習慣，心情，判断力を養い，社会における個人のあり方についての自覚を主体的に深め，道徳的実践力の向上を図る」という記述によって示されている。そのうえで，同じ学習指導要領の「第3章 道徳，特別教育活動および学校行事等」の「第1節 道徳」において，まず，「第1章 総則」に示された道徳教育の目標の大部分（「すなわち」に続く文章）が再び記されたあとで，その道徳教育の目標を達成するために，「道徳の時間」において，次の4つの「具体的な目標」と明記された目標が示されている。すなわち，「日常生活の基本的な行動様式を理解し，これを身につけるように導く」「道徳的心情を高め，正邪善悪を判断する能力を養うように導く」「個性の伸長を助け，創造的な生活態度を確立するように導く」「民主的な国家・社会の成員として必要な道徳的態度と実践的意欲を高めるように導く」である。これらの4つの「具体的な目標」の記述に続けて，それらの4つの目標に関係の深い内容が，それぞれ4つに区分，すなわち「主として『日常生活の基本的な行動様式』に関する内容」「主として『道徳的心情，道徳的判断』に関する内容」「主として『個性の伸長，創造的な生活態度』に関する

内容」「主として『国家・社会の成員としての道徳的態度と実践的意欲』に関する内容」の区分に即して示され，総計で36個の内容項目があげられている。そこでは，その内容項目は，徳目や道徳的価値と呼ばれるような価値的概念ではなく，現実生活を想定した文章になっていることに注視されるべきである。例えば，「(1)生命を尊び，健康を増進し，安全の保持に努める」「(11)正を愛し不正を憎み，誘惑に負けないで行動する」「(30)権利を正しく主張するとともに，自分の果すべき義務は確実に果す」などである。

また，評価については，「児童の道徳性について評価することは，指導上たいせつなことである」と述べられた後で，「しかし道徳の時間だけについての児童の態度や理解などを，教材における評定と同様に評定することは適当ではない」と記されている。つまり，「道徳の時間」の新設時から，「教科における評定と同様に評定することは適当ではない」という考え方が，明確に示されている。

次に，1968年に改訂された小学校学習指導要領の「第3章 道徳」の「第1 目標」を見ると，「道徳の時間」における目標に関して，次のように記されている。

> 道徳の時間においては，…（略）…，各教科および特別活動における道徳教育と密接な関連を保ちながら，計画的，発展的な指導を通して，これを補充し，深化し，統合して，児童の道徳的判断力を高め，道徳的心情を豊かにし，道徳的態度と実践意欲の向上を図るものとする。

この文章は，前回の改訂では，「第1章 総則」に記されていたものであるが，今回の改訂では，「第3章 道徳」の「第1目標」に移され，一部において加筆修正がなされているものの，目標それ自体の文言の大きな変更は見られず，文章の後半において，目標に関して「児童の道徳的判断力を高め，道徳的心情を豊かにし，道徳的態度と実践意欲の向上を図る」と端的にまとめられている。ただし，より詳細に見ると，前回の改訂では明記されていた「道徳的習慣」の語が削除されたうえで，知的な色彩の強い「道徳的判断力」の語が「道徳的心情」の語よりも前に置かれるとともに，「道徳的実践力」の語が削除され，それに代わって少し具体的な「道徳的態度と実践意欲」の語に変更されている。また，評価については，若干の文章の変更はあるものの，基本的に大きな変更は見られない。

次に改訂された1977年の学習指導要領の「第3章 道徳」の「第1目標」を見ると，「道徳の時間」における目標に関して，次のように記されている。

> 道徳の時間においては，…（略）…，各教科及び特別活動における道徳教育と密接な

> 関連を保ちながら，計画的，発展的な指導を通してこれを補充，深化，統合し，児童の道徳的判断力を高め，道徳的心情を豊かにし，道徳的態度と実践意欲の向上を図ることによって，道徳的実践力を育成するものとする。

　その記述は，前回の改訂と内容的に大部分同じであるが，最後の文章のところで前々回の学習指導要領にあって，前回の学習指導要領改訂で消えた「道徳的実践力」という語が，再び学習指導要領のなかに登場してきた。また，評価については，その記述は，前回の改訂と内容的にまったく同じである。
　次の改訂は平成元年に当たる1989年におこなわれたが，小学校学習指導要領の「第3章 道徳」の「第1目標」を見ると，道徳性を養うという道徳教育の目標が記されたうえで，次のように記されている。

> 道徳の時間においては，…（略）…，各教科及び特別活動における道徳教育と密接な関連を図りながら，計画的，発展的な指導によってこれを補充，深化，統合し，児童の道徳的心情を豊かにし，道徳的判断力を高め，道徳的実践意欲と態度の向上を図ることを通して，道徳的実践力を育成するものとする。

　この記述は，前回の改訂と比べると，「道徳的心情」の語が「道徳的判断力」の語の前に移動し，「道徳的態度と実践意欲の向上」という記述が「道徳的実践意欲と態度の向上」と変化しているが，基本的に道徳授業の目標はほぼ同じである。また，評価についても，記述の内容も，基本的に同じである。
　次の改訂は，1998年におこなわれた，いわゆる「ゆとり教育」といわれた学習指導要領であるが，その「第3章 道徳」の「第1目標」を見ると，「道徳教育の目標は，…（略）…，学校の教育活動全体を通じて，道徳的な心情，判断力，実践意欲と態度などの道徳性を養う」と簡潔に記されたうえで，「道徳の時間」における目標は次のように記されている。

> 道徳の時間においては，…（略）…，各教科，特別活動及び総合的な学習の時間における道徳教育と密接な関連を図りながら，計画的，発展的な指導によってこれを補充，深化，統合し，道徳的価値の自覚を深め，道徳的実践力を育成するものとする。

　前回の改訂をはじめ，それ以前の学習指導要領においても，「道徳的心情」「道徳的判断力」「実践意欲と態度」という用語は，「道徳の時間」の目標として掲げられていたが，今回の改訂では，道徳教育の目標を記す文章のところに移行された。それに代わるように，「道徳的価値の自覚を深める」という文章が新たに追加され，「道徳的価値の自覚」という個人の内面に強く意識させる語句が新たに加えられた。この点に関しては，1958年改訂では，「社会における個人のあり方についての自覚を主体的に深め」というように外的な社会にお

ける個人のあり方についての自覚であったことから考えれば，目指す自覚の対象が社会と切り離された個人の心的なものに変わってきたといえよう。

また，評価については，前回の改訂の「ただし，各教科における評定と同様の評定を，道徳に時間に関して行うことは適切でない」から，「ただし，道徳の時間に関して数値などによる評価は行わないものとする」に変更され，数値による評価はおこなわれないことが明確に示された。

次に改訂された2008年の学習指導要領の「第3章 道徳」の「第1 目標」を見ると，道徳教育の目標については，前回の改訂と同じであり，「道徳の時間」の目標についても，次のように記されている。

> 道徳の時間においては，…（略）…，各教科，外国語活動，総合的な学習の時間及び特別活動における道徳教育と密接な関連を図りながら，計画的，発展的な指導によってこれを補充，深化，統合し，道徳的価値の自覚及び自己の生き方についての考えを深め，道徳的実践力を育成するものとする。

つまり，前回の改訂において登場した「道徳的価値」の語に続けて，「自己の生き方についての考えを深め」の文章が加筆されただけであり，前回の改訂の文章が基本的に継承されているが，「道徳的価値」と「自己の生き方についての考えを深め」ることとの関連が図られ，「道徳的価値」の存在意味が社会と切り離された個人の自己という内面とのかかわりのなかで強められている。また，評価については，前回の改訂の文章がそのまま引き継がれた。

以上，道徳授業の始まった1958年から前回改訂の2008年までの学習指導要領を見てきたことからも明らかなように，「道徳の時間」の目標については，詳細に見れば，その時々に応じて道徳教育のなかでのこまごまとした変更がおこなわれている。その点に関して鍵となる語と社会的文脈とに注目して整理すると，まず，社会的な混乱と，経験主義から系統主義への転換のなかで「道徳の時間」が新設された1958年改訂では，その目標は，「道徳的習慣」「（道徳的）心情」「（道徳的）判断力」（カッコ内筆者），そして「社会における個人のあり方の自覚」と「道徳的実践力」があげられたうえで，さらに具体的な目標が，4つの文章で示されている。次に，経済成長期において叫ばれた「教育の現代化」の1968年改訂では，「道徳の時間」の目標は，「道徳的判断力」「道徳的心情」「道徳的態度と実践意欲」とされ，「道徳的習慣」と「社会における個人のあり方」と「道徳的実践力」，そして具体的な目標を示した4つの文章の表現とが削除されている。そして，落ちこぼれ問題の解消に向けた「ゆとりと充実」の1977年改訂では，「道徳の時間」の目標は，「道徳的判断力」，「道徳的心情」，「道徳的態度と実践意欲」に加えて，再び「道徳的実践力」があげられている。さらに，新学力観が叫ばれた1989年の改訂では，授業の目標は，「道徳的

心情」「道徳的判断力」「道徳的実践意欲と態度」「道徳的実践力」と，微妙に語順や言葉が変更されている。次のいわゆる「ゆとりの教育」と揶揄された1998年の改訂では，「道徳の時間」の目標として，「道徳的価値の自覚」と「道徳的実践力」が端的にあげられている。次の「確かな学力」とともに，「生きる力」や「心の教育」が求められた2008年の改訂では，「道徳の時間」の目標に，前回の改訂に記された「道徳的価値」と「道徳的実践力」の間に，「自己の生き方についての考えを深め」ることが追加されている。

このように，その時代に重要な鍵となる語が登場してきたり，ときには消えて後に再登場したり，ときにはもう完全に消え去ったり，あるいは用語の並べ方が替えられたりなど揺れ動きながら，「道徳の時間」の目標は変更されてきたが，大枠においては内容的に大きく変更されずに，次第に整理される方向に動いている。ただし，「道徳の時間」の目標の長期的な変化過程全体を注視するならば，2つの大きな特徴が見て取れる。一つの特徴は，どの時の学習指導要領を見ても，微妙に用語や語句の変更をしていても，一貫して，道徳性の要素として「道徳的判断力」「道徳的心情」「道徳的実践意欲と態度」の育成，すなわち「知」「情」「意」の育成をつねに意識し続けているところである。いま1つの特徴は，以前には「道徳的習慣」や「社会における個人のあり方の自覚」の言葉に象徴されるような，現実の世界に関わった道徳性の育成を大切にしていたが，最近になるほど心理主義の潮流に影響されて，現実社会（家族や社会や国家など）とは距離を置いた個々人の非現実（虚構）の世界に関わろうとする，内面的で心理主義的な道徳性の育成を強めているところである。

また，評価については，簡潔にいうならば，「道徳の時間」の始まった1958年から前回改訂の2008年までの学習指導要領において，用語や言い回しの違いや表現の明確さの違いは見られるものの，各教科のような点数による評価はおこなわないという方針は，一貫して引き継がれてきたといえる。

3 「道徳科」における学力観と評価の現状

以上，見てきたような学力観と評価の変遷を経て，現在実施されている2017年改訂の学習指導要領が誕生している。周知のように，2017年改訂では，「道徳の時間」が「道徳科」に変更されたために，「道徳科」における学力観と評価に関しては，これまでの改訂のような道徳教育や「道徳科」だけに留まる変更ではなく，過去の研究や実践の蓄積を継承しながらも，「道徳科」という教科になったことが強く意識され，比較的大きな変更がおこなわれている。

学習指導要領の「第3章 道徳」の「第1 目標」を見ると，道徳科の目標は，次のように記されている。

▷1 道徳性
狭義には，道徳性は，カントの倫理学用語であるMoralitätに当たる。行為が，外面的に道徳法則に一致しているという適法性と区別して，道徳法則に対する尊敬を動機としている場合に，道徳性が成立するとされている。しかし，現在の日本では，道徳性とは，「人間としてよりよく生きようとする人格的特性」とされている（『小学校学習指導要領解説道徳編』2018年）。その前には，「人間としての本来的な在り方やよりよい生き方を目指してなされる道徳的行為を可能にする人格的特性であり，人格の基盤をなすものである」とされていた（『小学校学習指導要領解説道徳編』2007年）。このように，文部科学省の同じ公的な文書においてすらも，道徳性の概念規定は安定的なものではない。したがって，日本では，道徳性の概念は，歴史的に形作られ，そして変化してきており，また将来においても変化する不安定なものであり，簡単に定義づけられものではない。
なお，世界的な視野から見れば，道徳性研究に際しては，道徳性を内面的自覚としてとらえるか，または道徳意識と道徳的行動を統合したものととらえるか，によって2つの異なった考え方が存在している。日本の学習指導要領の立場は明らかに前者である。

第14章 「特別の教科 道徳」における学力観と評価

> 第1章総則の第1の2の(2)に示す道徳教育の目標に基づき，よりよく生きるための基盤となる道徳性を養うため，道徳的諸価値についての理解を基に，自己を見つめ，物事を多面的・多角的に考え，自己の生き方についての考えを深める学習を通して，道徳的な判断力，心情，実践意欲と態度を育てる。

　この記述では，「自己を見つめ」という内面的な側面を強めた語が新たに追加されたうえで，これまでの学習指導要領では見られない「物事を多面的・多角的に考え」という文章が初めて挿入されているが，他の教科の目標に共通して使われている「見方・考え方を働かせ」に歩調を合わせたものであろう。また，前回の2008年の改訂において目標の記述に登場した「道徳的価値」という語は，今回の2017年改訂では「道徳的諸価値」と修正されたうえで，「についての理解を基に」という言葉を後に付けて文章の前半部分に移行され，前々回の改訂の1998年には，学校の教育活動全体を通じておこなわれる道徳教育の文章に移行された「道徳的な心情，判断力，実践意欲と態度」という文節が，「道徳的な判断力，心情，実践意欲と態度」という文節に修正されるかたちで復活され，1958年の学習指導要領の時から常套語のように使用され続けた「補充」「深化」「統合」という語が削除されている。そして，1958年の学習指導要領の時には記されていたが，次の改訂の1968年には削除され，またその次の改訂の1977年には復活されてから前回の改訂の2008年まで記されていた，道徳性の3つの諸相とも見なされる「道徳的判断力」「道徳的心情」「道徳的実践意欲と態度」を包括した意味の「道徳的実践力」という多義的な語が削除された。

　したがって，現行（2017年改訂）の学習指導要領に従えば，「道徳科」の目標は，端的にいうと，学校の教育活動全体でおこなわれる道徳教育と同様に，「道徳性」の育成であり，その指導プロセスを含めるかたちで，より具体的に表現すれば，「道徳的諸価値」と「自己の生き方についての考え」の理解を通して，「道徳的判断力」，「道徳的心情」，「道徳的実践意欲と態度」を育てることになる。

　また，「評価」については，現行（2017年改訂）の学習指導要領の「第3章 特別の教科 道徳」の「第3 指導計画の作成と内容の取扱い」において，次のように2つの文章で述べられている。

> 児童の学習状況や道徳性に係る成長の様子を継続的に把握し，指導に生かすよう努める必要がある。ただし，数値などによる評価は行わないものとする。

　「評価」については，既述したように，各教科のような点数による評価はおこなわないという方針は，一貫して引き継がれてきているといえる。ただし，2つの文章のうち，前者の文章においては，道徳の特別教科化の現状を受け

▷2 「自己を見つめ」という内面に向かう語が追加され，自分のこととして捉えることを強調しようしているが，自己中心的ないしは内向きにならないためにも，「自己」と同時に他の「人」のことや「集団や社会」のことを思いやり，道徳的意識と道徳的行為を外に向ける語が必要ではないだろうか。

て，これまで以上に，評価の取り扱い方に関しての注意喚起と慎重な配慮が促されている。その理由を推察すると，次の２点が教育学的に考えられる。１つは，道徳科は他の各教科などと異なり，子どもの人格や人間性の形成に強くかかわるような，数値や記号には真の有様を還元しきれない道徳性の形成を第一義的な目標にしている点である。いま１つをあげるならば，すべての教科の場合にも当てはまることであるが，一面では現実に社会における人材の選抜機能を有しているような学校教育の評価は，教師と子どもとの信頼的な教育関係を破壊し，「権力－支配－服従」という管理関係を生み出しかねない危険性を宿命的に内包している点である。その意味でいえば，研究者や文部科学省から，「評価」は子どもの発達や教師の指導に寄与するものであるという言説が脱文脈的に声高に発せられても，評価を評定や成績と同一視する風潮が現実の子どもや保護者の中ではまだ根強い状況では，特に人格や人間形成に強く関わる「道徳科」において，きわめて慎重な配慮が促されることは至極当然である。2017年改訂において述べられているように，「道徳性」の評価ではなく，「道徳性に係る成長の様子」を個人内評価としておこなうことが，より優れた真っ当な考え方であるといえよう。

４ 「道徳科」における学力観と評価の課題と展望

　以上，学習指導要領に記された「道徳科」（かつての「道徳の時間」）における目標と評価の変遷について，現在の状況に至るまで述べてきたが，ここでは，その目標と評価の変遷と現状から見えてくる「道徳科」における学力観を紡ぎ出し，それを基に，「道徳科」における学力と評価に関する課題および展望について考察する。

　「道徳の時間」の始まった1958年改訂の学習指導要領から現行の2017年改訂まで，社会や時代の状況の大きな変化のなかにあっても，目標の記述内容は，語の使われ方を見ればわかるように，基本的には大きな変更のないまま引き継がれてきている。もちろん，現行の2017年改訂では，「道徳の時間」から「道徳科」への大きな変化は外見的には認められる。しかし，他の教科と比較すれば明らかなように，他の教科では，「資質・能力論」の影響を受けて，目標に関する文章は，３つの資質・能力を育むようにすべて記されているが，「道徳科」の目標だけは，そのようには変更されていないのである。

　「道徳科」では，３つの資質・能力は示されず，基本的にこれまで引き継がれてきた目標が記されている。つまり，「道徳的な判断力，心情，実践意欲と態度」という道徳性の３つの諸様相を養うことが，目標として明言されている。さらに詳しく説明すれば，善悪を判断する「道徳的な判断力」，善を喜

第14章 「特別の教科 道徳」における学力観と評価

び，悪を憎む「道徳的心情」，そして道徳的価値を実現しようとする意志の働きと具体的な道徳的行為への身構えである「道徳的実践意欲と態度」を養うという目標は，道徳性を養うという目標をより具体化したものとなっている。

ところが，このような「道徳的な判断力」「道徳的心情」「道徳的実践意欲と態度」という目標を設定して育成しようとする「道徳科」における学力の内実は，本書の序章において解説されている一般的な学力と同様に，歴史的に形作られ，変化してきており，簡単に定義づけられないものである。そのために，学力について暫定的に示された「学校教育，とくに目標に基づく教科学習を通じ，学習者が達成した能力や学業を測定したもの」という定義を基準にするならば，その学力の内実は，特に次の2点において未来に向けて大きな課題が存在する。その1点目として，道徳科における学力は，子どもの育ちを俯瞰的に見ると，生まれてから小学校に入学するまでに家庭や社会において，さらには入学後も学校外でも継続的におこなわれるものであり，他の各教科の学力と相対的に比べてみても，特定な学校の活動や教室の授業の場において限定的に育成されるものではないということである。もう1つの点として，どのくらい「道徳的な判断力」「道徳的心情」「道徳的実践意欲と態度」という人格的なものが授業において育成されたかという成果や達成度は，正確に測定できないということである。さらにこの2点を踏まえて課題を指摘すれば，通常の学力には包摂できない，人格にかかわる道徳性の諸様相としての3つの目標は，「道徳科」の授業だけでは育成されないものを授業の成果や達成度として測定している点で，きわめて不条理な評価を「道徳科」において結果的に求めてしまっているということである。

▷3 序章のp.4を参照。

また，先に引用した定義以外のものを序章から取り出して検討してみても，同じような結論が導き出されてしまう。そのような行き詰まった状態を根本的に改革するためには，もう一度，「道徳科」における学力と関係の深い「道徳科」の目標設定に立ち戻って抜本的に考え直すことが重要ではないだろうか。その際に，「道徳の時間」が混乱の中で新設されることになり，最初の目標設定が示された1958年改訂の学習指導要領の記述は，意外と将来を展望するための，大きな手がかりになると考えられる。

▷4 序章のp.3〜4を参照。

その学習指導要領には，本章で述べたように，「道徳の時間」においては，徳目や道徳的価値のような概念を表に出さず，「道徳的心情を高め，正邪善悪を判断する能力を養うように導く」などという4つの具体的な文章が，目標として示されていた。注意深くみると，このような目標の4つの文末すべてにおいて，「導く」という語が文章で記されている。そこには，近年になって強調され過ぎている感のある，客観性を重んじる到達目標ではなく，「導く」先を指し示す，つまり意図やねらいを強く意識する方向目標が提示されている点に

▷5 本章のp.150〜151を参照。

157

気づかされる。この点に,「道徳科」の根本的な改善の1つの鍵が見出されないであろうか。なぜなら,「道徳科」における目標がこのような方向目標であるならば,それぞれの子どもの特性や発達に応じて,1人ひとり異なるオリジナルな道徳的感覚を包み込むことが可能となるからである。その意味で,「道徳科」における目標として,他教科の多くに見られるような汎用性を重視する脱文脈的な到達目標よりも,社会における個々人の子どもにとっての文脈的な方向目標がその子どもの成長に応じて強調されることになる。それによって,「道徳科」においては,目標に基づく評価,つまり「目標に準拠した評価」のような到達度を測定することに執着した学力ではなく,「道徳科」にとっての大きな目標である人格形成の方向に導く,それぞれ異なった子どもと現実の生活や社会に適った,1人ひとり異なった個性的・創造的な学力が「道徳科」の課題として構想されるのではないだろうか。

> 6 **目標に準拠した評価**
> 個人の学習状況を,具体的な教育目標を基準にして,それに達成したかどうかを見る評価。

　そのようにいっても,「道徳科」において方向目標だけが記され,到達目標は削除されるわけではない。「道徳科」における到達目標に結びついた学力の考え方は,年少の子どもであればあるほど,きわめて重要である。挨拶をすることやお礼をいうことなど,共同的な社会生活を営むうえで必要な道徳的行為やそれを生み出す道徳性の育成は,幼少年期の躾を考えればわかるように,社会にとっての到達目標を意識しておこなわれてよいであろう。ただし,躾のような子どもの主体性のない道徳教育は,できるだけ幼少年期に具体的な到達目標を決めて集中的にまずおこなわれたうえで初めて,青年期に近づけば近づくほど,次第に子どもの主体性を基礎に据えた真の道徳教育に変化されるべきである。その点から言えば,個人の成長を配慮しながら,青年期に近づくほど,自ら進んで主体的に決めるかたちの到達目標は尊重されてよいが,道徳教育にかかわっては基本的に主体性の発揮できる方向目標がより重視されていくべきであろう。そのような到達目標と方向目標が子どもの成長に即しながら設定されるべきであり,成長に応じてそれらの両方の目標を含みこむ新たな学力観の誕生が,「道徳科」にあっては待たれるところである。

　その点からいえば,「道徳科」の評価については,2017年改訂によって,相対評価はもちろんのこと,絶対評価や到達評価や「目標に準拠した評価」だけではなく,『「特別の教科　道徳」の指導方法・評価等について（報告）』に示されているように,「道徳性に係る成長」のきっかけになる記述式の個人内評価でなければならないこと,しかも人間性全体を分節化するような観点別評価もおこなわれないこと,そして1つの授業毎ではなく,年間や学期といった一定のまとまりの中で大くくりに評価することが明確化されている限りは,大きな問題はないであろう。しかし,現状よりもさらに評価をよりよくするためには,個性と社会性に応じた,目標にとらわれない,もう少しいえば,到達目標

だけでなく方向目標に重点を置いた「ゴール・フリー評価」[7]が子どもの成長や特性（特別な支援を必要とする子どもを含む）に即して重視されるべきであろう。また，そのためには，いわゆる「工学的アプローチ」[8]だけでなく，「羅生門的アプローチ」[9]も，「道徳科」において検討されるべきである。それによって，「道徳科」における目標設定や学力観の改善が抜本的に促進されると，なお喜ばしいであろう。

▷7 **ゴール・フリー評価**
目標に到達しているかどうかという観点にとらわれずに子どもを見る評価。

▷8 **工学的アプローチ**
教育工学に基づく接近方法であり，カリキュラム開発の一つの方法である。最初に一般的目標が立てられ，それが具体的な特殊目標に分節化され，それが測定可能な行動的目標に定式化される

▷9 **羅生門的アプローチ**
黒澤明によって1950年に公開された日本映画「羅生門」にちなんで「羅生門的アプローチ」と呼ばれる接近方法であり，カリキュラム開発において「工学的アプローチ」と対比的なアプローチである。最初に一般的目標が立てられ，そのうえで創造的教授・学習活動が行われ，そして記述され，一般的目標に照らされる。

Exercise

① 道徳科における学力について叙述されている文献を探して読んでみよう。
② 道徳科におけるいくつかの評価の方法について調べ，それぞれの方法の長所と短所について調べてみよう。

次への一冊

田中マリア編『道徳教育』ミネルヴァ書房，2018年。
　日本の教育行政に追随するだけの道徳教育のテキストが多い研究分野にあって，一定の距離間を保ちつつ，批判も含めて解説したものであり，評価についても詳しく論述されている。

引用・参考文献

道徳教育学フロンティア研究会編『続・道徳教育はいかにあるべきか——歴史・理論・実践・展望』ミネルヴァ書房，2022年。
「学習指導要領の一覧」 https://erid.nier.go.jp/guideline.html （2024年6月1日　閲覧）
『「特別の教科　道徳」の指導方法・評価等について（報告）』https://www.mext.go.jp/b_menu/shingi/chousa/shotou/111/houkoku/1375479.htm （2024年8月1日　閲覧）

第15章
SDGs で求められる学力観と評価

〈この章のポイント〉
　貧困，飢餓，気候変動，環境汚染，ジェンダー不平等，紛争，難民，パンデミック等々，人間の手によってつくられた地球規模の問題はたくさんある。これらの問題は人間の手でしか解決できない。そのため，すべての国と地域の政府とそこに暮らす人々が団結してこれらの問題解決に向けて共通の目標を掲げて努力している。これらの目標は持続可能な開発目標（Sustainable Development Goals, 以下 SDGs）と呼ばれており，目標達成のためには教育を通して自己と社会の変革が不可欠である。本章では SDGs の出現の背景とその趣旨を説明し，目標の達成に向けて求められている学力観とその評価について考える。

1　SDGs とは

　本節では SDGs が出現した背景と趣旨を示し，SDGs の達成に向けた日本の取り組みを概観する。

1　SDGs の背景

　産業革命以降，天然資源の発掘と加工による大量生産，農薬の使用，都市化，人口増加が絶え間なく進み，取り返しのつかない環境汚染を引き起こした。環境の継続的な破壊は人類の現代世代の暮らしに大きな影響を与えているが，将来の世代に与える悪影響が計り知れないという危機感が高まった。そのような状況の中で1972年にストックホルムで「国連人間環境会議」が開催され，人間環境の保全と改善に向けて国際社会の共通見解と取り組みの原則が合意された。その後，1987年に国連の専門委員会「環境と開発に関する世界委員会」（通称ブルントラント委員会）がまとめた報告書『地球の未来を守るために（*Our Common Future*）』において「持続可能な開発（Sustainable development）」という概念が登場し，次のように定義された。すなわち，持続可能な開発とは「将来の世代のニーズを満たす能力を損なうことなく，今日の世代のニーズを満たすような開発」である。環境，経済，社会・文化の三つの分野においてこのような持続可能な開発を促進することが求められた。北村ら（2019）が解説しているように，「現在の私たちの生活と同じくらい豊かな生活を将来の人々

も営む権利があり，今日の経済開発が将来世代の発展の可能性を脅かしてはならないという世代的責任を強調した『世代間の公正』と，現在の社会に生きる人々の間にも経済的な格差が激然として存在するなか，すべての人が豊かな暮らしを営む権利を有するということを強調した『世代内の公正』という，2つの『公正（equity）』が重要である」（北村ほか，2019，6ページ）。

その後，持続可能な開発は，1992年にリオデジャネイロで開催された「国連環境開発会議（地球サミット）」において大きな注目を浴び，この場で採択された「環境と開発に関するリオ宣言」と「アジェンダ21」という2つの国連文書においては持続可能な開発を目指した環境教育の重要性が強調された。2000年9月にニューヨークで開催されたミレニアムサミットでは人類社会の持続可能な開発のために環境問題をはじめ，平和，人権，貧困，福祉などの問題の解決を目指すミレニアム開発目標（Millennium Development Goals，以下MDGs）が採択された。2002年には「持続可能な開発に関する世界首脳会議（ヨハネスブルグ・サミット）」において，教育への新しいアプローチとして日本政府と市民団体が持続可能な開発のための教育（Education for Sustainable Development，ESD，以下ESD）の推進を提案した。同年，12月にニューヨークで開催された第57回国連総会において2005年からの10年間はESDを推進する期間と定められ，国連教育科学文化機関（United Nations Education, Science and Cultura Organization，以下ユネスコ）が実施を主導する機関として位置付けられた。

2　SDGsの概要

前節で述べたように，2000年にはMDGsが採択され，2015年までは主として途上国における貧困削減に向けた国際的な取り組みが主流であった。2015年の期限が迫る2012年6月に，最初の地球サミット（1992年）が開催されてから20年後に同じ土地リオデジャネイロで「国連持続可能な開発会議Rio+20」が開かれた。この会議では，多くのMDGsが到達されなかった理由と2015年以降目指すべき新たな目標の設定の必要性が強調され，すべての国と地域が納得する目標づくりの作業が始まった。その作業の結果は，2015年9月にニューヨークで開催された「国連持続可能な開発サミット」に150カ国以上の首脳たちが参加し，『我々の世界を変革する：持続可能な開発のための2030年アジェンダ』（以下，『アジェンダ2030』）という成果文書が全会一致で採択され，2030年までのビジョンと具体的な行動計画が示された。この文書では「持続可能な開発目標とターゲット」には17の目標（表15-1参照）とそれらを達成するための169のターゲット（課題）はSDGsとして総称され，公式ロゴ（図15-1）と一緒に知られるようになった。

SDGsの特徴は以下のように指摘されている。主として途上国の開発問題の

第15章　SDGsで求められる学力観と評価

表15-1　17の持続可能な開発目標（SDGs）

目標1．あらゆる場所のあらゆる形態の貧困を終わらせる。
目標2．飢餓を終わらせ，食料安全保障及び栄養改善を実現し，持続可能な農業を促進する。
目標3．あらゆる年齢のすべての人々の健康的な生活を確保し，福祉を促進する。
目標4．すべての人々への包摂的かつ公正な質の高い教育を提供し，生涯学習の機会を促進する。
目標5．ジェンダー平等を達成し，すべての女性及び女児のエンパワーメントを行う。
目標6．すべての人々の水と衛生の利用可能性と持続可能な管理を確保する。
目標7．すべての人々の，安価かつ信頼できる持続可能な近代的エネルギーへのアクセスを確保する。
目標8．包摂的かつ持続可能な経済成長及びすべての人々の完全かつ生産的な雇用と働きがいのある人間らしい雇用（ディーセント・ワーク）を促進する。
目標9．強靱（レジリエント）なインフラ構築，包摂的かつ持続可能な産業化の促進及びイノベーションの推進を図る。
目標10．各国内及び各国間の不平等を是正する。
目標11．包摂的で安全かつ強靱（レジリエント）で持続可能な都市及び人間居住を実現する。
目標12．持続可能な生産消費形態を確保する。
目標13．気候変動及びその影響を軽減するための緊急対策を講じる。
目標14．持続可能な開発のために海洋・海洋資源を保全し，持続可能な形で利用する。
目標15．陸域生態系の保護，回復，持続可能な利用の推進，持続可能な森林の経営，砂漠化への対処，ならびに土地の劣化の阻止・回復及び生物多様性の損失を阻止する。
目標16．持続可能な開発のための平和で包摂的な社会を促進し，すべての人々に司法へのアクセスを提供し，あらゆるレベルにおいて効果的で説明責任のある包摂的な制度を構築する。
目標17．持続可能な開発のための実施手段を強化し，グローバル・パートナーシップを活性化する。

出所：国連『我々の世界を変革する：持続可能な開発のための2030アジェンダ』外務省仮訳より抜粋。

図15-1　SDGsの公式ポスター

出所：国連広報センター。

解決に重点を置き，国連の専門家主導で援助機関の視点でトップダウン的に策定されたMDGsに対してSDGsは，2012年から2015年の3年間をかけて，国連に加盟している193（当時）の国と地域の代表者たち，NGOや民間企業が国内外でおこなわれた議論に参加し，様々な集団の声を反映させて準備されたものである。『アジェンダ2030』の「前文」に示されているように，「我々は人類を貧困の恐怖及び欠乏の専制から解き放ち，地球を癒し安全にすることを決意

している。我々は，世界を持続的かつ強靭（レジリエント）な道筋に移行させるために緊急に必要な，大胆かつ変革的な手段をとることに決意している。我々はこの共同の旅路に乗り出すにあたり，誰一人取り残さない」という理念のもとでSDGsは，人類社会が直面している課題が，途上国，先進国を問わず，すべての国と地域に共通しており，世界全体で取り組まなければならない普遍的（universal）かつ包括的（inclusive）なものであるという共通認識に基づいている（日本環境教育学会他編，2019，6～7ページ）。

3 SDGsの達成に向けた日本の取り組み

SDGsの達成に向けて各国と地域はそれぞれの事情に合わせて取り組んでいる。日本政府は，2016年5月に総理大臣を本部長，全閣僚を構成員とする「SDGs推進本部」を設置し，国内の基準，実施体制を整えた。SDGsの達成に向けた取り組みは『SDGs実施方針』が策定され，そこに5つの実施原則「普遍性」「包摂性」「参加型」「統合性」「透明性と説明責任」と，8つの課題と具体的施策①「あらゆる人々の活躍の推進」，②「健康・長寿の達成」，③「成長市場の創出，地位活性化，科学技術イノベーション」，④「持続可能で強靭な国土と質の高いインフラ整備」，⑤「省エネ・再エネ，気候変動対策，循環型社会」，⑥「生物多様性，森林，海洋等の環境の保全」，⑦「平和と安全・安心社会の実現」，⑧「SDGs実施推進の体制と手段」が示された。さらに『拡大版SDGsアクションプラン2018』において官民連携によるより具体的な施策がまとめられた。2017年からは「ジャパンSDGsアワード」といったSDGsの達成に向けた取り組みを奨励する企画が始まり，自治体，企業，教育機関，NGO/NPOなど様々な団体が表彰され，社会の中でSDGsの認識が広がることへの期待が寄せられている。

2 SDGsの学び

本節では教育におけるSDGsの位置づけについて述べる。そのさい，持続可能な開発のための教育（ESD）との関係と，SDGsの学びが求める学校教育の変化について述べる。

1 SDGsとESDの関係

17つあるSDGsのうち教育を掲げているのは目標4「すべての人々への，包摂的かつ公正な質の高い教育を提供し，生涯学習の機会を促進する」である。この目標を達成するために設定されている10のターゲットの中でターゲット4.7はすべてのSDGs達成に向けて教育が果たす役割を示している（表15-2参

照)。そこにあるように，持続可能な開発のための教育（ESD）とグローバル・シチズンシップ教育（Global Citizenship Education，以下GCED）▷1は，持続可能な社会づくりに求められている自己と社会の変革を目指す教育理念と実践である。特に，前者のESDは，前述しているように，日本政府と市民団体の提案で，2005-2014年に推進されてきた。ESDの推進拠点とされるのがユネスコ・スクール▷2であり，日本国内ではその数は10年間で1,000校以上に増えた。

表15-2　持続可能な開発目標4のターゲット

目標4.	すべての人々への，包摂的かつ公正な質の高い教育を提供し，生涯学習の機会を促進する。
4.1	2030年までに，すべての女児及び男児が，適切かつ効果的な学習成果をもたらす，無償かつ公正で質の高い初等教育及び中等教育を修了できるようにする。
4.2	2030年までに，すべての女児及び男児が，質の高い乳幼児の発達支援，ケア及び就学前教育にアクセスすることにより，初等教育を受ける準備が整うようにする。
4.3	2030年までに，すべての女性及び男性が，手頃な価格で質の高い技術教育，職業教育及び大学を含む高等教育への平等なアクセスを得られるようにする。
4.4	2030年までに，技術的・職業的スキルなど，雇用，働きがいのある人間らしい仕事及び起業に必要な技能を備えた若者と成人の割合を大幅に増加させる。
4.5	2030年までに，教育におけるジェンダー格差を無くし，障害者，先住民及び脆弱な立場にある子どもなど，脆弱層があらゆるレベルの教育や職業訓練に平等にアクセスできるようにする。
4.6	2030年までに，すべての若者及び大多数（男女ともに）の成人が，読み書き能力及び基本的計算能力を身に付けられるようにする。
4.7	**2030年までに，持続可能な開発のための教育及び持続可能なライフスタイル，人権，男女の平等，平和及び非暴力的文化の推進，グローバル・シチズンシップ，文化多様性と文化の持続可能な開発への貢献の理解の教育を通して，全ての学習者が，持続可能な開発を促進するために必要な知識及び技能を習得できるようにする。**
4.a	子ども，障害及びジェンダーに配慮した教育施設を構築・改良し，すべての人々に安全で非暴力的，包摂的，効果的な学習環境を提供できるようにする。
4.b	2030年までに，開発途上国，特に後発開発途上国及び小島嶼開発途上国，ならびにアフリカ諸国を対象とした，職業訓練，情報通信技術（ICT），技術・工学・科学プログラムなど，先進国及びその他の開発途上国における高等教育の奨学金の件数を全世界で大幅に増加させる。
4.c	2030年までに，開発途上国，特に後発開発途上国及び小島嶼開発途上国における教員養成のための国際協力などを通じて，資格を持つ教員の数を大幅に増加させる。

出所：国連『我々の世界を変革する：持続可能な開発のための2030アジェンダ』外務省仮訳より抜粋。太文字の強調は筆者による。

ユネスコはESDを「学習者らを，文化的多様性を尊重しつつ，現在と未来の世代のために環境保全，経済の継続性と公正な社会のために情報に基づいた決断と責任のある行動をとるようエンパワーするホリスティックで変革的な教育」と定義している。SDGsの達成に向けて個々人は持続可能性のチェンジメーカーになるべく，自分の思考と行動を大きく変革しなければならない。持続可能な開発に貢献できる知識，スキル，価値と態度を習得・形成することが求められている。そのカギを握っているのはESDであると，ユネスコが主張している（UNESCO, 2017, p.7）。

▷1　GCED（グローバル・シチズンシップ教育 Global Citizenship Education）は，2012年に当時の国連事務総長潘基文氏が提唱した「グローバル教育第一イニシアティブ Global Initiative Education First, GEFI」で提案された三つの優先課題の一つに「地球市民性の育成 foster global citizenship」が挙げられ，その推進機関にユネスコが指定された。GCEDは「学習者が国際的な諸問題に向き合い，その解決に向けて地域レベル及び国際レベルで積極的な役割を担うようにすることで，平和的で，寛容な，包括的，安全で持続可能な世界の構築に率先して貢献するようになることを目指すもの」である。2015年以降はSDGs4.7にESDとともに盛り込まれている。

▷2　ユネスコ・スクールとは，日本では，ユネスコの教育理念を実現する国際理解教育の実践の研究と発展の場となる学校共同体（UNESCO Associated Schools Project Network, ASPnet）に加盟している学校のことを呼ぶ。この共同体は1953年に発足し，2023年7月現在世界の182カ国から1万2000校以上が加盟している。日本国内では1,115校の小中高校と教員養成系大学が加盟している。

2 SDGsの学び

　SDGsの達成のために求められている変革的な教育（transformative education）としてESDが位置づけられている。諏訪ら（2020）は，これまでのESD実践の課題を指摘し，「SDGsの学び」は，従来の教科ごとに分かれた学習ではなく，テーマに関する学習内容を総合的，統合的に学び，事前に固定された内容にこだわらず，新しい内容を随時取り入れ，加除の自由度が高い，ICTの使用によるフレキシブルな教材を使った「協同的プロジェクト学習」が中心となる，と主張している。新学習指導要領において教科横断的な視点を重視するカリキュラム・マネジメントが強調されていることが新しい方向性として評価している一方，「真の『SDGsの学び』の過程では教科の垣根をさらに低くし，新しい教材開発が求められているという（諏訪ら，2020, 15ページ）。

3　SDGs時代に求められる学力観と評価

　本節ではユネスコがSDGsを教える教育関係者向けに2017年に出したガイド『持続可能な開発目標のための教育，学習対象（*Education for Sustainable Development Goals. Learning Objectives*）』（UNESCO, 2017）からSDGs時代に求められるコンピテンシーを示し，その評価の難しさを指摘する。

1 持続可能性のためのキーコンピテンシー

　ユネスコは，2017年にSDGsの達成に向けたESDを実践する教育関係者のために示しているガイドラインを出した。そこでESDは，学習者の分野横断的な持続性のためのコンピテンシー（sustainability competences）の育成を通して，SDGsの達成のために必要な特定の認知的（cognitive），社会・情動的（socio-emotional），行動的（behavioral）学力（learning outcomes）の形成を促進する。持続可能性のためのキーコンピテンシーは表15-3にまとめられている。これらのコンピテンシーは，人々は複雑な世の中でポジティブな変化のために協働し（collaborate），主張し（speak-up），行動（act）することを通して自ら持続可能性に貢献する市民となるために必要である（UNESCO, 2017, p.8）。その次に，17のSDGsの各目標について，学習を認知の領域，社会・情動的領域と行動の領域のそれぞれに関する指導案作成のガイドを提示し，最後に，カリキュラムと教材などの実際例を示しながら解説している。これらのキーコンピテンシーはPISA-2018に盛り込まれたグローバルコンピテンシーに影響していることがうかがえる。

表15-3 持続可能性のためのキーコンピテンシー

システム思考コンピテンシー（System thinking competency） 物事の関係性を認識・理解する；複合的なシステムを分析する；諸システムが異なる分野と規模にどのように埋め込まれているか考える；不確実性に対処する諸能力。
予測的コンピテンシー（Anticipatory competency） 複数の未来―起こり得る（possible）未来，起こる確率が高い未来（probable）と望ましい（desirable）未来―を理解し評価する；自分の未来のビジョンを描く；行動・行為（action）に伴う結果を評価する；リスクと変化に対処する諸能力。
規範的コンピテンシー（Normative competency） ある行動・行為の根底にある諸規範と価値値を理解し省察（reflect）する；利害対立とトレードオフ，不確実な知識と矛盾に富む状況において持続可能性の諸価値，諸理念，諸目標と諸ターゲットについて交渉する諸能力。
戦略的コンピテンシー（Strategic competency） 持続可能性をローカルなレベルで促進するための革新的活動を協同で開発し，実施する諸能力。
協働コンピテンシー（Collaboration competency） 他者から学ぶ；他者のニーズ，視点，行動を理解し尊重する（empathy）；他者を理解し，関わり，思いやる（emphatic leadership）；集団の中の対立に対応する；協同的，参加型問題解決をファシリテートする諸能力。
クリティカル思考コンピテンシー（Critical thinking competency） 諸規範，諸実践と諸意見を問う；自分の諸価値，認識と行動を省察し，持続可能性の言説に対する自分の立ち位置を示す諸能力。
自己認識コンピテンシー（Self-awareness competency） ローカルコミュニティと（グローバルな）社会における自分の役割について省察する；自分の行動・行為を継続的に評価し動機づける；自分の感情と願望に対処する諸能力。
統合された問題解決コンピテンシー（Integrated problem-solving competency） 上述の諸コンピテンシーを統合し，持続可能性の複合的な諸問題に対する多様な問題解決フレームワークを採用し，持続可能な開発を推進させる実行可能で，インクルージブで公正な解決策を生み出す包括的な能力。

出所：UNESCO（2017, p.10），筆者翻訳。

2　SDGsの学びの評価

　上述のように，ユネスコはSDGsの達成に貢献するESDの位置づけ，ESDをとおして育成されるべき持続可能性のためのキーコンピテンシーを積極的に示しているものの，学習成果の評価についてほとんど触れていない。諏訪ら（2020）は，評価の難しさは，その学習アプローチからくる，個人間の競争を前提とし，学習成果に基づく評価は，グループのメンバーで課題解決に取り組むプロセスの評価とは大きく異なると指摘する。学習の効果や学習意欲を引き起こすために使われてきた評価，結果より過程を重視する評価に変わる。さらに，教師が子どもたちと一緒に課題に取り組む「SDGsの学び」では評価すること自体の相対的意味が縮小し，次の課題への取り組みに向けた振り返りや省察が重視されるようになる，としている（諏訪ら，2020，16～17ページ）。

Exercise

① 17つのSDGsの相互関係を図式化し，説明してみよう。
② 表15-3にある持続可能な開発のためのキーコンピテンシーの中から一つを選び，そのコンピテンシーを育成するための実践を考案してみよう。
③ 持続可能な社会，文化の形成に向けて求められる自己変革をどのように理解しているか具体的な例をあげて説明してみよう。

📖次への一冊

北村友人・佐藤真久・佐藤学編『SDGs時代の教育——すべての人に質の高い学びの機会を』学文社，2019年。
　本書は，SDGsが出現した背景とそれを支える理念，SDGsの一つの目標4である「質の高い教育をみんなに」の意義と教育がSDGsの達成に向けて果たす役割について多様な視点からわかりやすく説明している。SDGs時代に求められる教育理念を総合的に理解できる書籍である。

引用・参考文献

北村友人・佐藤真久・佐藤学編『SDGs時代の教育——すべての人に質の高い学びの機会を』学文社，2019年。
諏訪哲郎・小堂十・丸茂哲雄・多田孝志編『学校3.0×SDGs——時代を生き抜く教育への挑戦』キーステージ21，2020年。
日本環境教育学会他編『事典 持続可能な社会と教育』教育出版，2019年。
UNESCO, *Education for Sustainable Development Goals. Learning Objectives*, 2017
　　https://unesdoc.unesco.org/ark:/48223/pf0000247444（2023年7月31日閲覧）
（ホームページ）
国際連合教育科学文化機関（UNESCO） Sustainable Development Goals
　　https://en.unesco.org/sustainabledevelopmentgoals（2023年7月31日閲覧）
国際連合広報局
　　https://www.unic.or.jp/activities/economic_social_development/sustainable_development/sustainable_development_goals/（2023年7月31日閲覧）
外務省 Japan SDGs Action Platform
　　https://www.mofa.go.jp/mofaj/gaiko/oda/sdgs/index.html（2023年7月31日閲覧）
ユネスコ・スクール公式ウエブページ
　　http://www.unesco-school.mext.go.jp/（2023年7月31日閲覧）

第16章
国際バカロレア（IB）で求められる学力観と評価

〈この章のポイント〉
　この章では，国際的な教育プログラムとして近年注目を集めている「国際バカロレア（IB）」で求められる学力観と評価について検討する。IB では，平和な社会の構築に向けて，グローバルな社会の責任ある一員となる若者の育成を目指しており，カリキュラムでは国際的な視野を育むためにグローバルな学びの文脈が設定されている。また，評価においては，学習を促すための評価が重視されている。IB の学力観と評価のあり方は，学習者を主体とした学びをいかに実現するかという問いへの一つの応答となるだろう。

1　国際バカロレア（IB）の歴史と現在
　　――国際教育プログラムの展開

　国際バカロレア（International Baccalaureate，以下 IB）は多様な国籍をもつ子どもたちが通う国際学校（インターナショナルスクール）において，国境を越えて通用する大学入学資格の必要性から開発された国際的な教育プログラムである。その端緒は，1920年代の国際連盟及び国際労働機関の設置を受けて，1924年にスイスで開設されたジュネーブ国際学校（Ecolint）にさかのぼる。ただし，共通のカリキュラム作成に向けた動きが本格化するのは，第二次世界大戦後のことである。ユネスコや欧州評議会[1]，各国政府の支援を受け，ジュネーブ国際学校の教師等が中心となってカリキュラムの草案がまとめられた。1965年以降の一連の会議を経て，1968年に「国際バカロレア機構（IBO）」が正式に発足する（福田，2015，Ch. 2）。国際バカロレアは2018年に70周年を迎えており，歴史のある国際教育プログラムのひとつであるといえる。

　IB は 4 つのプログラムからなっている。初等教育プログラム（Primary Years Programme，以下 PYP／3～12歳対象），中等教育プログラム（Middle Years Programme，以下 MYP／11～16歳対象），ディプロマプログラム（Diploma Programme，以下 DP／16～19歳対象），キャリア関連プログラム（Career-related Programme，以下 CP／16～19歳対象）である。このうち DP の歴史がもっとも古く，1968年に開始されている。DP では，国際的通用性のある大学入学資格「国際バカロレア資格（IB Diploma）」を取得することができる。DP 以外は比較的新

▷1　欧州評議会
欧州評議会（Council of Europe）は，民主主義，人権，法の支配という 3 つの価値を促進するために1949年に設立された国際機関である。加盟国は欧州を中心とした46か国であり，オブザーバー国として日本も参加している（欧州評議会 HP https://www.coe.int/en/web/portal/home）。

しいプログラムであり，MYPは1994年，PYPは1997年，CPは2012年に開始した。それぞれのカリキュラムは定期的に見直しがおこなわれており，近年ではその一貫性がますます重視されるようになっている。

IB認定校は世界に5,611校あり，160か国・地域で導入されている。アフリカ・ヨーロッパ・中東地域は1,546校，アジア太平洋地域は1,181校，アメリカ地域は2,884校ある。アフリカ・ヨーロッパ・中東地域とアジア太平洋地域は私立学校が多いが，アメリカ地域は公立学校が多い（IBO, 2023a, pp.11-13）。日本のIB認定校は129校あり，うち78校が一条校である。IBで用いられる言語は，英語，フランス語，スペイン語であるが，日本では2013年度以降，DPの科目の一部を日本語でも実施可能とする「日本語DP」（デュアルランゲージ・ディプロマプログラム）の開発・導入が進められてきた。日本語DPを実施する学校は35校である（文部科学省IB教育推進コンソーシアムウェブサイト／2024年3月31日時点）。本章では，以下，日本でも導入が進められているPYP，MYP，DPを取り上げたい。

2　国際バカロレア（IB）の学力観

国際バカロレア（IB）ではどのような学力が求められているのだろうか。以下では，IBの教育理念，カリキュラム，修得が求められるスキルに着目してみていきたい。

1　IBの教育理念——グローバルな社会の責任ある一員になる

IBの教育理念は「IBの使命（IB mission）」に示されている。その中では，「多様な文化の理解と尊重の精神を通じて，より良い，より平和な世界を築くことに貢献する，探究心，知識，思いやりに富んだ若者の育成」が目的として掲げられている。よりよい世界，より平和な世界の構築がIBの国際教育の中心に位置づいている。また，「人がもつ違いを違いとして理解し，自分と異なる考えの人々にもそれぞれの正しさがあり得ると認めることのできる人として，積極的に，そして共感する心をもって生涯にわたって学び続けるよう働きかけ」ることを目指している。ここでは，多様な文化の理解と尊重のあり方，積極性と共感，そして，生涯学習の重要性が提起されている（IBO, 2019）。

では，この教育理念を教育実践においていかに具現化しようとするのか。ここで提示されるのが「IBの学習者像（IB learner profile）」である（表16-1参照）。これは「IBの使命」を具体化したもので，「国際的な視野（international-mindedness）をもつとはどういうことか」という問いに対するIBの答えの中核を担っている。つまり，「国際的な視野」をより明確に定義し，教育実践を

第16章　国際バカロレア（IB）で求められる学力観と評価

表16-1　IBの学習者像

探究する人 （Inquirers）	私たちは，好奇心を育み，探究し研究するスキルを身につけます。ひとりで学んだり，他の人々と共に学んだりします。熱意をもって学び，学ぶ喜びを生涯を通じてもち続けます。
知識のある人 （Knowledgeable）	私たちは，概念的な理解を深めて活用し，幅広い分野の知識を探究します。地域社会やグローバル社会における重要な課題や考えに取り組みます。
考える人 （Thinkers）	私たちは，複雑な問題を分析し，責任ある行動をとるために，批判的かつ創造的に考えるスキルを活用します。率先して理性的で倫理的な判断を下します。
コミュニケーションができる人 （Communicators）	私たちは，複数の言語やさまざまな方法を用いて，自信をもって創造的に自分自身を表現します。他の人々や他の集団のものの見方に注意深く耳を傾け，効果的に協力し合います。
信念をもつ人 （Principled）	私たちは，誠実かつ正直に，公正な考えと強い正義感をもって行動します。そして，あらゆる人々がもつ尊厳と権利を尊重して行動します。私たちは，自分自身の行動とそれに伴う結果に責任をもちます。
心を開く人 （Open-minded）	私たちは，自己の文化と個人的な経験の真価を正しく受け止めると同時に，他の人々の価値観や伝統の真価もまた正しく受け止めます。多様な視点を求め，価値を見いだし，その経験を糧に成長しようと努めます。
思いやりのある人 （Caring）	私たちは，思いやりと共感，そして尊重の精神を示します。人の役に立ち，他の人々の生活や私たちを取り巻く世界を良くするために行動します。
挑戦する人 （Risk-takers）	私たちは，不確実な事態に対し，熟慮と決断力をもって向き合います。ひとりで，または協力して新しい考えや方法を探究します。挑戦と変化に機知に富んだ方法で快活に取り組みます。
バランスのとれた人 （Balanced）	私たちは，自分自身や他の人々の幸福にとって，私たちの生を構成する知性，身体，心のバランスをとることが大切だと理解しています。また，私たちが他の人々や，私たちが住むこの世界と相互に依存していることを認識しています。
振り返りができる人 （Reflective）	私たちは，世界について，そして自分の考えや経験について，深く考察します。自分自身の学びと成長を促すため，自分の長所と短所を理解するよう努めます。

出所：IBO（2019, pp.3-4）．

通じてどのようにその理想に近づくのかがIBの中心的な課題となっている。IBの学習者像を提示することで，個人や集団が地域社会や国，グローバルなコミュニティの責任ある一員となることに資することが期待されている（IBO, 2014a, pp.3-5）。

10の学習者像のうち，「探究する人」「知識のある人」「考える人」「コミュニケーションができる人」「振り返りができる人」は，認知的能力の育成が意図されており，「信念をもつ人」「心を開く人」「思いやりのある人」「バランスのとれた人」「挑戦する人」は気質や態度に着目している。IBにおいては，認知的なスキルと能力は，気質と態度に内包されているものとして認識されている（IBO, 2014a, p.14）。また，学習者像を無批判に受け入れることは期待されておらず，各学校が学習者像の意味づけをすることや，生徒が学習者像に組み込まれている価値観に批判的に向き合うことが不可欠とされている。加えて，隠れたカリキュラムや学校でおこなわれる意図しない体験学習への注意も促してい

る（IBO, 2014b, pp.37-38）。

2　IBのカリキュラム
——国際的な視野を育むグローバルな学びの文脈

　では，IBの教育理念や目的はどのようにカリキュラムに反映されているのだろうか。ここでは，その構造に着目してみたい。

　まず確認しておきたいのは，PYPとMYPで提示されているのはカリキュラムの枠組みであり，DPではカリキュラムが提示されているということである。つまり，PYPやMYPは義務教育段階にあたることから，各国や地域において定められる教育課程の要件を組み入れるための柔軟性が確保されている。一方でDPは，世界中の大学への入学要件を満たすため，カリキュラムと評価のプロセスがより詳細に規定されている（IBO, 2014a, p.7）。いずれのプログラムにおいても学習者がカリキュラムの中心に据えられている。以下では，国際教育という観点から各プログラムの特徴をみていきたい。

① 初等教育プログラム（PYP）

　PYPのカリキュラムの枠組みは，「教科の枠をこえた学習（transdisciplinary learning）」[2]がその中核にある。PYPの学習者は学習の主体（agents）として位置づけられ，学習活動は「学習と教授」「学習コミュニティ」によって支援される。さらに，国際教育の文脈において不可欠とされる人間の共通性に基づいた6つの教科の枠をこえたテーマが設定されており，それらは「私たちは誰なのか」「私たちはどのような場所と時代にいるのか」「私たちはどのように自分を表現するのか」「世界はどのような仕組みになっているのか」「私たちは自分たちをどう組織しているのか」「この地球を共有するということ」である。学習者はこれらのテーマのもとで，地球規模で重要な課題を探究する機会が与えられている（IBO, 2014a, p.10；2020b, pp.4-6）。

② 中等教育プログラム（MYP）

　MYPのカリキュラムの枠組みは，概念（概念的理解）とグローバルな文脈（文脈に基づいた学習と指導）を重視しており，教科学習と学際的な学習[3]に焦点を置いている。MYPの教科は「言語と文学」「個人と社会」「数学」「デザイン」「芸術」「理科」「保健体育」「言語の修得」の8つである。またMYPでは，PYPの教科の枠をこえたテーマに対応する6つのグローバルな文脈が設定されている。それらは，「アイデンティティーと関係性」「空間的時間的位置づけ」「個人的表現と文化的表現」「科学技術の革新」「グローバル化と持続可能性」「公平性と発展」である。このようにMYPの学習の文脈はグローバルな文脈から選択され，国際的な視野の育成とプログラムの中でのグローバルな取り組みを促進することが意図されている（IBO, 2023b, pp.6-25）。

▷2　教科の枠をこえた学習（transdisciplinary learning）
PYPの「教科の枠をこえた学習」は，教科をしばる枠組みをこえて学習を世界の現実へと結びつけようとするものである。児童の興味や質問が教科の枠をこえた学習の根幹をなしており，その学習は問題，課題，テーマで始まる。教科は，テーマや概念を深く探究するためのツールまたはリソースとしてとらえられている（IBO, 2020b, pp.1-3）。

▷3　学際的な学習
MYPの学際的な学習とは，「生徒が2つ以上の教科の知識体系や考え方を理解し，それらを統合して新たな知識を創造するプロセス」を意味する（IBO, 2023b, pp.57-58）。

③ ディプロマプログラム（DP）

DPのカリキュラムは，その中核をなすコア（必修3要件）である「知の理論（theory of knowledge：TOK）」「課題論文（extended essay：EE）」「創造性・活動・奉仕（creativity, activity, service：CAS）」と，「言語と文学」「言語の修得」「個人と社会」「理科」「数学」「芸術」の6つの教科グループから構成されている。幅広くバランスのとれた学習内容が設定されていることに加え，多様な文化を理解するための教育が重視されており，国際的な視野を育成することを目指して各科目のねらい，目標，内容，評価規準が設定されている。例えば，「個人と社会」では，全科目において「人間の本質や，人間が下してきた判断，人間に関わる出来事をそれぞれグローバルな文脈や地域的な文脈において理解し，批判的思考や多角的なものの見方，建設的な比較の能力を育成すること」に重点が置かれている。国際的な視野の育成については，世界や多様な文化に対し，開かれた態度で好奇心を示すことを意味するとし，多様な文化の理解には，他の人々のものの見方だけでなく，自分自身のものの見方を認識し，振り返ることが含まれるとしている（IBO, 2020a, pp.7-9）。

このように，IBの各プログラムでは「世界を最大の学びの文脈」（IBO 2023b, p.15；2020a, p.15）として設定することにより，国際的な視野の育成を目指しているといえる。

3 IBで修得が求められるスキル
——生涯学習者として学び方を学ぶ

IBでは，学び方を学ぶことが教育の基本であるという信念のもとに，「学習のアプローチ（Approach to Learning，以下ATL）」として5つのスキル（ATLスキル）を身につけることが目指されている。それは，思考スキル，リサーチスキル，コミュニケーションスキル，社会性スキル，自己管理スキルである。これらのスキルは，個別のカテゴリとして提示されているが，お互いに密接なつながりをもつものとされている（IBO, 2019, p.8）。MYPではこの5つのスキルをさらに細分化し，10のスキルクラスタを提示している（表16-2参照）。

学び方を学ぶための方法とそのためのスキルを身につけることが重要なのは，IBの使命において生涯学習の重要性が提起されていることにつながる。生涯学習者となるためには，自分自身の学び方や得意な学習スタイル，長所と限界を理解しなければならないということが意図されている。また，学び方を学ぶことは学習者自身の「メタ認知」を促すことでもある。つまり，効果的な学習者は，自分自身の学習プロセスを認識し，現実的に評価し，コントロールしているため，自身が何をしているかをモニタリングし，効果的な対応をすることができるとしている。一方で，すべての学習者には異なる思考プロセスや

表16-2　学習のアプローチ（ATL）スキルの枠組み

ATL スキルのカテゴリ	MYP の ATL スキルクラスタ
コミュニケーションスキル	1．コミュニケーションスキル
社会性スキル	2．協働スキル
自己管理スキル	3．管理・調整スキル 4．情動スキル 5．振り返りスキル
リサーチスキル	6．情報リテラシースキル 7．メディアリテラシースキル
思考スキル	8．批判的思考スキル 9．創造的思考スキル 10．転移スキル◁4

出所：IBO（2023b, pp.26, 128-135）．

▷4　転移スキル
転移スキルとは，スキルと知識を多角的な文脈において用いるスキルである。生徒がスキルや知識を学習分野や教科の枠をこえて転移することができるようになることを目指している（IBO, 2023b, p.135）。

学習スタイルがあり，また同じ学習者でも学習の内容によって学習スタイルが変わる場合がある。そのため，すべての場合に当てはまる唯一の学び方はなく，教師は様々なアプローチを伝え，学習者は実際にどのように応用するかを学ぶ必要があるとする。IB において学習とは，教師によって促され，仲介され，模範が示されるプロセスとして提示されている。教師は「学習」の指導者であり，学習者がどのようにしたら最もよく学べるかを援助する役割が期待されている（IBO, 2014a, pp.13-19）。このように，IB の学習においては，学習者が何を，なぜ，何のために学んでいるのかを理解していること，教師がそのような理解を明示的に促すことが重視されている。

4　IB の学力観を支える知識観

最後に IB の学力観を支える構成主義の知識観について触れておきたい。構成主義では知識は受動的に学習されるものではなく能動的に築くものであり，理解やパフォーマンスを向上させるためには，学習者がすでにもっている概念に関連づけ，働きかけることが重要とされている（IBO, 2014a, p.13）。構成主義は実証主義◁5との対比から捉えられることもあり，その場合，「学習とは主体的に『意味をつくり出していくプロセス』であり，単なる『知識の転移』ではない」（久保田, 2003, p.12）。このような学習者による意味構築を重視する構成主義の立場が，IB における学習と指導の原則として位置づいている。

▷5　実証主義
久保田によれば，実証主義の立場では，「現実」が人と独立して世界に実在するという見方がなされ，「現実」を「こころ」に正確に写し取ったものが知識であると考えられている。この立場では，学習者は「何も書かれていない白板」とみなされ，教師の役割はその白板に知識を書き写すことであるとされる。教師は何でも知っている権威者であり，「正しい答え」の保持者として位置づけられることになる（久保田, 2003, p.13）。

3　国際バカロレア（IB）の「学習のための評価」

1　何のための評価？

それでは，国際バカロレア（IB）における学習はどのように評価されるのだ

ろうか。まず前提として，IB における評価（assessment）はカリキュラムの一つの要素として位置づけられていることを確認しておきたい。IB においてカリキュラムは，指導計画（designed/planned curriculum），授業方法（delivered curriculum），評価計画（assessed curriculum）の3つの部分から構成されており，それぞれ「何を学びたいのか」「どうしたら最もよく学べるのか」「学んだことをどのようにして知るのか」という問いと結びついている（IBO, 2023b, pp.52-54）。このように，カリキュラムの計画と実際の指導，そして評価が一貫したかたちで構想されている。

例えば，PYP では評価の4領域として，学習のモニタリング，記録，測定，報告が挙げられているが，その中でも，学習のモニタリングに重きが置かれている。これは，観察，問いかけ，振り返り，ディスカッションなど様々なストラテジーを通して，日々実践されるものである（IBO, 2020b, pp.99-100）。こういった継続的な学習のモニタリングは，MYP や DP では形成的評価として位置づけられ，「学習のための評価（assessment for learning）」として教師の指導や学習を改善するために利用できるツールまたはプロセスとして重視されている（IBO, 2020a, p.100）。

このように，IB で目指される評価は学習者の主体性を重視するものであり，学習者が自身の学びを振り返ることができるようになることを主眼として継続的に実施されるものである。別の側面からみれば，これは学習者が学び方を学ぶプロセスを教師が支援するものであり，学習者に ATL スキルを用いた自己省察（self-reflection）を促すことでもある。教師は意味のあるフィードバックをおこない，総括的評価に向けたやり取りをおこなうことが期待されている。

このときに重要になるのが，教師と学習者を含む学校コミュニティがその評価規準を理解しているという評価の透明性（transparency）である。この点に関して，IB では「評価規準準拠（criterion-related）」アプローチが採用されている。これは所定の評価規準に基づき，水準ごとの説明を用いて到達度を測るという方法である。これは，「集団基準準拠（norm-referenced）」や「目標基準準拠（criterion-referenced）」アプローチとは異なるものである。例えば，MYP では教科ごとに A〜D の観点に基づく評価規準が設定されている。さらに，評価で用いる「指示用語（command terms）」を定義することで，求められる水準についての共通理解を図ろうとしている（IBO, 2023b, pp.91-98）。

2 評価についての共通理解の重要性

IB において評価計画がカリキュラムの一要素として位置づけられていることはみてきたが，IB のプログラムを実施する IB 認定校となる際にも評価は重要な要素となる。『プログラムの基準と実践要綱』（IBO, 2022）では，IB のプロ

▷6　形成的評価
→序章参照。

▷7　総括的評価
→序章参照。

▷8　集団基準準拠（norm-referenced）
このアプローチでは，生徒の学習成果が互いに比較される，あるいは，学習成果に対する予測分布と生徒の学習成果が比較されることになる（IBO, 2023b, p.91）。

▷9　目標基準準拠（criterion-referenced）
このアプローチでは，生徒が次のレベルに到達したと判断される際に，それより低い到達度の特定の規準のすべての評価要素を習得しなければならない（IBO, 2023b, p.91）。

▷10　指示用語（command terms）
指示用語とは，学習目標や評価規準の説明において用いられる用語を指す。「簡単に述べなさい（Outline）」「詳しく述べなさい（Describe）」「論じなさい（Discuss）」等の動詞で表され，生徒に求められる思考レベルやパフォーマンス（あるいは行動）を具体的に示すものである（IBO, 2023b, pp.97-98, 139-143）。

グラムを実施する際の一般的な原則である「基準（standards）」とそれをさらに具体的に定義した「実践要綱（practices）」が示されている。基準は，「目的」「環境」「文化」「学習」の4つのカテゴリに分類されている。ここでは，その中の評価に関する記述に着目する。

まず，「文化（肯定的な学校文化の創造）」の基準として「方針の実践を通じた文化」というものがある。その実践要綱の5番目に，「学校は，継続的な学習と成長の文化を創造するために，評価方針（assessment policy）を実施，伝達し，定期的に見直しを行うこと」が定められている。次に，「学習（効果的な教育の保証）」の4つ目の基準として「評価のアプローチ」がある。その実践要綱として，以下の4点があげられている。

表16-3　「評価のアプローチ」の実践要綱

1．児童生徒と教師は，学習，指導，および評価を向上させるためにフィードバックを行うこと
2．学校は，カリキュラムおよび規定された学習結果と目標に見合う様々な評価のアプローチを用いること
3．学校は，公正でインクルーシブに，かつ一貫性と透明性をもって評価を実施すること
4．児童生徒は，学習したことを定着させる機会として評価を利用すること

出所：IBO（2022, pp.20-22）.

IB認定校は，IBの理念にそった評価方針を策定すること，またその中で，学校コミュニティにおけるそれぞれの権利と責任を説明し，優れた評価の実践とは何かを明確にすることが求められている。また，学習，指導，評価の改善に向けて，児童生徒と教師がお互いにフィードバックをおこなうこと，概念学習を中心に評価を組み立てること，児童生徒と保護者が評価の規定や要件に関する資料にアクセスできるようにすることなどが述べられている（IBO, 2022, pp.13, 20-22）。ここからわかるのは，IBにおいては評価についての理解を教師の間だけではなく，児童生徒や保護者も含めた学校コミュニティ全体で共有しようとしているということである。

4　わたしたちは何のために／何を学んでいるのか

この章では，国際バカロレア（IB）における学力観と評価について検討してきた。IBでは，平和な社会の構築に向けて，グローバルな社会の責任ある一員となる若者の育成を目指しており，カリキュラムでは国際的な視野を育むためにグローバルな学びの文脈が設定されていた。また，生涯学習者として学び方を学ぶためのスキルの修得も重視されていた。評価においては，学習を促すための評価が重視されており，学校コミュニティ全体での共通理解の構築が目指されていた。IBの学力観と評価のあり方は，学習者を主体とした学びをいかに実現するかという問いへの一つの応答となるだろう。

Exercise

① 日本の教育基本法の教育の目的（第1条），教育の目標（第2条），生涯学習の理念（第3条）と，IBの使命及び学習者像を比較してみよう。
② これまでの自分の学習経験をグローバルな文脈から意義づけてみよう。
③ 「評価規準準拠（criterion-related）」アプローチの例を調べてみよう。

📖 次への一冊

福田誠治『国際バカロレアとこれからの大学入試改革――知を創造するアクティブ・ラーニング』亜紀書房，2015年。
　IBの各プログラムの概要が具体的な時間割なども含めて整理されている。とくに，IBの歴史が詳述されている第2章はどのようにIBが生み出されたのかを知るためには必読である。

岩崎久美子編『国際バカロレアの挑戦――グローバル時代の世界標準プログラム』明石書店，2018年。
　諸外国の公立学校におけるIB導入について，欧米やアジア諸国と日本の取り組みを比較している。また，日本人教師やDP在学生・卒業生を対象とした調査がおこなわれており，多面的にIBを分析している。

国際バカロレア機構『国際バカロレア（IB）の教育とは』IBO，2019年。
　国際バカロレアに関する基本文書の一部は日本語に翻訳されており，IBのウェブサイト 'Resources for schools in Japan'〔https://www.ibo.org/about-the-ib/the-ib-by-region/ib-asia-pacific/information-for-schools-in-japan/〕から入手できる。原文にあたって，その理念やアプローチを確認してほしい。

引用・参考文献

International Baccalaureate Organization（IBO）, *IB World Schools Yearbook* 2023, Suffolk: John Catt Educational, 2023a.
岩崎久美子編『国際バカロレアの挑戦――グローバル時代の世界標準プログラム』明石書店，2018年。
久保田賢一「構成主義が投げかける新しい教育」『コンピュータ＆エデュケーション』15,2003年，12～18ページ。
国際バカロレア機構（IBO）『一貫した国際教育に向けて』IBO，2014(a)年。
国際バカロレア機構『DP：原則から実践へ』IBO，2014(b)年。
国際バカロレア機構『国際バカロレア（IB）の教育とは』IBO，2019年。
国際バカロレア機構『DP：原則から実践へ』IBO，2020(a)年。
国際バカロレア機構『学習と指導』IBO，2020(b)年。
国際バカロレア機構『プログラムの基準と実践要綱』IBO，2022年。

国際バカロレア機構『MYP：原則から実践へ』IBO，2023(b)年。
福田誠治『国際バカロレアとこれからの大学入試改革――知を創造するアクティブ・ラーニング』亜紀書房，2015年。

ウェブサイト

文部科学省 IB 教育推進コンソーシアム
　https://ibconsortium.mext.go.jp/International Baccalaureate® [https://www.ibo.org/
International Baccalaureate®, 'Resources for schools in Japan'
　https://www.ibo.org/about-the-ib/the-ib-by-region/ib-asia-pacific/information-for-schools-in-japan/
International Baccalaureate®「『指導の方法』と『学習の方法』」
　https://ibpublishing.ibo.org/dpatln/apps/dpatl/index.html?doc = d_0_dpatl_gui_1502_1_j&part=1&chapter=1

[**謝辞**]　本章の執筆に当たっては，平明子氏（元筑波大学）から貴重な助言をいただきました。心より感謝申し上げます。

第17章
開発途上国で求められる学力観と評価

〈この章のポイント〉
　本章では，現代の学力観と評価について，開発途上国を対象に確認していく。「開発途上国」と一言で言っても，多様な国が存在している。現在，概ね140か国前後の国が途上国とみなされている。140もの国々が存在すると各国の社会経済状況は多様であり，教育制度や教育観も千差万別である。
　そこで，本章では前章までの議論を踏まえてグローバルでの議論からリージョナルな段階，そして，国レベルでのローカルの受容実態，と3段階に分けて論を進める。また，国際学力調査などで画一的に学力が規定され，近代西洋の価値観に則った評価がなされている側面があることを理解する。

1　開発途上国の「学力」はいかに測られているのか

　開発途上国とは，国際機関により多少の違いがあるものの，「ODA を受け取っている国々（通称：DAC リスト）」と定義され，経済の発展段階とは本来，無関係である[▷1]。また，国際機関の途上国の定義には多少の揺らぎが確認されるものの，概ね140か国前後の国が途上国とみなされている。そのため，「開発途上国の学力と評価」というテーマにおいて，単純化して一緒くたに議論するのは困難であり，実態を正しく把捉できなくなる。
　第1節のグローバルな議論としては，OECD（経済協力開発機構）が提唱している途上国のための「PISA for Development（以下：PISA-D）」[▷2] や世界銀行のSABER[▷3] を中心に，現在，途上国に求められている新しい学力とその評価について確認したい。第2節では，各地域の枠組みにおける学力観や評価について述べる。途上国においては，リージョナルな枠組みが政策に強い影響をもたらす。教育においても例外ではなく，所属地域単位の学力調査結果に対して国民の関心も高く，政策に反映されることが多い。第3節では，途上国の政策を概観した後，学校現場レベルにおいて，如何に新しい学力観と評価が受容されているのか，確認していきたい。

1　グローバルな枠組みにおける途上国の新しい学力観と評価

　まず，グローバルな枠組みにおける学力調査についてである。特に，途上国の教育政策に大きな影響を与えているPISA-DとSABERの2つ

▷1　例えば，中国は先進国か途上国のどちらであろう。単にGDP（国内総生産）を考えると世界第2位である中国は，経済大国であり，先進国と捉えることもできる。しかし，農村部や貧困層では，外部の支援を受けている。そのため，OECDの定義によれば，途上国という事になる。中国自身も，国際舞台においては，途上国と先進国の2つの顔を使い分けている。

▷2　PISAとはProgramme for International Student Assessment の略称であり，日本語では「OECD生徒の学習到達度調査」と訳される。2000年に開始され，以降，3年毎に実施されている。

▷3　SABERとはSystem Assessment and Benchmarking for Education Results の略称であり，日本語では「教育のベンチマークに係る取り組み」と訳される。詳細については後述する。

の枠組みを中心に概観する。

　初めに PISA-D であるが，現在では本家の PISA に参加している途上国も増加している。2018年に実施された PISA は，世界79ヵ国の15歳の生徒が対象とされたが，対象国の半数以上は途上国であった。PISA で測定される「学力」とは，読解力，数学リテラシー，科学リテラシー等，リテラシーが中心である。リテラシーとは，学校で習得した事を如何に現実の生活場面でも活用できるか問うものである。つまり，学校で学んだカリキュラム内容を如何に暗記しているかを問うのではなく，生徒が有している知識，技能を基にした現実社会での応用力が測定される。

　PISA-D でも，読解，数学，科学の 3 種のリテラシーが測定されるが，PISA との差異は何であろうか。1 つは，問題の難易度を PISA より幅をもたせている点がある。途上国の学習者の実態に即して，難しい問題から平易な問題まで幅広く用意されている。また，全体的に PISA よりも設問の文章を短く，簡単にしている。ただ，実際の問題内容を概観すると先進国の生活環境を題材にしたものが多く，「学校で学んだ事を如何に現実の生活場面でも活用出来るか」という本来の趣旨からは逸れている面も確認される。これは，PISA-D の開発目的が，「途上国の効率的な教育制度の実現に向けた示唆を導出すること」という大前提はあるものの，背景に「幅広い国際比較を実施」することや「途上国の PISA への参加を拡大すること」等，OECD 側の意図が含まれることに起因する。実際，2017年に実施された PISA-D は，PISA 2015と比較可能な様に設計されている。そのため，大きく問題自体を変更すると比較検討が難しくなり，費用も別途必要になる，という事情もある。

　OECD が発行している各国の PISA-D 報告書を読むと，PISA 参加国と比べて，"この国の状況はこれ程劣っている" という類の指摘が多く，「この様な国際教育協力の受け入れが必要ですよ」という隠されたメッセージが読み取れる。また，PISA の特徴として，非認知能力や社会的・情動的スキルをも考慮に入れている点があるが，これらの能力をあたかも国際的な指標として測定可能ものとして扱っていることも課題としてあげられる。

　次に，世銀の SABER について確認したい。SABER は，途上国の教育政策や教育の実施状況を包括的に比較，評価するシステムである。生徒の学力調査だけでなく，教育の地方分権化の度合い，教員研修の実施状況，教育財政の状況，ICT の状況等，教育制度や質を多岐に渡り，評価している。この SABER の特徴は，これまでブラックボックスとされていた教育の投入から成果に至るまでの "過程" に着目して，その因果関係を解明していこうとする試みである。つまり，如何なる制度・政策（投入）が，如何なる学力（結果）をもたらしたのか，という教育評価を包括的，かつ複合的に実施するものである。

▷4　参加79か国の内，OECD 加盟国は37か国，非加盟は42か国・地域であった。OECD は非加盟国である途上国にも PISA への参加を呼び掛けており，年々，参加国数は増えている。

▷5　例えば，カンボジア政府は PISA-D の参加に否定的であったにも関わらず，OECD と世銀主導で，半ば強引に参加させられた経緯がある。

▷6　SABER の詳細については，次の URL を確認されたい http://saber.worldbank.org/index.cfm

▷7　SABER では，各評価項目を Latent, Emerging, Established, Advanced の 4 段階で評価している。

180

第17章　開発途上国で求められる学力観と評価

　SABERは，各国の教育事情や背景が異なる中で，国際比較が可能となるように統一の基準を作成することを目的に開始された。世銀はEducation Strategy 2020の柱の一つとして，他国の教育政策との比較から自国の教育政策を考える際に参照可能なデータベースの構築を目指しているが，その重要な証左となる調査である。背景にはこれまで世銀を中心とした国際教育協力が，途上国の実証的なデータに基づいて実施されてこなかったという反省がある。世銀は，SABERについて，各国の教育システムと関連政策領域（評価，教育予算，自治権，アカウンタビリティ等）を国際基準と照合して，詳細に調査・比較し，全ての子供たちの学習達成度向上に寄与する包括的なシステムだと自負している。実際，元来，複雑な教育政策を単純かつ包括的な方法で比較検討できるSABERは，一見，便利なツールだと考えられるし，国際教育協力のプロジェクト立案に寄与する面もあるだろう。

　しかし，SABERの対象は国家レベルにのみに留まり，地域レベルの個々の状況は照射されていない。そのため，国内格差は一切，考慮されておらず，学校間の特徴なども捨象している。例えば，教育の地方分権化が進んでいる程，SABERでは高い評価が得られるが，地方分権化の推進に伴い，地域間，学校間の格差が拡大する危険性がある。分権化に伴い，権限が移譲されても，それを活用できる能力のある地域や学校には効果的だが，ない所に権限を付与するだけでは成果は期待できない。この様に，国際比較を念頭においた学力調査，教育システム評価であるため，実際には課題も多く，信頼性に不安を残すが，今後，途上国の教育政策の策定に一定の影響力を持つ枠組みといえる。

　これまで概観してきたように，PISA-DやSABERは，教育政策の立案者や国際教育協力の実施に対して，実証的なデータを提供するという主目的を有することが確認された。その一方で，結果的に途上国の教育政策を画一化の方向に収斂させることに繋がるのではないだろうか。また，この様な調査の実施を通して，国際機関の意向が途上国の学力観や評価にも上から影響を与え，本来の途上国の現状に応じた教育発展が阻害される危惧が生じる。

2　「試験による評価」は困難になったのか？

　上記の他に，途上国の評価に大きく影響を与えている枠組みとして，2003年より世銀主導で実施されているFTI（Fast Track Initiative）という制度がある。国際教育協力の支援は基本的に経常経費（主に教職員の給与）には関与せずに，開発プロジェクトを期間限定で実施することが常であるが，FTIは経常経費を拠出するという画期的なものであった。しかし，途上国政府がFTIの認定を受けるためには，FTIから示された「Indicative Framework（例示的目標）」を国の教育政策や国家計画に盛り込む必要があった。当該目標には，EFA（Ed-

▷8　Education Strategy 2020では，これまで国際社会の共通の目標であったEducation for All（全ての子どもに教育を）からLearning for All（全ての子どもに学習を）への改変が明確に打ち出されている。

▷9　FTIは2002年より初等教育の完全普及を目的に，世銀主導で開始された。2011年に教育のためのグローバル・パートナーシップ（GPE）に名称が変更されている。

▷10　例示的目標はEFAを達成している国の教育指標を参考に作成され，以下の6項目を達成することが求められた。1. 国家予算の約20％を教育予算とする。2. 教育予算の約50％を基礎教育分野に投入すること。3. 教員の平均給与が国の一人当たりGDPの3.5倍。4. 教師一人当たりの生徒の比率が約1：40。5. 人件費以外の教育予算が全体の約33％。6. 平均留年率が10％以下。

ucation for All：万人のための教育）達成のために必要となる財政支出や教員数，進級率等，具体的な数値が明示された。

そのため，多くの途上国はFTIの支援を得るために，有資格教員を急増させ，必要な予算配賦を実施した。だが，教育の投入だけでなく，留年率等，内部効率性に関する指標も数値が決定されており，それが評価に大きく影響を与えた。途上国では自動進級制度ではなく，試験進級制度を採用する国が多く，進級，卒業を試験結果で判断する国が多い。日本で教育を受けてきた方からすると想像し難いだろうが，小学校の1年生から学期末試験，学年末試験などがあり，それに合格し，かつ出席日数が規定を満たしていないと進級できない。そのため，試験による評価が非常に重要である。しかしながら，国の政策として，FTIに認定されるために，「留年率を10％以下に抑制する」という国家目標が多くの途上国で掲げられた。そのため，試験の方を通りやすいものに変更する，少々，水増しして評価を出すなど，結果ありきの評価システムに改悪されることが珍しくなかった。結果として，教育の質の低下，教員のモチベーションの低下を引き起こした。さらには，学力の最低保証がされないという事態になり，学校を出たが，"何も習得できていない"という状況を発生させたのである。

2　各地域の学力調査

途上国では，政府だけでなく，国民も地域内の序列に対する関心は高い。日本や先進国がPISAの順位で，PISAショックを受けるように，途上国においては，各地域の学力調査の結果によって世論が左右される。地域の学力調査は幾つか確認されるが，表17-1にその主な調査の概要を示す。

表17-1からわかるように，地域の学力調査は大規模に実施されており，地域内の比較検証が実施されている。実施機関はUNESCOやUNICEFなどの国際機関が主であるが，国際NGOなどが大規模な学力調査をおこなう事例も確認される。

次に，各地域単位の学力調査では，如何なる学力を測定しているのか。また，評価項目は如何なるものなのか，表17-2に概要をまとめた。

表17-2で示したように，各地域の学力調査にはカリキュラム内容を如何に理解しているかという学習到達度評価と知識だけでなく，技能活用まで含んだコンピテンシーに対する評価の調査に分かれる。測定している項目は同じ読解，数学という括りでも測定項目は多種多様であり，当該実施機関の学力観を読み取ることができる。

第17章　開発途上国で求められる学力観と評価

表17-1　途上国の学力調査概要（地域別）

各調査の名称	開始年	実施主体	実施地域
ラテンアメリカ教育質研究（LLECE: Latin American Laboratory for Assessment of the Quality of Education）	1997年	ユネスコ	ラテンアメリカ（アルゼンチン，キューバなど）
教育システム分析プログラム（PASEC: The Programme for the Analysis of Education Systems）	1995年	仏語圏教育大臣会議	仏語圏アフリカ（カメルーン，セネガルなど）
太平洋諸島識字計算力調査（PILNA: Pacific Islands Literacy and Numeracy Assessment）	2012年	太平洋共同体（SCP: Pacific Community）	オセアニア（ソロモン諸島，フィジーなど）
教育の質調査のための東南部アフリカ諸国連合（SACMEQ: The Southern and Eastern Africa Consortium for Monitoring Educational Quality）	1995年	ユネスコ	東南部アフリカ（マラウイ，ザンビア，南アフリカなど）
東南アジア学習到達度調査（SEA-PLM: The Southeast Asia Primary Learning Metrics）	2019年	UNICEF，東南アジア教育大臣機構（SEAMEO: Southeast Asian Ministers of Education Organization）	東南アジア（カンボジア，ベトナムなど）
UWEZO年次学力調査（UWEZO: Uwezo Annual Learning Assessment）	2009年	Twaweza（NGO）	東部アフリカ（ウガンダ，ケニア，タンザニア）

出所：筆者作成。

表17-2　学力観および測定領域の比較

調査名称	学力観	測定領域	測定項目
LLECE	C	識字（国語）・数学（・理科）	●識字　テーマ別習熟（文章理解，メタ言語及び理論）；文章解釈（意味理解，推論的理解，批判的理解）；筆記（随筆，抜き出し，文章表現） ●数学　テーマ別習熟（数，幾何学，測定，統計，変化）；認知過程（物と要素，簡易・難解な問題解決）
PASEC	Y	読解（仏語）・数学	●識字　言語（聞き取り，書き言葉のデコーディング，読解）；読解（単語，文のデコーディング），言語 ●数学　算数，幾何学・空間・測定，算数—理解・活用・問題解決，測定—理解・活用・問題解決，幾何学・空間
PILNA	Y	識字・数学	●識字　読解，言語の特徴，筆記 ●数学　数の扱い（数字，演算，測定とデータ，時間，金銭）
SACMEQ	C	読解・数学	●読解　識字（散文，解説文，文書） ●数学　数の扱い（数，測定，空間データ）
SEA-PLM	C	識字・数学	●識字　読解（文章形式，文章タイプ，手順）；筆記（文章タイプ，手順） ●数学　文脈（個人，地域，より広域な世界，数学上の世界）；手順（翻訳，適用，解釈・レビュー）；内容（数・代数学，測定・幾何学，確立・データ）
UWEZO	Y	読解（英語・スワヒリ語）・数学	●読解　識字（文字・音節の理解，単語の読み，パラグラフの読解，物語の読解，短い物語の理解） ●数学　数の扱い（物の数え上げ），数の認識，位取り（一，十，百の位），加法，除法，乗法（1桁の数），除法（1，2桁の数）

C：カリキュラム内容の理解をベースとする調査，Y：カリキュラム内容やスキルの活用（competency）をベースとする調査
出所：Treviño, E. & Ôrdenes M. (2017) を基に筆者作成。

国によっては，このような地域単位の学力調査とグローバルレベルのPISA-DやSABERなどの学力調査に複数，参画している国も確認される。少なくない影響を教育政策に与えている学力調査であるが，調査結果に一喜一憂することなく，独自の学力観，評価観を醸成していく態度こそが求められるだろう。

3　学力観・評価の変容に対する学校現場の受容実態

　最後に，途上国の学校における新しい学力観・評価に対する受容実態を確認したい。まず，各国の教育政策における学力と評価の変容を概観し，その後，学校現場での受容実態につき，検討する。

1　政策としての新たな学力観と学校現場の乖離

　これまで述べてきたように，FTIを初めとする国際的な圧力により，途上国政府の教育政策，教育計画は国際社会の意に沿ったものが多くなっている。ただし，社会から途上国に求められる学力というのは，グローバル社会の進展とともに，基本的には不変であり，先進国と大差はない。SDGsやEducation Strategy 2020の目標は先進国だけのものではなく，世界共通の目標であり，途上国の教育政策にも，"文言だけは"盛り込まれている。例えば，グローバルコンピテンシーや批判的思考力，主体性，創造力の育成などという教育目標は現在，途上国の教育政策でも頻繁に確認される。非認知能力の育成や21世紀型スキルの獲得という新しい学力観は，何も先進国に特化した話ではなく，世界的に新たな学力観が少なくとも政策レベルでは共有されている。

　しかし，実際に学校現場で如何に当該政策が受容されているのか，受容実態の差異は大きい。先進国の場合であれば，教育政策に記載された内容につき，必要な教育予算が配賦され，カリキュラム，授業方法，試験等，関連する事柄が全て変更されるだろう。だが，途上国の場合は教育政策に盛り込まれているにもかかわらず，学校現場では何も変化が起こらないことが多い。

　背景には，途上国の教員が，急増した子どもたちを今まで通り教えることで精一杯ということがある。これまでの途上国の教育開発の経緯を少し概観しておきたい。1990年にEFAがあり，多くの国で初等教育の無償化政策が導入された。1990年代から2000年にかけては，途上国の「初等教育の量的拡大期」であった。多くの不就学児童が就学できるようになった一方，教員不足や教育予算不足が顕著になり，教育の質は低下した。その後，上述したFTIの影響もあり，学校現場では，教員の社会的地位の低下，同僚性の崩壊など，ポストEFAの副作用に苦しんでいる。

このような状況にある中で、新しい学力観を育成するための高度な教授法や新たな授業形式は中々採用されずに、特にアフリカでは従来のチョーク＆トークと呼ばれる教師中心の復唱型授業が展開されている。つまり、途上国では新しい学力観や評価の政策レベルでの導入については先進国とそれ程、大きな相違は無いものの、教育政策で謳われていることと学校現場の乖離はかなり大きいのが実態といえる。

２ 就学（Enrolment）から修学（Learning）へ

　公立学校の質低下を受けた教育の需要側（保護者，学習者）の関心は，近年，就学（Enrolment）から修学（Learning）に移っている。無償化政策前までは，単に学校に通う事だけで価値があった。つまり，初等教育や中等教育を修了したという，学歴に意味があり，職を得ることに役立った。就学と就職に相関関係が強い時には，学校に通う事が将来のリターン（現金収入）に直結するという考えが広く共有されていたが，その相関関係が弱くなると機会費用を払ってまで質の低い学校に通わせる保護者は減少する。

　その学校で学ぶ事が社会で役に立つか否か，つまり職に繋がる事を教えてくれるかどうかに保護者の関心が集まっている。いくら家から近い学校であっても，無償の学校であっても，そこで学ぶ内容が，将来役に立たないのであれば，通うモチベーションは下がる。反対に，少々お金を払っても，"意味ある"学校に通わせようとする。

　インドの初等学校では，非正規のNGOが運営する学校が大量に開校している。左の写真の男性（視覚障害者）は，公立の初等学校を修了しても何も手に職を得られなかったとして，NGOが運営する初等学校に20歳で再入学している。公立学校では，障害児を受け入れても拒否しても教員の給与は変わらないが，NGOや私立校にとっては学校経営上，障害児も重要な顧客である。

　この様に，学校現場よりも，保護者の学力観（学校観）が先に変容してきている。グローバル化の進展とともに，教育政策としては，最新の政策が導入される。国際的にも遜色ない「学力観」が導入される一方，保護者は何を求めているのかを考慮しないと公立校からの学習者の流出は止まらないであろう。途上国政府としては，民間や非正規の学校に就学者が増加することを財政的観点から望んでいる面もある。しかしながら，公立校の衰退が顕著になれば，地域間格差や学校間格差の問題はさらに広がる事が予測される。また，途上国特有の課題である人材流出の問題や愛国心の育成等，国として国民統合の機能を教育に求める影響力が弱まる可能性が高い。

4 まとめに代えて

写真17-1 インドの初等学校でタオル作成の技術を習得する視覚障害者

　本章では，途上国に求められている学力と評価について概観してきた。マクロレベルでは，先進国の国際教育協力の名の下に実施する学力調査の影響で，途上国の教育政策が画一化の方向に収斂させられている諸相が明らかになった。それに伴い，学力観や評価項目も上から影響を与えられ，現地適合性のないものに陥る危惧が生じている。学力調査結果に短期的な視座で振り回されることなく，独自の学力観，評価観を醸成していく態度が求められるだろう。

　一方で，途上国の保護者や生徒は単に就学するだけでなく，社会で活用できる学力を習得するべく，私立学校や非正規課程の学校に移動している状況が明らかになった。途上国政府と乖離のある学力観が保護者の間で醸成されている。このような教育の需要者側のニーズに対して，学校や教員は今後，如何に応えられるのか，特に，就学割合を急速に落としている公立学校の役割が再度，問い直されている。途上国において如何に新しい学力観が公平性の観点をもって提供されるべきだろうか。そして，その実現には何が必要なのだろうか。今後の検討が求められる。

Exercise

① 各国の「学力」が画一化されるとどんな問題が生じるのか，具体的な途上国に住んでいる人の生活を想像しながら考えてみよう。
② 途上国の義務教育において公立学校の割合が低下している現象と当該現象に伴う課題について，もう少し詳しく調べてみよう。

📖 次への一冊

荻巣崇世・橋本憲幸・川口純編『国際教育開発への挑戦——これからの教育・社会・理論』東信堂，2021年。
　最新の途上国の学力観や教育観について纏めた書籍である。アジア，アフリカのグローバルサウスの国々を対象とした論考が収録されている。既存の開発の在り方や教育評価の在り方を批判的に捉えた挑戦的な書籍である。

北村友人・佐藤真久・佐藤学編『SDGs 時代の教育——すべての人に質の高い学びの機会を』学文社，2019年。

　途上国の教育を対象に，多様な知の創出を目指した多様な教育の在り方について多くの執筆陣が多彩に論じている。SDGs 達成のための教育という観点だけではなく，SDGs という目標やその形成過程を捉え直している書籍である。

主要参考文献

OECD PISA H.P
　http://www.oecd.org/pisa/publications/pisa-2018-results.htm（2019年12月アクセス）
SABER H.P
　http://saber.worldbank.org/index.cfm（2019年12月アクセス）
Treviño, E., & Órdenes M., Exploring Commonalities and Differences in Regional and International Assessments. *Information Paper No.* 48. Montreal: UNESCO Institute for Statistics, 2017.
World Bank, World Bank Group Education Strategy 2020: Learning for All Investing in People's Knowledge and Skills to Promote Development, World Bank, 2011.

終　章
新学力観の意義と課題

〈この章のポイント〉
「新しい学力観」以降の学力観の動向について，関心・意欲・態度，「生きる力」，PISA型学力，21世紀型スキルとOECD2030，資質・能力といったキーワードとともに，その特徴を整理する。態度や非認知能力，現実社会や未知の状況に対応できる力の育成が目指されることによって，「何を教えるか」というコンテンツベースから「何ができるようになるか」というコンピテンシーベースへと学力観が転換するとともに，新しい評価方法としてのパフォーマンス評価やポートフォリオ評価についても解説する。

---

1 「新しい学力観」と「生きる力」

1　1989（平成元）年版学習指導要領における「新しい学力観」

「新学力観」とは，それまでの学力観とは異なる際に使われる相対的な用語である。だが，それが固有の意味で用いられた例として，1989（平成元）年版学習指導要領における「新しい学力観」をあげることができる。この改訂では，臨時教育審議会や教育課程審議会の答申をふまえて，「心豊かな人間の育成」「基礎・基本の重視と個性教育の推進」「自己教育力の育成」「文化と伝統の尊重と国際理解の推進」が強調された（文部省編, 1992）。

またこの学習指導要領をふまえて作成された指導要録では，各教科の観点別学習状況において従来の「関心・態度」が「関心・意欲・態度」になり，しかも筆頭項目となった。このことから，従来学力や基礎・基本の中心と見なされていた「知識・理解」や「技能」だけでなく，自己教育力としての自ら学ぶ意欲と社会の変化に主体的に対応できる能力や，思考力・判断力・表現力を含む，より広い観点から学力が把握されていることがわかる。

しかし，このような学力観によって，児童生徒の関心・意欲を引き出すために，内容の本質とは関係の薄い事例や教材を用いたり，話し合いや発表，製作等の表現活動を常に取り入れたりすることで，知識・技能の習得や理解が疎かになる授業が見られた。また，教師は指導者ではなく学習の主体である児童生徒の支援者であるという考えも広まり，極端な例では，「学習指導案」ではな

▷1　これは，道徳教育の充実，中学校における習熟度別指導，自ら学ぶ意欲と社会の変化に主体的に対応できる能力，入学式や卒業式における国旗掲揚や国歌斉唱という点で，それまでとは異なる特徴を有していた。具体的には，小学校1・2年生の理科と社会を廃止して生活科を新設すること，中学校の選択履修幅の拡大，高等学校社会科を地理歴史科と公民科に再編成して世界史の必修化および家庭科の男女共修といった改訂が行われた。

く「授業支援案」のように指導をすべて支援に置き換える行為や，教師からの働きかけはおこなうべきではないといった主張さえ見られた。

　評価についても，教科内容の理解が不十分であっても，真面目に取り組んでいる児童生徒をどのように評価するかが課題となった。評価方法も，授業中の挙手や発言の回数，私語や居眠り，提出物の状況や取り組み内容，話し合いや活動中の態度等を細かく要素に分けて得点化するような評価によって，手を上げて授業で発言すればよいといった外発的な態度形成を促すことが危惧された。

2　「生きる力」と「ゆとり」

　1990年代は，国際的にはドイツ統一やソ連の解体，国内ではバブル景気の崩壊，自民党分裂による野党連立政権，阪神大震災，オウム真理教による地下鉄サリン事件といった，人々が経験したことのない激動の時代であった。教育界においても，18歳人口は200万人を超えて受験競争は激化した。また，いじめをきっかけにした自殺が多発して文部省から緊急アピールが出されるとともに，中学生による児童連続殺傷事件や校内での女教師殺傷事件といった，それまでの非行や校内暴力とは異なる形での生命に関わる生徒指導上の問題が生じた。

　このような中，1996（平成8）年に公表された中央教育審議会答申「21世紀を展望した我が国の教育の在り方について（第一次答申）」においては，副題にある「生きる力」と「ゆとり」が，21世紀の教育のキーワードとなった。そこでは「生きる力」を，「自分で課題を見つけ，自ら学び，自ら考え，主体的に判断し，行動し，よりよく問題を解決する資質や能力」「自らを律しつつ，他人とともに協調し，他人を思いやる心や感動する心など，豊かな人間性」および「たくましく生きるための健康や体力」と定義している。また，そのような課題発見や問題解決の機会や家庭や地域社会で過ごす時間を確保するためのゆとりも必要となる。

　これらを実現するために，1998（平成10）年版学習指導要領においては，授業時数や学習内容の大綱化・弾力化がおこなわれるとともに，小学校3年生から総合的な学習の時間が設定された。これは，段階的に導入されていた学校週5日制が完全実施されるのに合わせており，学習内容の3割削減ともいわれた。

3　総合的な学習の時間におけるポートフォリオ評価

　総合的な学習の時間の実施に伴い，評価をどのようにおこなうかが課題となった。総合的な学習の時間のねらいは，自ら課題を見つけ，自ら学び，自ら

終　章　新学力観の意義と課題

考え，主体的に判断し，よりよく問題を解決する資質や能力を育てること，および問題の解決や探究活動に主体的，創造的に取り組む態度を育て，自己の生き方を考えることである。また，横断的・総合的な課題，児童の興味・関心に基づく課題，地域や学校の特色に応じた課題などについて，体験的な学習，問題解決的な学習を積極的に取り入れることが求められており，学習内容をペーパーテストで評価するのとは異なる方法を取り入れる必要があった。▷2

そのような中で広まったのが，ポートフォリオ（portfolio）評価法である。▷3 そこでは，授業で子どもが収集，表現したものすべてが評価の対象となる。総合的な学習の時間のねらいに即して，意欲や創造性および問題解決力を評価すること，活動や対話および協働学習を通じて児童・生徒の有している知識や経験と結びつき再構成される構成主義的な学習観，学びの過程を評価することによる指導および学習と評価の一体化といった，新たな評価観にふさわしい方法としてポートフォリオ評価は注目された。これらは，日常の生活や社会において知識や技能をどのように活用するかを評価するという意味で，真正の評価（authenticity）と呼ばれた。また，知識の単なる再生ではなく，課題に対する取り組みを評価するため，パフォーマンス評価と呼ばれる。

このような評価は数値等による指標を示すことが難しく，評価者の主観によって評価が異なる場合もある。そこでポートフォリオ評価において用いられるのが，ルーブリック（rubric）である。▷4 しかし，指標を設定してもなお評価者間による違いは避けがたい。それゆえ可能であれば複数の評価者によるモデレーション（moderation）をおこない，評価の一貫性を確保することがのぞまれる。また，このような評価は学びの過程と成果を具体化するためのカリキュラムや授業設計の方法にもつながり，ウィギンズ（G. Wiggins）とマクタイ（J. McTighe）はこれを「逆向き設計」と呼んでいる（ウィギンズ・マクタイ，2012）。

2　PISA型学力と21世紀型スキル

1　PISA型学力による知識・技能の活用

ゆとり教育による学習内容の削減は，「円周率はおよそ3」「台形面積の公式は教えない」といった極端な例とともに世間の話題になった。1999（平成11）年には数学者によって，『分数ができない大学生』が刊行されるなど，ゆとり教育による学力低下が懸念された（岡部・戸瀬・西村編，1999）。そしてこのような学力低下批判に拍車をかけたのが，2000年に実施されたOECDの第1回PISA国際学力調査である。この調査で日本は，数学的リテラシーは1位，科学的リテラシーは2位であったものの，読解力は8位であり，想定外の結果で

▷2　1999（平成11）年の学習指導要領解説（総則編）によれば，評価の方法として，ワークシート，ノート，作文，絵，レポートなどの製作物，発表や話し合いの様子などから評価したり，自己評価や相互評価を活用したり，活動の状況を教師が観察して評価したりすることが例示されている。

▷3　ポートフォリオとは，かばんや書類ばさみを意味するが，資産運用や分散投資において株式や債券といった財産を組み合わせる際にも用いられる。

▷4　ルーブリックとは，パフォーマンスを評価するための基準を示した採点指針であり，具体的行動の形で評価規準を設定し，S-A-B-Cのような評価に応じてその程度を提示する。例えば，「地域を流れる川の環境に対する自分の考えを示すことができる。」が評価規準であった場合，「川の環境を観察や資料を通じて整理しながら，論点を整理して，自分の考えを意見と理由にわけて発表している。」といった内容がS評価，「川の状況を断片的に提示しながら，その問題点を指摘している。」はB評価，「川の環境についての自分の考えのみを提示している。」がC評価となる。

あった。さらに，「宿題や自分の勉強をする時間」は参加国の最低レベルであった。また，2003年に実施された第2回調査では，数学的リテラシーは6位，科学的リテラシーは1位，読解力は14位とさらに低下した。

　PISA調査の背景には，変化する世界に適応するために必要な知識や技能は生涯にわたって継続的に習得しなければならないという考え方がある（国立教育政策研究所編，2002）。それゆえ，思考プロセスの習得，概念の理解，および様々な状況でそれらを生かす力が調査では重視された。また，読解力，数学的リテラシー，科学的リテラシーのそれぞれにおいて，思考プロセスにおける認知技能が示された。

　具体的には，まず読解力は「自らの目標を達成し，自らの知識と可能性を発達させ，効果的に社会に参加するために，書かれたテキストを理解し，利用し，熟考する能力」と定義される。またそのプロセスとして，テキストに書かれている情報を正確に取り出す「情報の取り出し」，書かれた情報がどのような意味を持つかを理解したり推論したりする「テキストの解釈」，テキストに書かれていることを生徒の知識や考え方や経験と結び付ける「熟考と評価」という3つの技能がある。

　次に数学的リテラシーは「数学が世界で果たす役割を見つけ，理解し，現在および将来の個人の生活，職業生活，友人や家族や親族との社会生活，建設的で関心を持った思慮深い市民としての生活において確実な数学的根拠にもとづき判断をおこない，数学に携わる能力」と定義される。そのプロセスは，簡単な計算をおこなったり定義を思い出したりする「再現」，数学的アイデアや手順を用いてやや見慣れた問題を解く「関連付け」，数学的な考え方，一般化，洞察のために，事象から数学的要素を見つけ問題を作るといった「熟考」の3つがある。

　最後に科学的リテラシーは「自然界および人間の活動によって起こる自然界の変化について理解し，意思決定するために，科学的知識を使用し，課題を明確にし，証拠にもとづく結論を導き出す能力」と定義される。そのプロセスは，情報の伝達，知識の表現，結論の導出と評価，証拠やデータの明確化，問題の識別の5つから成る。

　このように，PISA型学力とは知識がどの程度習得されているのかや，態度・学習意欲を直接問うのではなく，実生活の様々な場面で直面する課題に対してどの程度活用できるのかが評価された。そこには，未知の場面においてどのような結果が生じるかについての推理や，正解の定まらない状況で自分の考えや意見を根拠に基づいて説明するといった活動も含まれる。

▷5　これらの影響力の大きさに対して，文部科学省は学習指導要領実施直前の2002（平成14）年1月に「学びのすすめ」を公表した。そこでは「確かな学力」という表現が用いられ，基礎・基本の定着をもとに発展的な学習をおこなうという方針転換を図った。翌2003（平成15）年には異例の一部修正を行い，学習指導要領は最低基準であるという「はどめ規定」の見直しや，学習指導要領に示していない内容を加えて指導できることを明確にした。

▷6　文部科学省では2005（平成17）年に「読解力向上プログラム」を発表した。また，2007（平成19）年からは国内でも全国学力・学習状況調査が導入され，PISAを強く意識した学力形成が目指されるようになった。

▷7　例えば，「ランニングシューズ」という問題においては，「楽しく走れるランニングシューズ」という見出しの下，子どもやサッカー選手における足やけがの問題，良いスポーツシューズの条件，足の乾燥を予防する工夫といった内容に関する文章を読む。その上で，問題文にある「シューズがかたすぎると，動きが制限されます。」という内容を指摘させたり（情報の取り出し），問題文から良いスポーツシューズの4つの基準をまとめながら提示させたりする（情報の取り出し）。

▷8　例えば，「りんご園」という問題においては，りんごの木の数＝n^2，杉の木の数＝$8n$という公

2　コンピテンシーの育成と21世紀型スキルの展開

　PISA調査と並行して，OECDではDeSeCo（Definition and Selection of Competencies）プロジェクトを1997年からおこない，読み書き計算とは別にどのような能力が求められるかについて，各国の教育や労働に関する政策を整理した。そこでは，社会の前提条件が流動化する状況で，固有の文脈において複雑な需要に対応する能力として概念が定義されるとともに，キー・コンピテンシーと呼ばれる以下のモデルが提示された（ライチェン・サルガニク，2006，210～218ページ）。

　　1．相互作用的に道具を用いる
　　　1-a）言語，シンボル，テクストを相互作用的に用いる能力
　　　1-b）知識や情報を相互作用的に用いる能力
　　　1-c）技術を相互作用的に用いる能力
　　2．異質な集団で交流する
　　　2-a）他人と良い関係を作る能力
　　　2-b）協力し，チームで働く能力
　　　2-c）争いを処理し，解決する能力
　　3．自律的に活動する
　　　3-a）大きな展望の中で活動する能力
　　　3-b）人生計画や個人的プロジェクトを設計し実行する能力
　　　3-c）自らの権利，利害，限界やニーズを表明する能力

　その後アメリカでは，2002年から政府，全米教育協会（NEA），アップル，デル，マイクロソフト社が協力して，Partnership for 21st Century Skills（P21）を結成して，これからの社会において必要とされる能力を21世紀型スキルとして定義した。同様に，2009年からはインテル，マイクロソフト，シスコ社が中心となって，メルボルン大学と協力して21世紀型スキルの測定方法を開発するためのATC21S（Assessment and Teaching of 21st Century Skills）プロジェクトが発足した。そこでは，以下の4つのカテゴリーと10のスキルが提示された（グリフィン・マクゴー・ケア，2014，46ページ）。これらはさらに，知識，技能，態度・価値・倫理の各観点に即して具体化されており，KSAVE（Knowledge, Skills, Attitudes, Values, Ethics）モデルと呼ばれている。

　　○思考の方法
　　　1）創造性とイノベーション
　　　2）批判的思考，問題解決，意思決定
　　　3）学び方の学習，メタ認知
　　○働く方法

▷　式が提示され，りんごの木の数が杉の木の数と等しくなるときのnの値を方法とともに求めさせたり（関連付け），農夫がりんご園をもっと大きくするとき，りんごの木の数と杉の木の数では，増え方が早いのはどちらかを説明させたりする（熟考）。

▷9　例えば，「ゼンメルワイス医師の日記」という問題においては，彼の集めたデータに基づいて，産褥熱の原因が地震ではない理由を説明させたり（結論の導出と評価），産褥熱を治す抗生物質の一部は効果が薄れている理由について，回答させたりする（知識の表現）。

▷10　全国学力・学習状況調査においても，当初は知識に関するA問題と活用に関するB問題の2種類が出題され，教科書や指導方法においても探究型の授業が目指されるようになった。

▷11　ここには，創造的に考える，他者と創造的に働く，イノベーションを実行する，効果的に推論する，システム思考を使う，問題を解決する，母国語の能力，母国語以外の言語能力，多様なチームで効果的な働きをする，プロジェクトを運営する，情報を利用し評価する，情報を活用し管理する，メディアを制作する，効果的にテクノロジーを活用する，変化に適応する，目標と時間を管理するといった要素が含まれる。

4）コミュニケーション

5）コラボレーション（チームワーク）

○働くためのツール

6）情報リテラシー（ソース，証拠，バイアスに関する研究を含む）

7）ICT リテラシー

○世界の中で生きる

8）地域とグローバルのよい市民であること（シティズンシップ）

9）人生とキャリア発達

10）個人の責任と社会的責任（異文化理解と異文化適応能力を含む）

　このように21世紀型スキルにおいても，創造性や批判的思考，コミュニケーションと協働，情報とICTの活用，グローバル等の複合的な知識・技能と相互作用による活用と創出といった側面が強調されている。2008〜2009（平成20〜21）年に改訂された学習指導要領においても，知識・情報・技術があらゆる領域での基盤となる「知識基盤社会」と位置づけるとともに，習得・活用・探究の学習過程が重視されている（文部科学省，2008）。それは，PISAや21世紀スキルをふまえた学力観に立つ一方で，授業時数の確保や総合的な学習の時間の時数減といった「脱ゆとり」も意識した内容になっている。◁12

▷12　具体的には，小学校5・6年生における外国語活動の新設や，中学校における語数増，高校における授業は英語で行うといった，英語教育の充実があげられる。

3　資質・能力の育成と Society 5.0時代の学力

1　Education 2030における「学びの羅針盤」

　OECDでは，2015年から Education 2030プロジェクトを進めてきた。そこでは，VUCA（Volatility：変動性，Uncertainty：不確実性，Complexity：複雑性，Ambiguity：曖昧性）と呼ばれる社会における，人類の持続可能性やウェルビーイング（良い生き方）を目指すために必要なコンピテンシーと教育のあり方について検討している。具体的には，「変革を起こす力のあるコンピテンシー」として，以下の3つの能力が提案された。

1）新たな価値を創造する能力

　（適応力，創造力，好奇心，新しいものに対して開かれた意識）

2）対立やジレンマを克服する力

　（十分に練られていない結論を避ける，相互関係の意識，システム的思考）

3）責任ある行動をとる力

　（自己コントロール，自己効力感，責任感，問題解決，適応力）

　また，そのように変化する社会の現状を見極め柔軟に対応できる力も，コアとなる基盤として求められる。これらは，学びの羅針盤（Learning Compass）

終　章　新学力観の意義と課題

として図終-1のように図示されている。[13]

　このモデルの特徴としては，環境，経済，社会の変化および国連の持続可能な開発目標（SDGs）に対応して，人々のウェルビーイングに貢献できる人材の育成を目指していることがあげられる。そのために，エージェンシーと呼ばれる，社会参画や主体性・当事者性および周囲との協同といった行動力や態度が含まれる。知識やスキルについても，複雑な要求に応えるための複合的な内容や，専門家や研究者がどのように考え問題解決や発見をおこなうか，領域固有あるいは転移可能な手続き的知識が必要とされる。さらには，実践を通して育成されるデザイン思考やシステム思考，規範や価値，意義や限界について自ら問いかけメタ認知するための自己調整力も重視されている。これらとともに，「対立やジレンマの克服」に見られるように，異なる立場や意見について，それぞれのニーズや要求を理解しながら調停案を考えるといった，単なる協同を超えた能力も，Education 2030のコンピテンシーにおける特徴といえる。

[13] 以下の資料を参照のこと。
http://www.oecd.org/education/2030-project/teaching-and-learning/learning/learning-compass-2030/in_brief_Learning_Compass.pdf
白井俊『OECD Education 2030プロジェクトが描く教育の未来――エージェンシー，資質・能力とカリキュラム』ミネルヴァ書房，2020年。
文部科学省初等中等教育局教育課程課教育課程企画室「教育とスキルの未来：OECD Education 2030プロジェクトについて」『初等教育資料』967，2018年，96～105ページ。

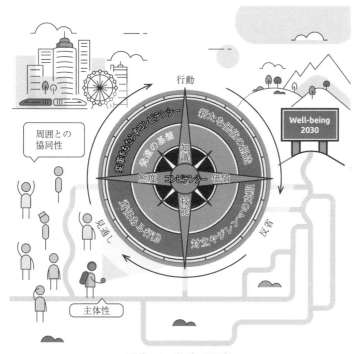

図終-1　学びの羅針盤
出所：OECD HPより作成。

2　学習指導要領における資質・能力への転換

　Education 2030の策定には日本も関与しており，2017～2018（平成29～30）年に改訂された学習指導要領の方向性として，「社会に開かれた教育課程」という理念の下，図終-2のように「何ができるようになるか」「何を学ぶか」「ど

のように学ぶか」の3つをあげている（中央教育審議会，2016）。すなわち，「何ができるようになるか」については，「知識・技能」「思考力・判断力・表現力」「学びに向かう力・人間性」がそれに当たる。また，「何を学ぶか」については，新しい時代に必要な教科あるいは学校段階間のつながりも意識される。さらに，生きて働く知識・技能となるために「どのように学ぶか」についても，構成主義的な学習観に基づく主体的・対話的で深い学び（アクティブ・ラーニング）が考えられている。

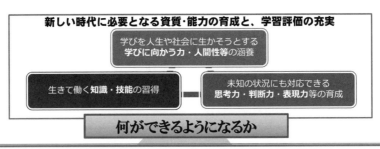

図終-2　学習指導要領改訂の方向性
出所：文部科学省HP。

　しかし，このような資質・能力は，基本的には各教科で育成される。そこで，教科内容と資質・能力の架橋となるのが「見方・考え方」である。例えば，「言葉による見方・考え方」は「対象と言葉，言葉と言葉の関係を，言葉の意味，働き，使い方等に着目して捉え，その関係性を問い直して意味付けること。」のように，各教科等の特質に応じたものごとを捉える視点や考え方を意味する。このような「見方・考え方」を働かせることによって，教科を超えた汎用的（ジェネリック）な資質・能力につなげようとする点が特徴である。

　「何を教えるか」という教育内容（コンテンツ）から，「何ができるようになるか」という資質・能力（コンピテンシー）への転換が図られたことは，評価の観点や方法にも影響を及ぼす。具体的には，指導要録において「知識・理解」「技能」「思考・判断・表現」「関心・意欲・態度」の4観点から，「知識・技

能」「思考・判断・表現」「主体的に学習に取り組む態度」の3観点に変更された（文部科学省，2019）[14]。

3 Society 5.0時代における学力と評価の方向性

今日では，工業社会や情報社会以後の超スマート社会（Society 5.0）における教育のあり方が検討されている。そこでは，人工知能（AI），ビッグデータ，IoTといった先端技術が取り入れられ，ロボットによって仕事が代替されるような社会における人材像や，求められる力が議論された（Society5.0に向けた人材育成に係る大臣懇談会，2018）。具体的には，1）文章や情報を正確に読み解き，対話する力，2）科学的に思考・吟味し活用する力，3）価値を見つけ生み出す感性と力，好奇心・探求力が，共通して求められる力として提案されている。また学校のとるべき方策についても，学校ver.3.0（「学び」の時代）として構想されている。例えば，一斉一律の授業スタイルから抜け出し，個別最適化された学びの実現を目指して，EdTech[15]やスタディ・ログ，ビッグデータを活用した双方向の学習や，異年齢・異学年集団での協働学習，学校以外の人材や環境を活用した多様な学習プログラム等があげられる。

以上のような学力観は，読み書き計算に代表される学力とは異なり，現実の社会や未知の問題に対応できる力を志向している。それは，小笠原の言う「モノ」的知識観，すなわち「『知識』というのは『モノ』のように具体的にさし示すことができるという誤解」からの転換であり，「社会に開かれた教育課程」に見られるような，現実社会に直結する人材養成を目指した学力観である（小笠原，2008，102ページ）。だが，知識や教科内容を中心と見なす学力観は根強く，中央教育審議会答申等においても「学習内容の削減を行うことは適当ではない」ことが明記されている。それは，入学試験をはじめとするハイ・ステイクス[16]な評価方法が知識中心の問題になっていることや，カリキュラムが学問体系の専門性を重視したピラミッド型で構成されてきたことに起因している。

これに対して，本田が「ハイパー・メリトクラシー」と名づけたように，「基礎学力」を中心とする「近代型能力」から「生きる力」に見られる「ポスト近代型能力」への転換が始まるとともに，業績主義による位置づけを意味するメリトクラシー化が定着しつつある（本田，2005）。また，少子化や高等教育の大衆化によって，入学試験も必ずしもハイ・ステイクスとはいえなくなっている。それゆえ，知識・技能を中心とする学力と，「生きる力」やPISA型学力のどちらを目指しても不安定な結果しか得られないというのが，今日の状況ではないだろうか。

そのような時代においては，評価のあり方も問い直される必要がある。それは，関心・意欲・態度や主体性，非認知能力と言われるコミュニケーション能

▷14 特に「主体的に学習に取り組む態度」は，性格や行動あるいは個人内評価で見取る部分と区別して，学習に関する自己調整や意思といった側面を評価するという点で，「学びに向かう力・人間性」とは区別されている。

▷15 educationとtechnologyとを組み合わせた造語であり，教育におけるAI，ビッグデータ等の様々な新しいテクノロジーを活用した取り組みを意味する。

▷16 テストの結果が受験者の将来および教育政策にも重要な影響を与えるテスト。アメリカにおける，1990年代以降の統一テスト等がこれにあたる。

▷17 これは小笠原の言う「コト」的知識観，すなわち「『知識』とは，どこかにあったりなかったりするのではなく，私がある場面において，その場面の要求にふさわしくふるまう『コト』の別名」という考え方にも通じる。

力や自己肯定感等をどのように評価するかという技術的な問題にとどまらず，これらは知識・技能と分かち難いと考える学力観に基づいた評価である。それゆえ実生活や問題解決場面において，対象や他者と関わりながら知識や経験をどのように活用し，のぞましい解決をおこなうかといった，場面に応じたふるまいや状況における参加が評価の対象となる。

　パフォーマンス評価やポートフォリオ，自己評価についても，このような評価観に基づいて，ふるまいや学びの質，あるいは充実感が重視される必要がある。それらは外面からは見えづらく，また学習者自身の規準・基準によっては同じふるまいでも評価結果が異なる可能性がある。AIやロボットとは異なる人間の特徴として，現実世界を理解し意味づけたり，複雑な関係を調整し想定外の事態に対処したり，さらには豊かな感性や独創性があげられる。それゆえ評価においても，どのような学びがあったかという質的評価や個人内評価を尊重するとともに，複数の次元による多面的な評価こそが，「人間」に対する評価として望まれている。

Exercise

① 「頭の良い人」を思い浮かべて，その人がどのような点で頭が良いかを整理してみる。そして，学力に関する様々な理論と照らし合わせながら，自分なりの学力概念を構築してみよう。
② PISA学力調査や全国学力・学習状況調査の公表されている問題を実際に解いてみながら，その問題点や改善すべき点を話し合い，自分たちでも新しい問題を作成してみよう。
③ 学力向上に関する国内外の取り組みについて調べながら，それを実現するためにカリキュラム，授業，教師，学習環境のどこを改革しているかについて，現状ではどのような限界があるかとともに考察してみよう。

📖 次への一冊

田中耕治編著『グローバル化時代の教育評価改革――日本・アジア・欧米を結ぶ』日本標準，2016年。
　　教育評価をめぐる世界各国の動向について，教育改革との関わり，学力・能力論，評価方法の観点から論じるとともに，授業・教師・学校評価についても検討している。
松尾知明『21世紀型スキルとは何か――コンピテンシーに基づく教育改革の国際比較』明石書店，2015年。

OECDのキー・コンピテンシーおよび21世紀型スキルについて，それがEU，北米，オセアニア，アジアの教育改革にどのような影響を及ぼしたかを国際比較している。

北野秋男・下司晶・小笠原喜康『現代学力テスト批判——実態調査・思想・認識論からのアプローチ』東信堂，2018年。

日本の学力テストの歴史や各地の学力テスト政策および全国学力・学習状況調査の実態に関する分析を通して，地域や格差に対する問題点や学力観のあり方について論じている。

引用・参考文献

G. ウィギンズ・J. マクタイ，西岡加名恵訳『理解をもたらすカリキュラム設計——「逆向き設計」の理論と方法』日本標準，2012年。

小笠原喜康『学力問題のウソ——なぜ日本の学力は低いのか』PHP研究所，2008年。

岡部恒治・戸瀬信之・西村和雄編集『分数ができない大学生——21世紀の日本が危ない』東洋経済新報社，1999年。

P. グリフィン・B. マクゴー・E. ケア編集，三宅なほみ監訳，益川弘如・望月俊男編訳『21世紀型スキル——学びと評価の新たなかたち』北大路書房，2014年。

国立教育政策研究所編『生きるための知識と技能——OECD生徒の学習到達度調査（PISA）2000年調査国際結果報告書』ぎょうせい，2002年。

Society5.0に向けた人材育成に係る大臣懇談会「Society5.0に向けた人材育成〜社会が変わる，学びが変わる〜」，2018年。

中央教育審議会「幼稚園，小学校，中学校，高等学校及び特別支援学校の学習指導要領等の改善及び必要な方策等について」，2016年。

本田由紀『多元化する「能力」と日本社会——ハイパー・メリトクラシー化のなかで』NTT出版，2005年。

文部科学省『小学校学習指導要領解説　総則編』，2008年。

文部科学省「小学校，中学校，高等学校及び特別支援学校等における児童生徒の学習評価及び指導要録の改善等について（通知）」，2019年。

文部省編『我が国の文教施策（平成4年）』大蔵省印刷局，1992年。

D. S. ライチェン・R. H. サルガニク編著，立田慶裕監訳『キー・コンピテンシー——国際標準の学力をめざして』明石書店，2006年。

索　引

A-Z

academic achievement　1
assessment　1
ATC21S（Assessment and Teaching of 21st Century Skills）　193
ATL スキル　173
CBT（computer-based test）　146
CEFR　144
CEFR-J　145
DeSeCo（Definition and Selection of Competencies）　193
EdTech　197
Education 2030プロジェクト　194
EFA（Education for All）　184
ESD（Education for Sustainable Development）　28, 162, 164, 167
evaluation　1
formative evaluation（形成的評価）　8
FTI（Fast Track Initiative）　181
GCED（Global Citizenship Education）　165
IB の学習者像（IB learner profile）　170
ICT　16
KSAVE（Knowledge, Skills, Attitudes, Values, Ethics）モデル　193
MDGs（Millennium Development Goals）　162, 163
Partnership for 21st Century Skills（P21）　193
PISA　1, 57-59, 96, 166, 191
PISA for Development　179
PISA ショック　14
SABER　179
SDGs　28, 161-168
SDGs の学び　164, 166, 167
Society 5.0　197
summative evaluation（総括的評価）　8
The Common European Framework of Reference for Languages → CEFR
VUCA　194

ア行

足場がけ　18
新しい学力観　6, 85-86, 189
生きる力　86-87, 154, 190
意図的，計画的な学習指導　132
ウェルビーイング　194
運動による教育　131
運動領域　131
エージェンシー　195
横断的個人内評価　20
オープンエンドアプローチ　61
大村はま　21
落ちこぼれ問題　5
音楽（的）能力　106
音楽教育の会　107
音楽的な見方・考え方　111, 112
音楽的能力　107, 110
音楽美の教育　105

カ行

外国籍　16
科学的に探究する力　79
科学的リテラシー　76
学際的な学習　172
学習改善に向けた評価（Assessment for learning）　134
学習指導方略　130
学習指導要領一般編　35
学習成果の評価（assessment of learning）　134
学習としての評価　18
学習のアプローチ（Approach to Learning）　173
学習のための評価（assessment for learning）　18, 175
学習の評価　18
学習プロセス　26
学問の系統　36
学力低下　6
学力低下論争　106
「風と川と子どもの歌」論争　108

楽曲による題材構成　109
家庭科で培う能力　117
カリキュラム・マネジメント　17
関係的理解　53
観察，実験　81
鑑賞　96
関心・意欲・態度　6
感性　97
完全習得学習　9
観点別学習状況の評価　91
観点別評価　158
キーコンピテンシー　14, 193
基礎学力論争　5
気付き　87-88
技能統合型　142
逆向き設計　191
逆向き設定　135
来山裕　36
キャリア関連プログラム　169
教育課程の「自主編成」　10
教科の系統性　107
教科の枠をこえた学習（transdisciplinary learning）　172
共通教材　107
共通事項　97, 110, 111, 114
協同的プロジェクト学習　166
グローバル・シチズンシップ教育　→ GCED
グローバルコンピテンシー　166
経験主義　106
芸術としての音楽（教育）　105, 106
形成的評価　6, 17, 28, 175
系統主義　107
系統地理　25
言語活動の充実　14
言語行為　15
言語生活主義　13
言語能力主義　14
工学的アプローチ　159
皇国史観　34
構成主義　174
高大接続システム改革　40
幸福な人生（Well-being）　23

201

皇民　46
公民科　44
公民的資質　46
公民的態度　51
ゴールフリー評価　114, 158
国語科　13
国際数学・理科教育動向調査（TIMSS）　58, 75-77
国際地理オリンピック　30
国際的な視野（international-mindedness）　170, 173
国際バカロレア機構（IBO）　169
国際バカロレア資格（IB Diploma）　169
国民科　35
心の教育　154
個人内評価　156
5段階評価　7
言葉がけ　20
コミュニケーション能力　140
コンテンツ　60
コンピテンシー　60, 76, 96

サ行

斎藤喜博　108
ザブトン型　45
時系列　37
思考・判断・表現　112, 113
思考力　33
思考力，判断力，表現力　6
思考力，判断力，表現力等　50, 88-89, 120, 132
自己教育力　6
自己省察（self-reflection）　175
資質・能力　60
資質・能力の明確化　50
指示用語（command terms）　175
事象相互のつながり　37
自然言語処理（Natural Languages Processing）　146
自然を愛する心情　80
持続可能な開発（Sustainable development）　161, 162
持続可能な開発のための教育　→ ESD
持続可能な開発目標（Sustainable Development Goals）　161
持続可能な開発目標とターゲット　162
持続可能な社会の創り手　44
持続可能性のためのコンピテンシー（sustainability competences）　166
シティズンシップ教育　48
自動採点　146
指導と評価の一体化　18, 82, 92
指導内容　129
市民　47
社会参加意識　43
社会的領域　131
社会に開かれた教育課程　195
修学（Learning）　185
17の目標　162
集団基準準拠（norm-referenced）　175
集団準拠評価（norm-referenced assessment／evalation）　8
縦断的個人内評価　20
18歳選挙権　47
主権者教育　47
主体的・対話的で深い学び　121, 196
主体的に学習に取り組む態度　50, 112, 113, 120
主題による題材構成　109
手段としての音楽（教育）　105
情意的領域　131
生涯学習　170, 173
初期社会科　35
初等教育プログラム　169
自立への基礎　86
新学力観　5, 110
新教育　6
真正の評価（authentic assessment／evaluation）　6, 17
身体的リテラシー（Physical Literacy）　133
診断的評価（diagnostic evaluation）　9
心理主義　154
推移　37
数学的活動　56
数学的に考える力　55
図画工作科教育　95
スキル　24
スケッチブック　101
スタートカリキュラム　90
スポーツ教育論　133
生活科　85-86
政治的リテラシー　49
静態地誌的学習　25
生徒の学習到達度調査　→ PISA
生物学の特性　77
西洋音楽（文化）　106
絶対評価　6, 158
全国学力・学習状況調査　6, 14, 54, 56
全国学力調査　54, 108
戦術学習論（Teaching Games for Understanding）　134
総括的評価　6, 175
造形的な見方・考え方　98
総合的な学習の時間　190
創造的音楽学習　110
創造的自己表現　95
相対評価　6
素朴概念　68, 71

タ行

体育の見方・考え方　132
大学入学共通テスト　40, 140
代替的な評価（alternative assessment）　134
体力づくり　131
確かな学力　87, 110, 154
多様なスポーツへの関わり方　133
単元学習　21
地域　24
地学（地球科学）の特性　77
「知覚」と「感受」　110-112
地誌　25
地誌学習　25
知識　33, 50, 112, 113
知識及び技能　120, 132
　　──の基礎　88-89
知識基盤社会　87
地図　30
チゼック，F.　95
中等教育プログラム　169
地理学の5大概念　23
地理教育国際憲章　23
地理総合　26
地理的スキル　26
地理的な思考力　27
地理的な見方・考え方　27
地理の学力　28
つくって表現する活動　110

	ディプロマプログラム　169	評価規準　93, 125	目的や場面，状況　141
	道具の理解　53	評価規準準拠（criterion-related）　175	目標基準準拠（criterion-referenced）　175
	統合学習　107	評価の観点　91	目標準拠評価（criterion-referenced assessment / evaluation）　8, 114, 158
	動態地誌的学習　25	評価の方法　91	モデレーション　20, 191
	到達度評価　6, 17	評価の目的　17	諸井三郎　105
	到達評価　158	評価方針（assessment policy）　176	問題解決の過程　78-79
	到達目標　157, 158	評価方法　129	問題解決の力　78-79
	道徳性　152, 154, 156, 157	表現　96	
	道徳的価値　152-155, 157	評定　16, 151, 156	ヤ行　野外調査　30
	道徳的感覚　158	非連続型テキスト　14	豊かなスポーツライフ　129
	道徳的実践意欲　154, 155, 157	ファシリテーター　29	ゆとり　86, 190
	道徳的実践力　150, 151, 153-155	ふしづくりの教育　108, 109	ユネスコ　165-167
	道徳的習慣　150, 153, 154	ブルーム，B. S.　9, 16	ユネスコ・スクール　165
	道徳的諸価値　155	文化審議会答申　14	幼児期の終わりまでに育ってほしい姿　90
	道徳的心情　150-153, 155, 157	分野制　45	ヨーロッパ言語共通参照枠　→CEFR
	道徳的態度　150-153	変革的な教育　166	4技能　15
	道徳的判断　150	偏差値　7	
	道徳的判断力　151-153, 155-157	方向目標　158	ラ行　羅生門的アプローチ　159
		ポートフォリオ　72, 101	リード，H.　95
ナ行	内容のスタンダード　135	ポートフォリオ評価（portfolio assessment/ evaluation）　6, 20, 69, 71, 82, 191	リテラシー　14
	成田喜英　34		良質の体育（Quality Physical Education）　132
	人間像　24		ルーブリック　19, 29, 69, 124, 191
	認識領域　131	マ行　マスタリー・ラーニング（mastery learning）　9	一般的——　19
		学び方を学ぶ　173	特定課題——　19
ハ行	ハーフ　16	学びに向かう力・人間性等　50, 88, 132	歴史学習　33
	π型　45	学びの羅針盤　194	連続型テキスト　14
	ハイパー・メリトクラシー　197	マルチモーダル（multimodal）　146	ローウェンフェルド，V.　95
	発達の段階　131	丸山良二　34	
	パフォーマンス　20	見方・考え方　196	ワ行　ワークシート　101
	パフォーマンス課題　124	身近な生活に関わる見方・考え方　89	私のこととして学ぶ　118
	パフォーマンススタンダード　135	ミックス　16	わらべうた　107
	パフォーマンス評価　18-20, 29, 69, 82, 191	ミレニアム開発目標　→MDGs	歴史的な見方や考え方　37
	比較　37	メタ認知　113	
	美術による教育　95	メディア環境　16	
	美術の教育　95		
	1人1台端末　146		
	169のターゲット　162		
	評価基準　119, 125		

《監修者紹介》
吉田武男（筑波大学名誉教授，関西外国語大学顧問・教授）

《執筆者紹介》（所属，分担，執筆順，＊編著者）
＊吉田武男（編著者紹介参照：はじめに，第14章）
＊根津朋実（編著者紹介参照：序章）
長田友紀（筑波大学人間系准教授：第1章）
井田仁康（筑波大学名誉教授：第2章）
國分麻里（筑波大学人間系教授：第3章）
唐木清志（筑波大学人間系教授：第4章）
清水美憲（筑波大学人間系教授：第5章）
山本高広（元・静岡大学教育学部助教：第6章）
山本容子（筑波大学人間系准教授：第7章）
遠藤優介（筑波大学人間系助教：第8章）
石﨑和宏（筑波大学芸術系教授：第9章1,2）
直江俊雄（筑波大学芸術系教授：第9章3,4）
笹野恵理子（関西外国語大学英語キャリア学部教授：第10章）
河村美穂（元・埼玉大学教育学部教授：第11章）
岡出美則（日本体育大学スポーツ文化学部教授：第12章）
名畑目真吾（筑波大学人間系助教：第13章）
タスタンベコワ クアニシ（Tastanbekova Kuanysh　筑波大学人間系准教授：第15章）
菊地かおり（筑波大学人間系助教：第16章）
川口　純（慶応義塾大学文学部准教授：第17章）
＊樋口直宏（編著者紹介参照：終章）

《編著者紹介》

樋口直宏（ひぐち・なおひろ）

　筑波大学人間系教授，博士（教育学）
　『実践に活かす　教育基礎論・教職論』（共編者，学事出版，2003年）
　『検証　教育改革――品川区の学校選択制・学校評価・学力度定着評価・小中一貫教育・市民科』（分担執筆，教育出版，2009年）
　『批判的思考指導の理論と実践――アメリカにおける思考技能指導の方法と日本の総合学習への適用』（単著，学文社，2013年）
　『「主体的・対話的で深い学び」につながる授業実践集――「6つの帽子」で面白いほど対話がすすむ』（監修・分担執筆，高陵社書店，2018年）
　『実践に活かす　教育課程論・教育の方法と技術論』（共編者，学事出版，2020年）

根津朋実（ねつ・ともみ）

　早稲田大学教育・総合科学学術院教授，博士（教育学）
　『カリキュラム評価の方法』（単著，多賀出版，2006年）
　『カリキュラム評価入門』（共編著，勁草書房，2009年）
　『教育の方法・技術』（共著，学文社，2014年）
　『教育内容・方法　改訂版』（共編著，培風館，2019年）
　『カリキュラムの理論と実践』（共著，放送大学教育振興会，2021年）

吉田武男（よしだ・たけお）

　筑波大学名誉教授，関西外国語大学顧問・教授，博士（教育学）
　『シュタイナーの教育名言100選』（学事出版，2001年）
　『カウンセラーは学校を救えるか――「心理主義化する学校」の病理と変革』（共著，昭和堂，2003年）
　『シュタイナーの人間形成論――道徳教育の転換を求めて』（学文社，2008年）
　『「心の教育」からの脱却と道徳教育――「心」から「絆」へ，そして「魂」へ』（学文社，2013年）

MINERVAはじめて学ぶ教科教育別巻
現代の学力観と評価

2024年12月30日　初版第1刷発行　　〈検印省略〉

定価はカバーに表示しています

編著者　樋口直宏
　　　　根津朋実
　　　　吉田武男
発行者　杉田啓三
印刷者　藤森英夫

発行所　株式会社　ミネルヴァ書房
607-8494　京都市山科区日ノ岡堤谷町1
電話代表　(075)581-5191
振替口座　01020-0-8076

©樋口，根津，吉田ほか，2024　　亜細亜印刷

ISBN978-4-623-09809-5
Printed in Japan

MINERVA はじめて学ぶ教科教育

監修　吉田武男

新学習指導要領［平成29年改訂］に準拠　　全10巻＋別巻 1

◆ B5 判／美装カバー／各巻190～260頁／各巻本体2200円（税別）／別巻本体2800円（税別）◆

① 初等国語科教育
　　塚田泰彦・甲斐雄一郎・長田友紀 編著

② 初等算数科教育
　　清水美憲 編著

③ 初等社会科教育
　　井田仁康・唐木清志 編著

④ 初等理科教育
　　大髙　泉 編著

⑤ 初等外国語教育
　　卯城祐司 編著

⑥ 初等図画工作科教育
　　石﨑和宏・直江俊雄 編著

⑦ 初等音楽科教育
　　笹野恵理子 編著

⑧ 初等家庭科教育
　　河村美穂 編著

⑨ 初等体育科教育
　　岡出美則 編著

⑩ 初等生活科教育
　　片平克弘・唐木清志 編著

別 現代の学力観と評価
　　樋口直宏・根津朋実・吉田武男 編著

【姉妹編】
MINERVA はじめて学ぶ教職　全20巻＋別巻 1

監修 吉田武男　B5判／美装カバー／各巻本体2200円（税別）／別巻本体2600円（税別）

① 教育学原論　　　　　　　　滝沢和彦 編著
② 教職論　　　　　　　　　　吉田武男 編著
③ 西洋教育史　　　　　　　　尾上雅信 編著
④ 日本教育史　　　　　　　　平田諭治 編著
⑤ 教育心理学　　　　　　　　濱口佳和 編著
⑥ 教育社会学　　　　　飯田浩之・岡本智周 編著
⑦ 社会教育・生涯学習　　手打明敏・上田孝典 編著
⑧ 教育の法と制度　　　　　　藤井穂高 編著
⑨ 学校経営　　　　　　　　　浜田博文 編著
⑩ 教育課程　　　　　　　　　根津朋実 編著
⑪ 教育の方法と技術　　　　　樋口直宏 編著
⑫ 道徳教育　　　　　　　　田中マリア 編著
⑬ 総合的な学習の時間
　　　　　　　佐藤　真・安藤福光・緩利　誠 編著
⑭ 特別活動　　　　　　吉田武男・京免徹雄 編著
⑮ 生徒指導　　　　　　花屋哲郎・吉田武男 編著
⑯ 教育相談
　　　高柳真人・前田基成・服部　環・吉田武男 編著
⑰ 教育実習　　　　　　三田部勇・吉田武男 編著
⑱ 特別支援教育
　　　　　　　小林秀之・米田宏樹・安藤隆男 編著
⑲ キャリア教育　　　　　　　藤田晃之 編著
⑳ 幼児教育　　　　　　　　　小玉亮子 編著
別 現代の教育改革　　　　　　徳永　保 編著

ミネルヴァ書房
https://www.minervashobo.co.jp/